새로엮은

滿文老檔과 舊滿洲檔 對照表

太祖朝

金斗鉉

UUP

새로 엮은 滿文老檔과 舊滿洲檔 對照表 - 太祖朝

- 2020년 1월 9일 **초판 인쇄**
- 2020년 1월 16일 **초판 발행**
- **지은이 김두현**
- **펴낸이** 오연천
- **펴낸곳 UUP**(울산대학교출판부) 44610 울산광역시 남구 대학로 93(무거동) 울산대학교 출판부
- 전화 (052)259-2488 팩스 (052)277-3011 ▪ **홈페이지** http://uup.ulsan.ac.kr
- **출판등록** 제370-1996-000001호(1996.3.13)
- ₩ 18,000

- 이 도서의 국립중앙도서관 출판예정도서목록(CIP)은 서지정보유통지원시스템 홈페이지(http://seoji.nl.go.kr)와 국가자료종합목록 구축시스템(http://kolis-net.nl.go.kr)에서 이용하실 수 있습니다. (CIP제어번호 : CIP2020001176)

ISBN 978.89.7868.779.9(93910)

다시 책머리에

다시 시작하기를 한참이나 망설였다. 지난번 작업이 너무 어려워서였다. 하지만 『滿文老檔』과 『舊滿洲檔』의 대조작업은 마무리해야만 했다. 새로 시작한 작업은 생각보다 어렵지는 않았다. 그 과정에 지난번 대조표의 잘못도 고칠 수 있어 다행이었다.

『滿文老檔』에는 없고 『舊滿洲檔』(『滿文原檔』)에만 있는 기사도 많아 『舊滿洲檔』(『滿文原檔』)의 면목을 온전히 드러내기 위해서는 『舊滿洲檔』(『滿文原檔』)을 『滿文老檔』과 대조할 필요가 있다고 판단했다. 이 冊子에서는 사용의 편의를 위해서 지난번에 발표한 대조표와, 『舊滿洲檔』의 각 面을 『滿文老檔』과 대조한 대조표를 함께 실었다.

최근에 만문자료에 대한 관심이 높아져서 관련 서적도 출판되고 있다. 하지만 여전히 『舊滿洲檔』(『滿文原檔』)은 적극적으로 활용되지 못하고 있다. 새로 엮은 대조표가 활용에 조금이라도 도움이 되기를 바란다. 『滿文原檔』과 『內閣藏本滿文老檔』도 출간되었지만, 이 대조표는 『舊滿洲檔』과 『滿文老檔』을 저본으로 삼았다. 『滿文原檔』과 『內閣藏本滿文老檔』의 대조표였으면 하는 아쉬움이 남는다. 여러분의 叱正을 기다린다.

작업의 과정에서 여러 분들의 도움을 받았다. 감사의 마음을 전한다. 상업성이 전혀 없는 책을 다시 한번 출판해준 울산대학교 출판부에도 감사드린다.

2019년 12월
저자 씀.

책머리에

대학원 석사학위 논문을 준비하면서 『舊滿洲檔』을 만났다. 『滿文老檔』으로 풀지 못했던 문제를 『舊滿洲檔』을 보면서 해결의 실마리를 찾을 수 있었다. 본격적으로 『舊滿洲檔』을 분석해야겠다고 마음먹었다. 하지만 그것은 늪으로 빠져드는 길이었다. 『舊滿洲檔』은 쉽게 활용할 수 있는 자료가 아니었다. 우선은 자료의 순서를 정리해야 했다. 찾아낸 방법이 『滿文老檔』과 대조표를 만드는 것이었다.

舊滿文 해독능력이 모자라서 작업은 만만치 않았다. 그 과정에서 부지런하지도 못하고, 끈기도 모자란다는 사실을 절실하게 느꼈다. 작업은 지지부진하고, 여러번 중단되기도 했다. 『舊滿洲檔』이라는 1차 자료에 대한 미련 때문에, 다른 연구도 막혀 진전이 없었다. 참 답답하고 막막한 시간이었다. 혼자서 해내기에는 애초에 무리한 일이었는지도 모르겠다. 어찌어찌 작업을 끝냈고, 몇몇 지면에 발표할 수 있었다. 겨우 늪에서 빠져나온 느낌이었다.

이 작은 冊子는 대조표를 손쉽게 이용할 수 있도록 한 권으로 꾸민 것이다. 최근 '新淸史'의 접근으로 滿文資料와 滿文에 대한 관심이 높아지고 있다. 반가운 일이다. 청조의 기틀이 만들어지는 시기에 기록된 1차 자료인『舊滿洲檔』에 대한 분석은 꼭 필요한 작업이라고 생각한다. 근자에『滿文原檔』이라는 이름으로 선명한 사진판이 다시 간행되었다. 이 대조표가 이들 자료의 활용에 작은 도움이 되기를 바란다. 이 대조표는『滿文老檔』의 기사를『舊滿洲檔』과 대조한 것이다.『滿文老檔』에 없고『舊滿洲檔』에만 있는 기사는 이 대조표에서 다루지 못했다. 이 기사들도 어떤 형태로든 정리해야할 과제이다. 혼자의 작업이라서 오류가 있을 것이다. 여러분의 叱正을 기다린다.

작업의 과정을 옆에서 지켜봐준 여러분들에게 고마움을 전한다. 상업성이 전혀 없는 책을 출판해준 울산대학교 출판부에도 감사드린다.

2010년 8월

저자 씀.

이 대조표는 이미 발표한 글을 다시 정리하여 묶은 것이다.
발표한 지면은 아래와 같다.

「"滿文原檔"과 入關前 淸史硏究」,『明淸史硏究』30, 2008.

「"滿文老檔"과 "舊滿洲檔" 對照表-太祖朝(1)」,『울산대학교 인문노총』21, 2002.

「"滿文老檔"과 "舊滿洲檔" 對照表-太祖朝(2)」,『中國史硏究』25, 2003.

「"滿文老檔"과 "舊滿洲檔" 對照表-太祖朝(3)」,『中國史硏究』38, 2005.

「"舊滿洲檔"과 "滿文老檔" 對照表 II-太祖朝(1)」,『中國史硏究』55, 2008.

「"舊滿洲檔"과 "滿文老檔" 對照表 II-太祖朝(2)」,『中國史硏究』95, 2015.

「"舊滿洲檔"과 "滿文老檔" 對照表 II-太祖朝(3)」,『中國史硏究』98, 2015.

「"舊滿洲檔"과 "滿文老檔" 對照表 II-太祖朝(4)」,『中國史硏究』102, 2016.

「"舊滿洲檔"과 "滿文老檔" 對照表 II-太祖朝(5)」,『中國史硏究』104, 2016.

목차

Ⅰ.『滿文老檔』과『舊滿洲檔』

|1|『滿文老檔』과『舊滿洲檔』의 간행

01 乾隆年間의 重抄

만주에는 애초에 문자가 없어 蒙古文으로 번역해서 문자생활을 해나가고 있었다. 1599년(萬曆 27) 淸 太祖 누르하치는 어르더니(Erdeni, 額爾德尼), 가가이(G'ag'ai, 噶蓋) 등에게 명령하여 만주문자를 만들도록 하였다. 몽골문자를 이용해서 만주음을 표기하는 방식을 선택하였다. 그러나 이 문자는 모음 아(a)와 어(e), 오(o)와 우(u) 등과 자음 드(d)와 트(t), 흐(h)와 그(g)와 크(k) 등을 구별할 수 없는 불편한 문자였다. 특히 만주문자만으로는 地名이나 人名의 정확한 音價를 알아내기 어려웠다. 이러한 불편을 없애기 위해, 1632년(天聰 6)에 淸 太宗 홍타이지는 보다 정확한 만주어 音價를 표기할 수 있도록 다하이(Dahai, 達海) 등에게 만주문자를 개량하게 하였다. 그리하여 혼동되는 문자에 동그라미와 점을 더하여 이들을 구별하는 방안을 강구하였다.

물론 이러한 문자의 개량이 특정 시점에 전격적으로 이루어졌다고는 볼 수 없다. 하지만 1632년(天聰 6) 초에 다하이의 주도 아래 이전부터 시도해왔던 동그라미와 점을 더하여 불편을 해소하는 방식을 정비하여 완성하였으며, 그것이 완전히 정착되기 까지는 시일이 더 필요했던 것으로 보인다.[1] 이렇게 동그라미와 점을 쳐서 구별하는 새로운 만주문자를 'tongki fuka sindaha manju i hergen (동그라미와 點을 친 滿洲文字),' 한자로는 有圈點滿文이라고 한다.[2] 또는 新滿文(ice manju hergen)이라고도 불린다. 이에 비해서 동그라미와 점이 없던 그 전의 문자를 'tongki fuka akū manju i hergen (동그라미와 點이 없는 滿洲文字),' 혹은 無圈點滿文, 舊滿文(fe manju hergen)이라고 불린다.[3]

乾隆年間에 이르러 舊滿文을 解讀할 수 있는 사람이 없어져서 후일 舊滿文이 있었다는 사실마저도 잊어버릴 것을 염려해서, 1741년(乾隆 6) 오르타이(Ortai, 鄂爾泰)와 徐元夢 등에게 舊滿文의 사전을 편찬하도록 하였다. 오르타이 등이 3개월의 짧은 기간에 완성한 것이 "tongki fuka akū hergen i bithe (無圈點滿文 十二子頭)"였다.[4] 이 책은 舊滿文의 낱말을 滿文 배열 순서로 나열한 어휘집이라고 할 수 있는데, 여기에 수록된 無圈點字는 당시 전해오던 滿文檔案 속의 어휘들이었다. 그때 자료로 활용했던 滿文檔案이 오래되어 파손된 것을 잘 보존하기 위해서 표구하여 제본하기도 하였다고 한다.[5]

---

1) 성백인, 「만문 무권점 십이자두 연구」, 『만주어와 알타이어학 연구』, 서울: 태학사, 1999 (原載 『말』3, 1978), 271-274쪽.
2) '加圈點滿文'이라고도 한다.
3) '老滿文'이라고도 한다.
4) '無圈點滿文字書'라고도 한다.
5) 성백인, 「만문 무권점 십이자두 연구」, 260-267쪽.

그 후 1774년(乾隆 39)에 이르러 대학사 슈허더(Šuhede, 舒赫德)가 '개국 당시의 사정을 확인할 수 있는 滿文檔案이 오래되고 낡아서 훼손되기 쉽고, 舊滿文이라서 이해하기 어려우므로' 이의 重抄를 제안하여 1779년(乾隆 44)에 重抄작업이 완료되었다.[6] 먼저 滿文檔案을 舊滿文과 新滿文의 흘림체로 각각 重抄하였다. 이것을 底本으로 삼아 다시 舊滿文과 新滿文의 正字體로 정리하였다. 이 4종은 北京의 內閣에 보관하였다. 이것이 대체적으로 1774년(乾隆 39)에서 1778년(乾隆 43) 사이의 작업이었다.[7] 1778년(乾隆 43)에서 1779년(乾隆 44)에는 正字體 重抄本을 正本으로 삼아 또 하나의 副本을 만들어 1780년(乾隆 45)에 滿洲故土의 盛京 崇謨閣에 보관하였다.[8] 이외에도 1776년(乾隆 41)에서 1778년(乾隆 43) 사이에 新滿文으로 重抄하여 北京 宮苑의 上書房에 보관하였다고 한다. 그러나 현재는 그 존재여부가 확인되지 않아 圓明園에서 소실된 것으로 추정하고 있다.[9] 이처럼 건륭년간에 滿文檔案을 7종 重抄하였다. 이 건륭년간의 重抄本의 표지에는 각각 滿文으로 'tongki fuka akū hergen i danse (동그라미와 點이 없는 文字의 檔子)'와 'tongki fuka sindaha hergen i danse (동그라미와 點을 친 文字의 檔子)'라는 제목이 있어 일반적으로 '無圈點字檔'

---

6) 李學智·廣祿, 「淸太祖朝老滿文原檔與滿文老檔之比較研究」 (劉厚生, 『舊滿洲檔研究』, 長春: 吉林文史社, 1994. 原載 『中國東亞學術研究計劃委員會年報』1965-4)에서 重抄의 시기를 1775년(乾隆40)에서 1778년(乾隆43)으로 주장한 이후 대체적인 통설이 되었다. 이에 대해 閻崇年은 1774년(乾隆39)에서 1779년(乾隆44)으로 重抄의 시기를 설정한다. 閻崇年, 「論"滿洲老檔"」, 『滿學研究』4, 1998, 34-55쪽. 趙志強·江橋, 「"無圈點檔"及乾隆抄本補絮」, 『滿學研究』4, 1998; 今西春秋, 「滿文老檔の重鈔年次」, 『東方學紀要』1, 1959 참고.

7) 閻崇年, 「論"滿洲老檔"」, 42-43쪽.

8) 佟永功, 「述崇謨閣"滿文老檔"」, 『滿學研究』4, 1998, 142-144쪽. 白洪希, 「崇謨閣與"滿文老檔"」, 『滿學研究』4, 1998 참고.

9) 閻崇年, 「論"滿洲老檔"」, 23쪽.

과 '有圈點字檔'이라고 불린다.

그러나 이들 檔冊의 명칭에 대해서는 학자들이 특정의 성격과 결합하여 서로 다르게 불러 혼란스러운 상황이다. 우선은 重抄의 자료가 된 滿文檔案을 淸朝에서도 '無圈點字檔子,' '無圈點檔子,' '無圈點檔,' '無圈點檔案,' '無圈點字檔,' '無圈點字書' 등으로 칭하였고, 이후 학자들도 '老滿文原檔,' '滿文老檔,' '滿文原檔,' '滿文舊檔,' '老滿文原檔,' '舊滿洲檔,' '無圈點檔,' '無圈點檔子檔' 등으로 칭하고 있다. 뿐만 아니라 후술하는 바와 같이 건륭년간의 重抄本을 '滿文老檔'이라고 칭하기도 한다.

이들을 간략하게 정리하면 우선 개국 초부터 주로 舊滿文으로 기록된 滿文檔案이 있었고, 이를 바탕으로 乾隆年間에 7종 重抄하였다. 그 7종은 ①無圈點字檔 底本 (舊滿文 흘림체), ②有圈點字檔 底本 (新滿文 흘림체), ③無圈點字檔 內閣本 (舊滿文 正字體), ④有圈點字檔 內閣本 (新滿文 正字體), ⑤無圈點字檔 崇謨閣本 (舊滿文 正字體), ⑥有圈點字檔 崇謨閣本 (新滿文 正字體), ⑦有圈點字檔 上書房本 (新滿文 正字體)이며, 그 중 현존하는 것은 6종이다. ①-④는 현재 北京의 中國第一歷史檔案館에 보관되어 있고, ⑤와 ⑥은 瀋陽의 遼寧省檔案館에 보관되어 있다.

02『滿文老檔』의 譯註

內藤虎次郎은 奉天(瀋陽)宮殿의 崇謨閣에서 舊滿文과 新滿文으로 된 淸 太祖와 太宗 시대의 滿文檔案을 1905년에 발견하였다. 자료의 중요성을 확인한 內藤虎次郎은 1912년에 羽田享과 함께 다시 奉天으로 가서 新滿文으로 쓰인 滿文檔案 전체를 사진

촬영하여 일본으로 가져왔다. 이 사진을 정리하여 전체 36冊의 앨범을 만들고 '滿文老檔/ tonki fuka sindaha hergen i danse'라는 제목을 붙였다. 이들은 현재 京都大學 문학부 도서관과 東京大學 종합도서관에 보관되어 있다.[10] 이로써 건륭년간에 重抄된 崇謨閣本의 소재가 확인되었고 有圈點字檔 崇謨閣本이 공개되었다.

중국에서도 奉天旗務司總辦 겸 盛京內務府辦事處事務였던 金梁이 崇謨閣本 滿文檔案의 번역팀을 꾸려서 번역작업에 착수하였다. 1916년부터 1918년까지 2년에 걸쳐 번역작업을 완수했지만 사정이 여의치 않아 출간을 하지 못하다가 1929년에 『滿洲老檔秘錄』이라는 제목으로 간행하였다. 그 후 약간 손질을 해서 1933년에 『滿洲秘檔』이란 제목으로 재출판하였고, 1935년에도 『漢譯滿洲老檔拾零』이라는 제목으로 개정판을 출간하기도 하였다. 이 번역본은 만문당안의 활용을 위한 첫 작업이라는 면에서 의미를 지니고 있다. 金梁 스스로 '無圈點體 滿文' 자료를 활용했다고 하지만, 본인 자신이 滿文을 알지 못했고 번역도 부실해서 현재는 자료로 활용할 수는 없는 형편이다.[11]

內藤虎次郞이 '滿文老檔'을 공개한 후 일본에서도 이 자료의 사료적 가치를 높게 평가하여 '滿文老檔'의 번역이 몇 번 시도되었다. 1920년대 언어학자 藤岡勝一이 교열을 끝내지 못한 遺稿 상태로 '滿文老檔'의 번역본을 남겨 1939년 岩波書店에서 간

10) 神田信夫, 「"滿文老檔"から"舊滿洲檔"へ」, 『滿學五十年』, 東京: 刀水書房, 1992, 12-18쪽 (原載 「清朝興起史の研究-序說"滿文老檔"から"舊滿洲檔"へ」, 『明治大學人文科學研究所年報』20, 1978). 이하에서 「老檔から舊檔へ」로 약칭함.

11) 佟永功, 「述崇謨閣"滿文老檔"」, 152-154쪽. 陳捷先, 「金梁"滿洲秘檔"評介」, 『清史雜筆』2, 臺北: 學海出版社, 1977 참고. 『滿洲秘檔』은 『近代中國史史料叢刊』101 (臺北: 文海出版社, 1967)에, 『滿洲老檔秘錄』은 『清史論叢』3 (香港: 存萃學社, 1977)에 실려 있다.

행하였다. 그 후 鴛淵一이 번역을 시도하였고, 羽田亨도 '滿和對照滿文老檔'이란 제목의 번역을 시도하였으며, 今西春秋는 內閣本을 자료로 하여 '滿和對照滿文老檔'라는 제목의 번역을 시도하였다. 일본에서의 번역의 특징은 만문 원문을 로마자로 轉寫한 점이다.[12)]

만문당안에 대한 관심이 높아지고 그 사료적 가치를 높게 평가한 일본 학계에서는 神田信夫, 岡本敬二, 松村潤, 岡田英弘, 石橋秀雄 등이 주축이 된 '滿文老檔研究會'가 '滿文老檔' 전체를 번역하였다. 그 결과가 東洋文庫에서 출간한 『滿文老檔』이다.[13)] 『滿文老檔』은 京都大學에 소장된 사진판인 有圈點字檔 崇謨閣本을 底本으로 해서 滿文 전체를 로마자 轉寫를 하고 이에 대해 直譯과 意譯을 하고, 필요한 부분 註釋을 한 번역본이다. 건륭년간 중초본의 원문 전체가 일반 연구자에게 공개되어 학계의 주목을 받았으며 이후 入關前 淸史의 연구에 커다란 공헌을 하였다. 그리하여 『滿文老檔』이라는 명칭은 書名일뿐만아니라 乾隆重抄本 有圈點字檔 사료 자체를 의미하는 용어로 통용되기도 한다. 하지만 東洋文庫의 『滿文老檔』 본문은 로마자로 轉寫되어 滿文을 확인할 수는 없는 한계점이 있다. 근자에 有圈點字檔 內閣本을 『內閣藏本滿文老檔』으로 출간해서, 滿文 원문을 확인할 수 있게 되었다.[14)] 물론 有圈點字檔 崇謨閣本을 底本으로 한 동양문고의 『滿文老檔』의 만문과 다른 면이 있기 때문에 면밀하게 검토해야 하는 점은 있다.[15)]

---

12) 神田信夫, 「老檔から舊檔へ」, 29-32쪽.
13) 滿文老檔研究會譯註, 『滿文老檔』1-7, 東京: 東洋文庫, 1955-1963.
14) 『內閣藏本滿文老檔』1-20, 瀋陽: 遼寧民族出版社, 2009.
15) 최계영·김주원, 「"滿文老檔" 한·일 번역본의 표기와 번역차이-저본으로 인한 차이를 중심으로」, 『알타이학보』29, 2019.

중국에서도 만문당안의 번역이 시도되어 동양문고의 『滿文老檔』을 번역한 『重譯滿文老檔』(太祖朝)이 출판되었고,[16] 有圈點字檔 內閣本과 無圈點字檔 內閣本을 활용하여 전체를 번역한 『滿文老檔』이 간행되었다.[17] 이 『滿文老檔』은 중국에서 여러 자료를 참조하여 번역하였다는 점에서 의미가 있기는 하지만 滿文 원문을 함께 밝히지 않아 자료로 활용하는 데에는 한계점이 있다. 최근 우리나라에서도 만문자료에 대한 관심이 높아지면서 『滿文老檔』의 太宗朝 부분을 역주한 『만문노당역주 태종』[18]과 태조조를 역주한 『만문노당 태조』[19]가 간행되었다. 모두 『內閣藏本滿文老檔』을 저본으로 삼고, 로마자 轉寫, 對譯, 譯註의 방식을 취하고 있고 있다.

건륭대에 오면 초기의 舊滿文과 舊滿語를 제대로 알지 못하게 되어, 重抄를 하면서 이해하기 어려운 舊滿文을 풀이한 註釋을 달았다. 이 주석은 有圈點字檔 內閣本과 無圈點字檔 內閣本만 붙어있다. 內閣本 檔案에 관심을 기울려온 今西春秋는 內閣本의 註釋 약 450여개를 원문을 밝히고 번역과 설명을 한 「滿文老檔乾隆付注譯解」를 발표하였다.[20] 대만에서는 李學智가 今西春秋의 譯解를 검토하여 『乾隆重鈔本滿文老檔簽註正誤』를 발표하였지만 개인간행물이라서 입수가 어렵다.[21] 중국에서도 『滿文老檔』의 번역에 이 주석을 함께 漢譯하였지만 전체를 다루지

---

16) 遼寧大學歷史系編,『重譯滿文老檔』(太祖朝)1-3,瀋陽: 遼寧大學, 1978-1979.
17) 中國第一歷史檔案館·中國社會科學院歷史研究所 譯註,『滿文老檔』上·下, 北京: 中華書局, 1990.
18) 고려대학교 민족문화연구원 만문노당역주회, 『만문노당역주 태종』1-4, 서울: 소명출판, 2017.
19) 김주원 외 역주, 『만문노당 태조』1-2, 서울: 서울대학교 출판문화원, 2019.
20) 今西春秋, 「滿文老檔乾隆付注譯解」, 『東方學紀要』1, 1959.
21) 李學智, 『乾隆重鈔本滿文老檔簽註正誤』, 臺北, 1982.

는 못했다. 劉厚生은 李學智의 正誤와 중국 번역 『滿文老檔』의 漢譯 부분을 비교 검토하였다.[22] 이 乾隆付注의 譯解는 內閣本과 崇謨閣本의 구체적인 차이를 확인할 수 있게 해주지만, 이보다도 이해하기 어려운 舊滿文을 讀解하는데 도움이 된다.

건륭 중초본은 그 존재가 확인되면서부터 학계의 주목을 받았다. 崇謨閣本을 內藤虎次郎이 발견하여 공개한 이후 일본에서는 이 자료를 활용한 연구 성과들이 나타나기 시작하였다. 사진판 '滿文老檔'을 활용한 일본에서의 첫 연구는 內藤虎次郎의 사위인 鴛淵一의 「舒爾哈齊の死—清初內紛の一齣」였고, 계속하여 「褚英の死に就いて一滿文老檔の一齣」 등을 발표하였다.[23] 이후 일본학계에서의 입관전 청대사 연구는 이 만문당안을 분석하는 방식이 주류를 이루었다고도 할 수 있다. 특히 동양문고의 『滿文老檔』 출판은 일본에서의 만문당안을 활용하는 연구의 경향을 주도였다고 하겠다. 그 연구 성과를 여기에서 모두 열거하는 것은 의미가 없고 다만 단행본을 중심으로 연구결과의 일단을 보도록 한다. 安部健夫의 『清代史の研究』는 팔기제의 기본 단위인 니루에 대한 독특한 접근으로 논쟁의 불씨를 지폈다.[24] 周藤吉之의 『清代滿洲土地政策の研究-特に旗地政策を中心として』와 『清代東アジア史研究』는 사회경제사에서 만문당안을 활용한 연구이고,[25] 三田村泰助의 『清朝前史の研究』는 무쿤과 타탄이라는 만주족의 사회조직에 관한 연구로 『滿文老檔』을 광범위하게

---

22) 劉厚生, 「關于"滿文老檔"(大黃綾本)的簽註」, 『舊滿洲檔研究』.

23) 鴛淵一, 「舒爾哈齊の死-清初內紛の一齣」, 『士林』17-3, 1932; 鴛淵一, 「褚英の死に就いて-滿文老檔の一齣」, 『士林』18-2, 1933.

24) 安部健夫, 『清代史の研究』, 東京: 倉文社, 1971.

25) 周藤吉之, 『清代東アジア史研究』, 東京: 日本學術振興會, 1972; 周藤吉之, 『清代滿洲土地政策の研究-特に旗地政策を中心として』, 東京: 河出書房, 1944.

활용하였다.[26] 阿南惟敬의 『淸初軍事史論考』는 여러 분야에서 『滿文老檔』을 세세하게 분석하였고,[27] 石橋秀雄은 『淸代史硏究』에서 새로운 청대사의 접근을 시도하였다.[28] 神田信夫의 『滿學五十年』과 『淸朝史論考』는 그동안의 일본 학계에서의 입관전 청대의 연구의 흐름을 읽을 수 있다.[29] 최근에 출간된 松村潤의 『明淸史論考』도 『滿文老檔』을 활용한 연구성과를 묶은 것이다.[30] 이외에도 鴛淵一, 戶田茂喜, 今西春秋, 細谷良夫, 石橋崇雄 등도 이러한 경향의 연구를 주도하였다.

03 『舊滿洲檔』의 解題

중국에서는 청조 멸망 이후 紫金城에 故宮博物院을 설립하고, 檔案類를 정리하기 위해 文獻館을 설치하였다. 1931년 이 문헌관에서 청대 內閣大庫의 당안을 정리하면서 건륭 중초본 중에서 無圈點字檔 底本, 有圈點字檔 底本, 無圈點字檔 內閣本, 有圈點字檔 內閣本 등의 존재를 확인하였고, 1932년에는 37冊으로 된 건륭 중초본의 저본이 된 滿文檔案 原本을 발견하였다. 그 후 1935년에는 만문당안 원본과 같은 형태의 또 다른 만문당안 3冊을 발견하였다. 새롭게 발견된 이 만문당안은 건륭년간 중초시에는 어떤 연유인지는 중초의 대상에서 제외된 당안이었다.[31]

---

26) 三田村泰助, 『淸朝前史の硏究』, 京都: 東洋史硏究會, 1972.
27) 阿南惟敬, 『淸初軍事史論考』, 東京: 甲陽書房, 1980.
28) 石橋秀雄, 『淸代史硏究』, 東京: 綠蔭書房, 1989.
29) 神田信夫, 『淸朝史論考』, 東京: 山川出版社, 2005; 神田信夫, 『滿學五十年』, 東京: 刀水書房, 1992.
30) 松村潤, 『明淸史論考』, 東京: 山川出版社, 2008.
31) 神田信夫, 「老檔から舊檔へ」, 36-41쪽.

문헌관의 이러한 작업은 학계에 소개되었고, 李德啓와 張玉金은 만문당안과 滿文에 관한 연구결과를 발표하여 만문자료의 중요성을 강조하였다.32)

그러나 이후 일본의 중국침략이 본격화되면서 고궁박물관의 文物資料들은 전쟁을 피하여 南京 등지로 피난을 가게 되었다. 국공내전의 격화, 중화인민공화국의 건국 등의 과정에서 이 문물자료들은 臺灣으로 옮겨졌지만 만문당안의 존재는 확인되지 않았다. 그러다가 1962년에 李學智와 廣祿이 만문당안이 대만의 고궁박물원에 現存한다는 사실을 확인하였고, 1965년 이 만문당안에 대한 연구를 발표하였다.33) 이때 도판으로 삽입된 만문당안의 사진은 크게 주목을 받았다.

1969년에는 대만의 국립고궁박물원에서 건륭 중초본의 저본이 된 37冊의 만문당안과 1935년에 새롭게 발견된 만문당안 3책을 묶어 影印을 해서 『舊滿洲檔』이라는 제목으로 간행하였다.34) 『舊滿洲檔』은 전체 10권, 5,378쪽의 방대한 분량이었다. 다만 사진촬영과 인쇄과정에서의 기술적인 문제로 첨삭된 부분을 정확하게 讀解할 수 없는 아쉬운 부분도 있기는 하였다. 하지만 건륭 중초본의 저본인 만문당안이 전체 모습을 드러낸 『舊滿洲檔』의 출판은 역사학계뿐만 아니라 만주학계의 획기적인 사건이었다. 그동안 '老滿文原檔' 등으로 불리던 건륭 중초본의 원본과 새로 발견된 만문당안은 『舊滿洲檔』이라는 용어로 정리되는 양

---

32) 李德啓, 「滿洲文字之來源及演變」, 『北平圖書館館刊』5-6, 1931; 李德啓, 「滿文老檔之文字及史料」, 『淸史論叢』4(香港), 1978 (原載 『文獻論叢』1936-10); 張玉金, 「述滿文老檔」, 『淸史論叢』4(香港), 1978 (原載 『文獻論叢』1936-10).

33) 李學智·廣祿, 「淸太祖朝老滿文原檔與滿文老檔之比較硏究」.

34) 『舊滿洲檔』1-10, 臺北: 國立故宮博物院, 1969.

상을 띠기도 하였다.

2006년 대만의 故宮博物院 설립 80주년의 기념으로 만문당안을 다시 촬영하여 『滿文原檔』이라는 제목으로 간행하였다.[35] 전체 10권, 5,016쪽 분량으로, 앞서 간행한 『舊滿洲檔』의 기술적인 문제점을 상당히 보완하여 간행하여, 만문당안 본래의 모습을 보다 확실하게 확인할 수 있다. 각 檔冊의 編號도 확인할 수 있어 檔冊의 성격 등을 이해하는데 도움이 된다. 그런데 『舊滿洲檔』과 같은 자료를 영인하여 간행한 자료이지만 쪽수를 매기는 방식을 다르게 하였다. 『舊滿洲檔』은 1권에서부터 10권까지를 연속하여 쪽수를 매겨 1쪽에서 5,378쪽까지로 되어있다. 『滿文原檔』에서는 각 권별로 쪽수를 매겨 『舊滿洲檔』의 쪽수와는 완전히 다르다. 같은 자료를 영인하여 간행한 것인데도 각각의 쪽수를 달리 해서 자료 활용에 혼란이 있을 수 있는 면이 아쉽다. 다행히 『舊滿洲檔』의 간행을 위해 매긴 쪽수가 『滿文原檔』 각 사진 자료 왼쪽 아래쪽에 그대로 있어 이 쪽수를 이용하면 『舊滿洲檔』과 『滿文原檔』을 두루 확인할 수는 있다. 『滿文原檔』의 사진자료가 훨씬 선명하기 때문에 앞으로 많이 활용될 것으로 보인다.

『舊滿洲檔』에 함께 수록된, 1935년에 발견된 만문당안 3冊은 건륭대에 중초한 有圈點字檔 崇謨閣本을 저본으로 한 『滿文老檔』에는 없는 부분이다. 『滿文老檔』을 적극적으로 활용해온 일본에서는 『滿文老檔』에 없는 이 부분에 주목하였다. 東洋文庫 清代史研究室의 神田信夫, 松村潤, 岡田英弘 등은 새로 발견된 만문당안 3冊 중 1635년(天聰 9)의 기사인 『舊滿洲檔』 9권을 譯註하여 『舊滿洲檔 天聰九年』이라는 제목으로 출판하였다.[36] 1635년(天聰 9)은 '大清'

35) 『滿文原檔』1-10, 臺北: 國立故宮博物院, 2006.

으로 국호를 고치기 바로 직전 해로 청조의 발전에 중요한 시기였다. 이 시기의 기사가 『滿文老檔』에는 없었기 때문에 이 부분을 보충하는 의미를 지닌 것이었다. 역주는 원문을 로마자로 轉寫하고 직역과 의역을 하는 방식으로 『滿文老檔』과 동일한 체제를 택하였다. 그런데 『舊滿洲檔』의 이 부분은 舊滿文에서 新滿文으로 변하는 과도기였기 때문에 묄렌도르프(Möllendorff)방식만으로 로마자로 轉寫하기 어려운 면이 있다. 구만문 로마자 轉寫의 문제는 앞으로도 보다 심도 있는 논의가 필요한 부분이다.[37] 1635년(天聰 9)의 만문당안은 중국에서도 『漢譯滿文舊檔』과 『天聰九年檔』이란 제목으로 번역·출판되었다.[38]

중국에서는 『舊滿洲檔』의 간행 이후에 만문원당의 번역작업이 시도되었다. 廣祿과 李學智는 太祖朝 부분의 당안을 번역하여 『淸太祖朝老滿文原檔』을 간행하였다.[39] 원문을 로마자로 轉寫하고 직역과 의역을 하는 방식을 취하고 있는데, 번역작업은 『舊滿洲檔』 1권에 해당되는 부분까지만 이루어졌다. 한편 陳捷先의 주도로 太宗朝 부분도 번역이 시도되어 『舊滿洲檔譯註 淸太宗朝』을 간행하였다.[40] 원문을 로마자로 轉寫하여 앞부분에 싣고 번역된 부분은 뒤에 따로 싣는 방식을 택하였으며, 『舊滿洲檔』 6권과 7권을 번역하였다. 『舊滿洲檔』의 나머지 부분은 번역이 중단된 상태로 아쉬움을 남기고 있다. 최근에 한국에서 『舊滿洲檔』 1권의 荒字檔 부분이

---

36) 東洋文庫淸代史硏究室譯註, 『舊滿洲檔 天聰九年』1·2, 東京: 東洋文庫, 1972·1975.

37) 無圈點字의 轉寫에 대해서는 김주원·이형미, 「"滿文原檔"에서 "滿文老檔"으로의 내용 변개에 관한 연구」(『인문논총』(서울대)74-3, 2017), 16-19쪽 참고.

38) 遼寧大學歷史系編, 『漢譯滿文舊檔』, 瀋陽: 遼寧大學, 1979; 關嘉祿·佟永功·關照宏譯, 『天聰九年檔』, 天津: 天津古籍社, 1987.

39) 李學智·廣祿譯註, 『淸太祖老滿文原檔』1·2, 臺北: 中央硏究院歷史語言硏究所, 1970·1971.

40) 張葳譯註, 『舊滿洲檔譯註 淸太宗朝』1·2, 臺北: 國立故宮博物院, 1977·1980.

번역되어 출판되었다. 일본 동양문고의 『滿文老檔』 처럼 로마자 轉寫, 對譯, 飜譯의 방식을 취하고 있다.[41]

『舊滿洲檔』이 간행되면서 이 자료에 대한 연구가 본격화되었는데 우선은 『舊滿洲檔』 1권에 실린 陳捷先의 「"舊滿洲檔"述略」이 있다.[42] 이 논문은 '舊滿洲檔'이라는 명칭, 건륭 중초본과의 관계, 번역과 연구 현황, 사료적 가치 등 전반적인 문제를 개관하여, 廣祿·李學智의 연구와 함께 『舊滿洲檔』에 대한 기본적인 연구로 평가받고 있다. 劉厚生은 『舊滿洲檔硏究』에서 보다 심도 있게 『舊滿洲檔』의 성격을 정리·해제하였다.[43] 특히 『舊滿洲檔』과 『滿文老檔』의 기사를 비교하여 『舊滿洲檔』의 사료적 가치를 확인하였다.[44] 다만 만문 원문을 적시하지 않아 정확한 비교가 어렵다는 점이 아쉽다. 이외에도 閻崇年,[45] 關孝廉,[46] 莊吉發[47] 등의 연구가 『舊滿洲檔』의 사료로써의 가치를 확인할 수 있는 것들이다. 이외에도 『舊滿洲檔』을 분석한 연구가 많지만 여기서 일일이 열거하는 것은 피한다. 이들 연구는 대체적으로 『舊滿洲檔』의 사료적 가치를 확인하는 解題的인 성격이 강한 것들이다.

神田信夫는 『舊滿洲檔』이 간행된 이후의 입관전 청사에 대한 연구는 『滿文老檔』에서 『舊滿洲檔』으로 바꾸어야 한다고 주장

---

41) 최동권, 『舊滿洲檔 荒字檔』, 서울: 보고사, 2007.
42) 陳捷先, 「"舊滿洲檔"述略」, 『舊滿洲檔』1 (再收錄 『滿文原檔』1).
43) 劉厚生, 『舊滿洲檔硏究』.
44) 劉厚生, 『舊滿洲檔硏究』, 37-81쪽.
45) 閻崇年, 「論"滿洲老檔"」.
46) 關孝廉, 「"滿文老檔"特點及其史料價值」, 『滿學硏究』4, 1998; 關孝廉, 「"滿文老檔"原本與重抄本比較硏究」, 中國第一歷史檔案館, 『明淸檔案與歷史硏究論文選』上, 北京: 國際文化出版公司, 1995 (原載 『歷史檔案』1990-1); 關孝廉, 「論"滿文老檔"」, 中國第一歷史檔案館, 『明淸檔案與歷史硏究』上, 北京: 中華書局, 1988 (原載 『滿族硏究』1988-1).
47) 莊吉發, 「文獻足征-"滿文老檔"與淸史硏究」, 『滿學硏究』4, 1998.

하였다.[48] 하지만 기왕의 연구에서 단편적으로 『舊滿洲檔』을 언급하기는 하지만 본격적으로 분석하여 논증에 활용하는 경우는 드물다. 로쓰(Gertraude Roth)의 경우 박사학위논문에서 『舊滿洲檔』과 『滿文老檔』을 함께 활용하기도 하였다.[49] 하지만 논의의 근거를 竝記하는 정도이고 『舊滿洲檔』의 기사를 본격적으로 분석하지는 않았다. 『舊滿洲檔』에는 같은 기사가 중복되기도 하는데 이런 점을 밝히지 않은 것도 아쉬운 부분이다. 근래의 연구에서는 논증의 자료로 『舊滿洲檔』이 부분적으나마 활용되기 시작하고 있는 단계이고, 아직도 전반적인 분석이 이루어지고 있지는 않은 실정이다. 이러한 현상은 『舊滿洲檔』의 사료적 가치는 높지만 일반 연구자들이 논증의 과정에서 활용하기에는 어려운 점이 있기 때문이라고 생각한다.

48) 神田信夫, 「老檔から舊檔へ」.
49) Gertraude Roth, "The Rise of the Early Manchu State: A Portrait drawn from Manchu Sources to 1636," Ph. D. diss., Harvard University, 1975.

| 2 | 『舊滿洲檔』[50] 활용의 모색

01 『舊滿洲檔』의 구성

『舊滿洲檔』은 건륭 중초본의 底本인 37冊과 1935년에 발견된 3冊으로 구성되어 있다.[51] 37冊은 건륭년간에 千字文 '天'字에서 '露'字까지 36자를 編號로 매겼지만 천자문 순서는 아니다. 다만 1627년(天總元年)의 檔冊에는 '天'字 編號가 매겨져있는데[52] 의도된 것인지 우연인지는 확인할 수 없다. 천자문 '玄'字 編號가 없는데 이는 康熙帝의 본명 玄燁을 諱한 것으로 보인다. 나머지 1冊은 編號가 없는데, 당안의 상태도 온전하지 않고 기사도 여러 내용이 뒤섞인 것이다. 아마도 太祖朝와 관련된 기타의 당안을 하나로 묶어서 특별한 編號를 매기지 않은 것으로 추정된다. 1935년에 발견된 나머지 3冊은 編號가 없는데 1624년(天命9)과 1626년(天命11)의 기사가 1冊이고, 1632년(天聰6)의 기사가 1冊, 그리고 1635년(天聰9)의 기사가 1冊이다.

종이의 크기도 檔冊에 따라 다르다. 가장 큰 것은 洪字檔으로 세로 61.4cm이고 가로 47.8cm이다. 가장 작은 것은 陽字檔으로

50) 지금까지의 연구가 1969년에 간행된 『舊滿洲檔』을 연구 대상으로 삼아왔기 때문에 앞 章에서는 『舊滿洲檔』이라는 용어를 사용하였다. 하지만 2006년에 『滿文原檔』이 간행되었고, 먼저 간행된 『舊滿洲檔』보다는 더 나은 상태이기 때문에 앞으로는 『滿文原檔』을 주로 이용할 것으로 생각된다. 엄격히 말하면 간행된 『滿文原檔』과 원자료인 '滿文原檔'은 구별되지만, 전자가 후자의 사진판이므로 번잡함을 피하기 위하여 이 글에서는 혼용해서 사용한다.

51) 이하에서 註로 명기하지 않은 것은 陳捷先, 「"舊滿洲檔"述略」과 李學智·廣祿, 「清太祖朝老滿文原檔與滿文老檔之比較研究」를 참고하여 정리한 것이다.

52) 성백인은 『無圈點滿文 十二子頭』를 편찬할 때 당안을 분책·정리한 것으로 추정하였다. 성백인, 「만문 무권점 십이자두 연구」, 264쪽.

세로 36.6cm이고 가로 24.2cm이다.[53] 종이는 명대 요동지역 관청의 공문서와 조선에서 온 이른바 高麗紙이다. 태조조 당안의 용지는 명조의 공문서와 고려지이고, 태종조 당안의 용지는 고려지이다. 명의 공문서는 이면지를 활용하는 방식이었는데, 그 중에는 『兵丁花名冊』이나 『大明會典』과 같이 이미 책으로 간행된 것들도 있었다.[54] 명조 공문서의 내용도 당시 요동의 상황을 전하는 또 다른 자료로 앞으로의 연구가 필요한 분야이기도 하다.[55] 編號가 없는 3冊은 高麗紙이다.

사용된 문자는 주로 舊滿文이다. 新滿文이 제정된 1632년(天聰 6)의 기사에는 舊滿文과, 新滿文과 비슷한 과도기적인 글자가 사용되었다. 1635년(天聰 9)년의 기사에는 과도기적인 글자와 新滿文이 혼용되었고 1636년(天聰10)에 가서야 新滿文이 사용되었다. 이런 점은 『舊滿洲檔』의 많은 부분이 그 당시의 직접적인 기록이라는 점을 드러낸다고 할 수 있다. 『舊滿洲檔』에는 滿文이외에도 蒙古文도 부분적으로 이용되었다. 몇몇 단어를 분명하게 하기 위해서 蒙古文으로 표기하기도 하였고, 몽골과의 교섭과 관련된 記事, 盟約, 誓辭, 咨文 등의 文件을 蒙古文으로 싣기도 하였다.[56] 이외에 漢文도 사용되었는데 몇몇 인명 등 고유명사나 檔案 앞장에 '天聰二年'과 같은 表題로 漢文을 쓰기도 하였다. 온전한 漢文은 포상과 관계된 敕諭를 滿文으로 기록하

---

53) 『滿文原檔』 각 책자의 앞부분에 천연색 사진이 있어 본래의 모습을 확인할 수 있다.

54) 關孝廉, 「論"滿文老檔"」, 164쪽.

55) 陳捷先, 「"舊滿洲檔"述略」, 51-53쪽.

56) 栗林均과 海蘭은 蒙古文 文書를 影印하고, 로마자 轉寫 및 對譯하고, 蒙古語 單語와 語尾의 索引 작업도 하였다. 栗林均·海蘭編, 『"滿文原檔"所收モンゴル語文書の研究』, 東北アジア研究センター報告17, 仙台: 東北大學東北アジア研究センター, 2015.

고 그 내용을 "皇帝勅諭……."라는 식으로 漢文으로 번역하여 같이 기록해두었다.57) 글씨체는 단정한 正字體로 필사된 부분도 있고 흘림체로 필사된 부분도 있다. 宿字檔은 목판으로 인쇄되어 있는데, 그것은 포상과 관계된 勅書로 같은 내용이 반복되기 때문에 하나의 목판을 반복하여 이용하였고, 관련된 인물의 이름만을 筆書해서 첨가하였다.58) 또 특이하게 한 쪽만 목판으로 인쇄되어 있기도 하는데, 어떤 사정으로 보충한 것으로 짐작되지만 왜 목판이었는지는 알 수 없다.59)

『舊滿洲檔』이 기록되기 시작한 시기에 대해서는 1629년(天聰 3) 文館이 설립된 이후라는 주장60)과, 공식적으로 체계적인 기록을 시작한 사정과 『舊滿洲檔』의 문건의 상태 등을 분석하여 1621년(天命 6) 이후라는 주장61)이 있다. 그리고 기록된 용어 등을 분석하여 1616년(天命元年)부터 기록이 시작되었다는 주장도 있다.62) 이러한 논란은 기록을 시작한 시점, 문건을 책자로 묶은 시기, 기록에 관한 제도적인 확립 등의 문제와 관련되어 있으며, 이외에도 기록된 용어에 대한 전반적인 검토가 필요한 문제라고 생각한다. 어쨌든 『舊滿洲檔』은 청조의 성장과정과 밀접한 시기에 기록된 원본 자료라는 평가를 받고 있다.

---

57) 『舊滿洲檔』4, 1695-1750쪽과 『滿文原檔』4, 99-149쪽에 집중적으로 기록되어 있다. 松村潤은 이 皇帝勅諭의 滿文과 漢譯의 原文을 밝히고, 飜譯하고 註를 달았다. 松村潤, 「寒字檔漢譯勅書」, 『明淸史論考』 (原載 『內陸アジア史硏究』2, 1985).

58) 『舊滿洲檔』5, 2397-2480쪽; 『滿文原檔』5, 363-446쪽.

59) 1632년(天聰 6)의 기사이다. 다음 쪽은 한 行으로, 앞에서 이어지는 1632년 기사이지만 筆書한 것이다. 『舊滿洲檔』5, 2175-2176쪽; 『滿文老檔』5, 139-140쪽.

60) 關孝廉, 「論"滿文老檔"」, 160-164쪽.

61) 劉厚生, 『舊滿洲檔硏究』, 1-11쪽.

62) 喬治忠, 「後金滿文檔冊的生産及其史學意義」, 『社會科學戰線』1994-3, 157-158쪽.

『舊滿洲檔』의 대체적인 구성은 다음과 같다.[63]

『舊滿洲檔』 1권:

荒字檔; 1607년(萬曆 35), 1608년(萬曆 36), 1609년(萬曆 37), 1610년(萬曆 38) 1611년(萬曆 39), 1612년(萬曆 40), 1613년(萬曆 41), 1614년(萬曆 42) 1615년(萬曆 43), 1616년(天命元年), 1617년(天命 2), 1618년(天命 3), 1619년(天命 4).

昃字檔; 1615년(萬曆 43), 1616년(天命元年), 1617년(天命 2), 1618년(天命 3), 1619년(天命 4), 1620년(天命 5).

『舊滿洲檔』 2권:

張字檔; 1621년(天命 6), 1622년(天命 7).

『舊滿洲檔』 3권:

來字檔; 1621년(天命 6).

辰字檔; 1622년(天命 7).

列字檔; 1623년(天命 8).

冬字檔; 1623년(天命 8).

『舊滿洲檔』 4권:

盈字檔; 1623년(天命 8).

寒字檔; 1624년(天命 9).

收字檔; 1625년(天命 10).

黃字檔; 1626년(天命 11).

『舊滿洲檔』 5권:

宙字檔; 1622년(天命 7), 1623년(天命 8), 1624년(天命 9),

---

63) 이하는 陳捷先, 「"舊滿洲檔"述略」, 21-27쪽의 내용을 요약·정리한 것이다.

1625년(天命 10), 1626년(天命 11).

無編號檔; 1624년(天命 9), 1626년(天命 11). 1935년 발견.

洪字檔; 無年月檔

藏字檔; 1623년(天命 8)

往字檔; 無年月檔

宿字檔; 無年月檔

露字檔; 無年月檔

致字檔; 無年月檔

無編號檔; 太祖朝의 기타 檔案

『舊滿洲檔』 6권:

天字檔; 1627년(天總元年).

歲字檔; 1628년(天聰 2).

閏字檔; 1628년(天聰 2).

陽字檔; 1629년(天聰 3).

秋字檔; 1629년(天聰 3).

調字檔; 1630년(天聰 4).

『舊滿洲檔』 7권:

月字檔; 1630년(天聰 4).

雨字檔; 1630년(天聰 4).

雲字檔; 1630년(天聰 4).

騰字檔; 1630년(天聰 4).

呂字檔; 1630년(天聰 4).

暑字檔; 1631년(天聰 5).

餘字檔; 1631년(天聰 5).

律字檔; 1631년(天聰 5).

『舊滿洲檔』 8권:

成字檔; 1629년(天聰 3), 1630년(天聰 4), 1631년(天聰 5).

地字檔; 1632년(天聰 6).

無編號檔; 1632년(天聰 6). 1935년 발견.

『舊滿洲檔』 9권:

無編號檔; 1635년(天聰 9). 1935년 발견.

『舊滿洲檔』 10권:

日字檔; 1636년(天聰 10), 1636년(崇德元年).

宇字檔; 1636년(崇德元年).

02 『滿文老檔』과 『舊滿洲檔』의 對照表

『舊滿洲檔』은 1607년부터 1636년까지 청조의 발전과정의 여러 가지 사실들을 기록한 자료로 그 가치는 널리 인정받아 왔다. 입관전 청대사의 연구는 『滿文老檔』을 분석하는 방식을 넘어서 『舊滿洲檔』을 기본 자료로 활용하여야 한다는 주장에도 불구하고 앞에서 살펴본 바와 같이 현재까지도 활발하게 활용되지 못하고 있는 실정이다. 이하에서 『舊滿洲檔』 이용에의 걸림돌을 정리해보고, 그 활용방안으로 『滿文老檔』과 『舊滿洲檔』의 대조표를 이용할 것을 제안하고자 한다.

『舊滿洲檔』에는 蒙古文과 漢文도 사용되었지만 대부분은 滿文이다. 앞에서 언급하였듯이 太祖朝는 舊滿文으로 기록하였고, 新滿文으로 개정한 후에는 新滿文으로 넘어가는 과도기적인 표기법을 사용하다가 1636년(崇德元年)경이 되어서야 新滿文으로 기록하였다. 그러므로 『舊滿洲檔』은 대부분 舊滿文으로 기록되어 있다고 할 수 있다. 舊滿文은 일부의 모음과 자음이 표기상으로는 구별되는 바가 없기 때문에 문자 자체를 읽어서 뜻을 이해하기가 상당히 까다롭다. 이런 문제점 때문에 이들을 구별하여 표기하는 新滿文으로 개정하였던 것이다. 『舊滿洲檔』이 기록될 당시가 만문이 창제된 지(1599년) 얼마 되지 않았기 때문에 표기법이 정형화되지 않은 면이 많았다. 그래서 『舊滿洲檔』의 滿文 표기가 통일되지 않은 것이 많고 이 역시 讀解를 어렵게 하는 부분이다. 뿐만 아니라 당시에 사용된 滿語 자체도 통일되지 않은 경우가 있어 舊滿文으로 기록된 문건을 읽어내는데 어려움을 더한다. 즉, 기록된 문자도 읽어내기가 어렵고, 쓰인 표기법도 통일되지 않았고, 문자로 표기할 滿語 어휘도 통일되지 않은 경우가 있는 것이 『舊滿洲檔』이다. 이러한 혼란스러운 표기들은 문건 讀解에 어려움을 주기는 하지만 반면에 기록된 내용의 현장성을 오히려 잘 보여준다고 하겠다. 『舊滿洲檔』에서 구사된 만문 용어들은 漢文化의 영향을 받은 한문 용어보다 훨씬 본래적인 모습을 반영하고 있다고 하겠다.

뿐만 아니라 『舊滿洲檔』은 건륭 중초본인 『滿文老檔』과 다른 원래의 모습을 전해주고 있다. 『舊滿洲檔』 5권 2080쪽 4行에 "abka na de aisin gurun i han nurahaci gashūrengge…… (하늘과 땅에 金나라의 한 누라하치가 맹세한 것……)"라고 기술된 부분이 있다. 이 부분이 『滿文老檔』 3권의 1074쪽에는 "abka na de, aisin gurun i han ***** gashūrengge,……"로 되어 있고 ***** 부분에 노란색 찌지가 붙어있다고 한다.[64] 『滿文老檔』은 누르하치라는 이름을 휘한 것이고, 『舊滿洲檔』은 太祖 누르하치(nurhaci)를 누

64) 『滿文老檔』3, 1234쪽.

라하치(nurahaci)로 誤記한 것이다. 誤記 자체가 자료의 원시성을 그대로 보여주는 것이다. 太宗 홍타이지에 대해서도 『舊滿洲檔』에서는 홍타이지(hong taiji)로 표기한데 반해서, 『滿文老檔』은 노란색 찌지를 붙이거나 두이치 버일러(duici beile 四貝勒)로 고쳐서 諱하고 있다. 『舊滿洲檔』의 혼란된 표기가 讀解하기는 어렵지만 반면에 그러한 상태는 자료의 일차성을 보여주는 것이기도 하다.

『舊滿洲檔』을 활용하기 어렵게 만든 요인 중의 또 다른 하나는 文件의 순서이다. 앞에서 본 바와 같이 『舊滿洲檔』은 건륭년간에 묶어둔 千字文 編號를 매긴 檔冊을 그대로 사진찰영한 것이다. 그러다보니 文件이 시간순서대로 배열되지 있지 않아서 이용하는데 어려움이 많다. 이를테면 1624년(天命 9) 正月의 記事는 『滿文老檔』에서는 2권의 881쪽에서 888쪽까지이다. 그런데 『舊滿洲檔』에서는 4권 1779쪽에서 1785쪽까지 계속되다가, 건너뛰어 5권 2059쪽에서 2061쪽까지 이어지고, 다시 4권 1786쪽으로 되돌아가서 1792쪽까지 계속된다. 이런 경우 5권 2059쪽에서 2061쪽까지 기사를 찾아내기가 수월하지 않다. 1622년(天命 7) 正月 기사의 경우에는, 『舊滿洲檔』 2권 932쪽에서 956쪽까지 계속되다가 5권 2100쪽으로 연결되고, 다시 2권 956쪽으로 되돌아간다. 이 경우 5권 2100쪽 하나를 찾기는 어려운 작업이다.

심지어는 순서가 역으로 가는 경우도 있다. 『舊滿洲檔』 5권 2177쪽에서 2179쪽까지는 내용상으로는 2179쪽, 2178쪽, 2177쪽의 순서로 연결되어 있다. 『滿文老檔』 3권의 1097쪽에서 1108쪽까지의 太祖朝 無年月의 기사는, 『舊滿洲檔』에서는 5권 2481쪽에서 2490쪽으로 계속되다가, 5권 2163쪽, 2164쪽, 2168쪽, 2166

쪽, 2168쪽, 2172쪽, 2171쪽, 2173쪽, 2179쪽, 2178쪽, 2177쪽, 2180쪽 순서로 연결시켜야만 전체 내용을 온전하게 읽어낼 수 있다. 『舊滿洲檔』 전체의 분량이 5,000여 쪽인데 거기에서 다음으로 연결되는 부분을 찾아내기란 여간 어려운 일이 아니다. 자료의 상태가 이러하기 때문에 그 중요성에도 불구하고 활발하게 이용되지 못하고 있는 것으로 생각한다.

『舊滿洲檔』은 중복되는 부분도 많다. 그 구체적인 면모를 살피기 위해 좀 길기는 하지만 인용해보기로 한다. 로마자로 轉寫된 滿文 原文과 번역문을 함께 싣는다.65)

(ㄱ) sure amba genggiyen han i ilibuha eiten hacin i sain doro be, erdeni baksi ejeme bitheleme gaiha, an i bithe ere inu; 66)

수러 암바 겅기연 한이 세운 온갖 종류의 좋은 도리를, 어르더니 박시가 기억해서 기록해 두었다. 규범의 책이 이것이다.67)

(ㄴ) sure ①(amba) genggiyen han i ilibuha eiten hacini sain doro be, erdeni baksi ejeme bitheleme gaiha, ②{an i bithe ere inu};
0 erdeni baksi kicebe gingguji ejesu sure be amcaci ojorakū, ere bithe be ③(majige dababume arahabi, uttu) mujilen i fukjin ④(araha bithe be adarame dasara seme, inu ambula dasahakū, ineku gisun baba de bi,) arahangge inu mangga.68)

---

65) 앞에서 언급했듯이 舊滿文으로 쓰인 문장을 로마자로 轉寫하는 문제는 논란이 많다. 여기에서는 新滿文의 『滿文老檔』을 참고하여 로마자로 轉寫하였다. 舊滿文은 대문자로 전사하기도 하지만 쉽게 읽히도록 소문자로 전사하였다. 우리말 번역은 原文의 느낌을 전할 수 있도록 직역하였다.

66) 『舊滿洲檔』1, 129쪽의 1-2行; 『滿文原檔』1, 62쪽의 1-2行.

67) 최동건, 『舊滿洲檔 荒字檔』, 104쪽; 李學智·廣祿譯註, 『清太祖老滿文原檔』1, 51-52쪽 참고.

수러 ①(암바) 겅기연 한이 세운 온갖 종류의 좋은 도리를, 어르더니 박시가 기억해서 기록해 두었다. ② [규범의 책이 이것이다] 0 어르더니 박시의 근면함 신중함 기억력 총명함을 따를 수가 없다. 이 책을 ③(조금 풍부하게 썼다. 이런) 마음으로 처음 ④(썼던 책을 어떻게 바꾸겠는가라고 해서, 또한 많이 바꾸지 않아, 같은 말이 곳곳에 있다.) 썼던 것도 대단하다.[69]

(ㄷ) sure genggiyen han i ilibuha eiten hacin i sain doro be, erdeni baksi ejeme bitheleme gaiha, erdeni baksi kicebe gingguji ejesu sure be amcaci ojorakū, ere bithe be mujilen i fukjin arahangge inu mangga; [70]

수러 겅기연 한이 세운 온갖 종류의 좋은 도리를, 어르더니 박시가 기억해서 기록해 두었다. 어르더니 박시의 근면함 신중함 기억력 총명함을 따를 수가 없다. 이 책을 마음으로 처음 썼던 것도 대단하다.[71]

(ㄱ)은 荒字檔의 기사이고 (ㄴ)은 昃字檔의 기사이다. 1615년(萬曆 43) 12월 20일 기사에 이어진 것으로, 年月 순서로 기록한 앞의 기사와는 다르게 누르하치의 업적 등을 정리해놓은 것이다. 이듬해 1616년 '後金'의 건국을 정당화하기 위한 일종의 정지작업의 하나로 정리한 기사 중의 하나이다.[72] 이러한 기록이 어르더니에 의해서 이루어졌다는 점을 칭송한 내용이다.

---

68) 『舊滿洲檔』1, 311쪽의 7行-312쪽의 4行; 『滿文原檔』1, 124쪽의 7行-125쪽의 4行. 원문자와 괄호는 인용자.

69) 李學智·廣祿譯註, 『清太祖老滿文原檔』2, 15쪽 참고. 원문자와 괄호는 인용자.

70) 『滿文老檔』1, 56쪽의 8-11行; 『內閣藏本滿文老檔』1, 161쪽의 4-7行.

71) 김주원 외 역주, 『만문노당 태조』1, 95쪽 참고.

72) 김두현, 「"舊滿洲檔"과 "滿文老檔"의 1615年 12月條 검토」, 『울산대학교 인문논총』16, 1999.

(ㄱ)에는 어르더니가 기록했다는 사실만을 밝히고 있다. (ㄴ)에는 (ㄱ)의 내용 다음에 기록의 규범을 세운 어르더니를 칭송한 한 내용이 삽입되어 있다. 기록된 문건을 보면, 새로운 단락이 시작된다는 표시인 '0'로 시작되는 한 문단이 뒤에 첨가되었다는 점을 짐작할 수 있다. (ㄴ)을 포함한 昃字檔의 대부분은 (ㄱ)이 기록된 荒字檔과 중복된다. 昃字檔은 舊滿文으로 표기되어 있으므로 적어도 1632년(天聰 6) 이전의 기록으로 짐작된다. 무슨 이유인지는 알 수 없지만 처음에 기록된 내용을 다시 정리하는 작업이 있었다는 사실을 알 수 있다.

그 과정에서 새로운 내용을 첨가하기도 하였다는 사실을 (ㄴ)에서 확인할 수 있다. 그 외에 언젠가 첨삭 정리를 하는 작업이 있었던 것으로 추정된다. 그것이 (ㄴ)을 정리하던 때였는지 아니면 그 후의 언제인지는 알 수 없다. ①, ③, ④의 소괄호( ) 부분은 검은 줄을 쳐서 지워진 것이고, ②의 중괄호{ } 부분은 원으로 둘러싸여 있다. 건륭년간에 중초된 『滿文老檔』의 기사인 (ㄷ)은 (ㄴ)의 ①, ②, ③, ④를 삭제하고 정리된 내용이라는 사실을 확인할 수 있다. 처음 (ㄱ)이 기록되었고, 그 후 (ㄱ)에 새로운 한 문단을 첨가하여 (ㄴ)을 만들었다가, 다시 정리해서 하나의 문단인 (ㄷ)을 만들었다고 추정할 수 있다.

위의 예에서처럼 『舊滿洲檔』에는 문장이나 낱말을 지운 부분, 문장이나 낱말을 따로 둥그렇게 묶은 부분, 문장이나 낱말을 삽입한 부분이 많이 있어 상당히 혼란스러워 보인다. 하지만 잘 정리해보면 기록 당시의 여러 가지를 검토할 수 있는 여지를 제공하고 있다. 좀 길기는 하지만 아래에서 그러한 예의 하나를 살펴보기로 한다.

(ㄹ) 0 ninggun biyai orin juwe de sindafi unggihe duin niyalma ci emu niyalma, jai juwe amban, ①[emu] tungse uheri nadan niyalma be nikan i guwangning i du tang takūrafi isinjiha; dade henduhe gisun muse dain acaki seci sini dailafi gamaha emu udu niyalmabe benjime sini niyalma takūra seme henduhebihe. tere gisunde, genggiyen han hendume dailafi baha emu niyalmabe ainu bederebumbi, mimbe uru seci simbe sucufi gajiha niyalmai dele si menggun aisin suje gecuheri nememe bume aca, mimbe waka seci bi acarakū kemuni dailambi, seme hendufi ceni canggi unggihe;73)

0 6월 22일에 놓아서 보내준 네 사람 중에서 한 사람, 그리고 2명의 암반, ①[1명의] 通事 모두 일곱 사람을 중국의 廣寧의 都堂이 파견해서 도착해 왔다. 본디 말했던 말이 '우리 전쟁을 和親하자고 한다면 당신이 쳐들어와서 데려간 몇몇 사람을 보내줄 당신의 사람을 파견하라.'고 말했었다. 그 말에, 경기연 한이 말하기를 '쳐들어가서 얻은 한 사람이라도 왜 되돌려주겠는가? 나를 옳다고 한다면 당신을 奇襲해서 데려온 사람 외에도 당신은 銀 金 緋緞 蟒龍緞을 더해 주며 和親하라. 나를 그르다고 한다면 나는 和親하지 않고 계속 싸우겠다.'라고 말하고 그들 만 보냈다.74)

(ㅁ) ②[neneme takūraha emu niyalma ③(ere) jai juwe amban emu tungse uheri nadan niyalma ④(niyalma) be] ninggun biyai orin juwede ⑤(sindafi unggihe, duin niyalma ci emu niyalma jai juwe amban, emu tungse uheri nadan niyalma be, nikan i) guwangning i dutang takūrafi isinjiha, ⑥(dade henduhe) ⑦[terei] gisun muse ⑧(dain) acaki seci, sini

73) 『舊滿洲檔』1, 235쪽의 1-6行; 『滿文原檔』1, 93쪽의 1-6行. 원문자와 괄호는 인용자.

74) 최동건, 『舊滿洲檔 荒字檔』, 185-186쪽; 李學智·廣祿譯註, 『淸太祖老滿文原檔』1, 96쪽 참고. 원문자와 괄호는 인용자.

dailafi gamaha emu udu niyalmabe benjime sini niyalma takūra ⑨(seme henduhe bihe.) tere gisun de, genggiyen han hendume dailafi baha emu niyalma be ainu bederebumbi, mimbe uru seci simbe sucufi gajiha niyalmai dele, si menggun aisin suje gecuheri nememe bume aca, mimbe waka seci bi acarakū kemuni dailambi, seme hendufi ⑩(ceni canggi) unggihe;[75]

②[먼저 파견한 한 사람 ③(이) 그리고 2명의 암반 1명의 通事 모두 일곱 사람④(사람)을] 6월 22일에 ⑤(놓아서 보내준, 네 사람 중에서 한 사람 그리고 2명의 암반, 1명의 通事 모두 일곱 사람을, 중국의) 廣寧의 都堂이 파견해서 도착해 왔다. ⑥(본디 말했던) ⑦[그의] 말이 '우리 ⑧(전쟁을) 和親하자고 한다면, 당신이 쳐들어와서 데려간 몇몇 사람을 보내줄 당신의 사람을 파견하라.'⑨(고 말했었다.) 그 말에, 겅기연 한이 말하기를 '쳐들어가서 얻은 한 사람이라도 왜 되돌려주겠는가? 나를 옳다고 한다면 당신을 奇襲해서 데려온 사람 외에도, 당신은 銀 金 緋緞 蟒龍緞을 더해 주며 和親하라. 나를 그르다고 한다면 나는 和親하지 않고 계속 싸우겠다.'라고 말하고 ⑩(그들 만) 보냈다.[76]

(ㅂ) neneme takūraha emu niyalma, jai juwe amban, emu tungse uheri nadan niyalma be, ninggun biyai orin juwe de, guwangning ni du tang takūrafi isinjiha, terei gisun, muse acaki seci, sini dailafi gamaha emu udu niyalma be benjime, sini niyalma takūra, tere gisun de genggiyen han hendume, dailafi baha emu niyalma be ainu bederebumbi, mimbe uru seci, simbe sucufi gajiha niyalmai dele, si menggun aisin suje gecuheri nememe bume aca, mimbe waka seci, bi

---

75) 『舊滿洲檔』1, 377쪽의 5行-378쪽의 3行; 『滿文原檔』1, 190쪽의 5行-191쪽의 3行. 원문자와 괄호는 인용자.

76) 李學智·廣祿譯註, 『清太祖老滿文原檔』2, 73-74쪽 참고. 원문자와 괄호는 인용자.

acarakū, kemuni dailambi seme hendufi unggihe;[77)]

> 먼저 파견했던 한 명, 그리고 2명의 암반, 1명의 通事 모두 일곱 사람을, 6월 22일에, 廣寧의 都堂이 파견해서 도착해 왔다. 그의 말이 '우리 和親하자고 한다면, 당신이 쳐들어와서 데려간 몇몇 사람을 보내줄, 당신의 사람을 파견하라.'(였다). 그 말에 경기연 한이 말하기를 '쳐들어가서 얻은 한 사람이라도 왜 되돌려주겠는가? 나를 옳다고 한다면, 당신을 奇襲해서 데려온 사람 외에도, 당신은 銀 金 緋緞 蟒龍緞을 더해 주며 和親하라. 나를 그르다고 한다면, 나는 和親하지 않고 계속 싸우겠다.'라고 말하여 보냈다.[78)]

위의 기사는 七大恨을 명분으로 明朝에 대하여 공세적인 태도를 취하면서 1618년(天命 3) 봄에 撫順지역을 공격하는 과정에서 일어난 사건이다. 後金의 공격으로 撫順과 그 주변지역이 함락되자 遼東巡撫가 講和를 제안하였고 누르하치가 이를 거부했다는 내용이다. ㈃은 새 단락시작 표시인 '0'로 시작된 하나의 문단이다. ①은 필사의 과정에서 빠진 낱말을 첨가한 것으로 보인다.

㈄은 ㈃을 첨삭한 것이다. 문건을 보면 대괄호[ ] ②와 ⑦은 첨가된 부분이고, 소괄호( ) ③, ④, ⑤, ⑥, ⑧, ⑨, ⑩은 검은 줄을 쳐서 지운 부분이다. 좀 더 자세하게 살펴보면, 먼저 독립된 문단이었던 부분을 앞의 문단과 연결하여 하나의 문단으로 만들면서 ②의 대괄호[ ] 부분을 첨가하였다. ③과 ④는 필사의 과정에서 誤記한 것을 삭제한 것으로 보인다. ②부분을 첨가하면

77) 『滿文老檔』1, 104쪽 11行-105쪽 4行; 『內閣藏本滿文老檔』1, 299쪽의 6行-301쪽의 2行.

78) 김주원 외 역주, 『만문노당 태조』1, 172쪽 참고.

서 기존 ⑤의 소괄호( ) 부분을 지웠다. ⑥의 표현을 ⑦의 표현으로 바꾸면서 ⑥을 지웠다. ⑧, ⑨, ⑩은 삭제한 부분이다.

㈀의 첨삭된 내용을 정리하면 『滿文老檔』 ㈂의 내용이 된다. ㈂의 제작과정에서 ㈃을 정리한 작업의 결과가 ㈀으로 볼 수도 있지만, ㈀의 첨삭된 부분이 舊滿文으로 기록되어 있다는 점은 좀 더 고려해야할 문제이다. 물론 건륭 중초본에는 舊滿文으로 重抄된 것도 있으므로 舊滿文으로 작업하였다고도 할 수도 있다. 하지만 건륭년간의 중초작업이 舊滿文을 讀解하기 어려워서 시작되었다는 사실은, 舊滿文으로 첨삭작업을 했다는 점을 상정하기 어렵게 한다. ㈂이 기왕에 첨삭작업이 되어있었던 ㈀을 정리한 것으로 볼 수도 있지만 이는 좀 더 규명하여야 할 문제이다.

『舊滿洲檔』에서 중복되고 첨삭이 되어있어 讀解하기에는 어려운 부분이 많기는 하지만 이러한 부분들이 오히려 중요한 내용을 담보하고 있기도 하다. 그러므로 이러한 부분을 보다 분석적으로 접근할 필요가 있다. 이러한 문제에 주목하여 『舊滿洲檔』의 기사와 『滿文老檔』의 기사의 다른 부분을 비교 검토하거나[79] 天聰九年 부분을 譯註하여 하기도 하였고[80] 『舊滿洲檔』의 삭제된 부분을 번역하기도 하였다.[81] 하지만 첨삭된 부분에 대해서는 『滿文老檔』 기사의 오류라는 차원에서 접근할 것이 아니라, 기사의 변화된 내용과 그 의미를 규명하여 당시의 상황을 재구성하여야 할 것이다.[82] 위의 작업들이 滿文 原文을 摘示하지 않은 점은 자

---

79) 劉厚生, 「從"舊滿洲檔"看"滿文老檔"中的僞與誤」, 『舊滿洲檔研究』; 劉厚生, 「"舊滿洲檔"與"滿文老檔"勘校擧要」, 『舊滿洲檔研究』.

80) 劉厚生, 「"天聰九年檔"譯註」, 『舊滿洲檔研究』.

81) 關孝廉, 「"舊滿洲檔"諭刪秘要全譯」, 『滿學研究』1, 1992.

82) 細谷良夫는 「黄字檔」 일부의 첨삭내용을 면밀하게 검토하여 당안을 기록한 연대를 확인하였다. 細谷良夫, 「'滿文原檔''黄字檔'について-その塗改の檢討」,

료의 활용에 장애가 되는 요소이다. 최근에는 『舊滿洲檔』(『滿文原檔』)과 『滿文老檔』의 改修와 變改의 사례를 구체적으로 분석한 연구도 나왔다.[83]

『舊滿洲檔』의 기사는 내용뿐 만아니라 낱말 하나하나, 단락의 구분 등도 세심하게 읽어내어야 한다. 이를테면 새로운 단락의 시작을 의미하는 '0'도 새로운 해석의 계기가 되기도 하였다. '計丁授田'의 대상을 둘러싼 論難에서, 그것이 각각 滿洲族과 漢人을 대상으로 한, 두가지의 정책이었다고 분석한 근거는 새로운 단락의 시작 표시인 '0'가 실마리가 되었다. 즉, 『滿文老檔』에서는 하나의 문단으로 되어있지만, 『舊滿洲檔』에서는 중간에 '0'가 있는 2개의 문단으로 구성되었다는 점에 주목하였던 것이다.[84]

『舊滿洲檔』을 적극적으로 활용하기 위해서는 본문을 로마자로 轉寫하여 연구자들이 쉽게 이용할 수 있도록 해야 할 것이다. 『滿文老檔』의 譯註 이후에 일본에서 『滿文老檔』이 적극적으로 이용되었다는 점을 상기할 필요가 있다. 물론 舊滿文의 로마자 轉寫는 언어학적으로도 논란이 되는 문제이다. 현재는 대체적으로 新滿文의 로마자 전사방식을 기준으로 약간씩 변형시켜 이용하고 있지만 연구자들이 제각기의 방안으로 표기하고 있는 실정이다. 『舊滿洲檔』의 혼란된 표기 양상을 그대로 드러낼 수 있는 방안 강구하여야 당시의 역사적 상황을 온전히 보여줄 수 있을 것이다. 이런 점은 로마자 轉寫작업을 더욱 어렵게 하고 있다. 어쩌면 舊滿文 로마자 轉寫의 어려움이 『舊滿洲檔』 로마

『東洋史研究』49-4, 1991.

83) 김주원·이형미, 「"滿文原檔"에서 "滿文老檔"으로의 내용 변개에 관한 연구」.

84) 金斗鉉, 「遼東支配期 누르하치의 對漢人政策-'計丁授田'과 '編丁立莊'策의 再檢討」, 『東洋史學研究』25, 1987, 76-83쪽.

자 轉寫작업의 가장 큰 걸림돌인지도 모르겠다. 하버드대학에서 현재 新滿文으로 쓰인 『滿文老檔』을 로마자로 전사하여 전산화 하였고 현재는 영문번역이 진행중이다.[85] 『舊滿洲檔』의 번역작업이 중단된 것은 이런 면에서도 아쉬움이 크다.

현재의 상황에서 연구자들이 『舊滿洲檔』을 보다 적극적으로 활용할 수 있는 방법은 『舊滿洲檔』의 기사를 『滿文老檔』과 대조하는 방식이라고 생각한다. 松村潤은 이 방식을 "현시점에서 가장 편리한 방법이라고 생각"하여 太宗朝의 『滿文老檔』과 『舊滿洲檔』의 대조표를 만들었다.[86] 『舊滿洲檔』 6권, 7권, 8권, 10권의 대조표를 만들었는데, 『滿文老檔』의 쪽수와 行數를 그에 해당하는 『舊滿洲檔』의 쪽수와 대비하는 방식이었다. 몇 가지 미비한 점이 있기는 하지만[87] 『舊滿洲檔』을 쉽게 이용할 수 있게 하는 좋은 착안이었다. 劉厚生의 저서에 부록으로 재수록하여 많은 연구자들이 활용하도록 하였다.[88]

미하엘 바이어스(Michael Weirs)는 1620년(天命 5)부터 1630년(天聰 4)까지의 대조표를 만들었다. 그는 『舊滿洲檔』 기사의 문단 시작 쪽수와 그에 해당하는 『滿文老檔』의 시작 쪽수를 대비하였다.[89] 첨삭과 중복 등으로 太宗朝 보다 훨씬 혼란스러운 太祖朝의 부분을 대조하였다는 점에서 의미 있는 작업이었다. 하지만 1620년부터 대조를 시작했기 때문에 앞의 500쪽에 이르는

85) http://www.manchustudiesgroup.org/translations/lao-manwen-dang/ 참고.
86) 松村潤 등, 『"滿文老檔"·"舊滿洲檔" 對照表-太宗朝』, 『遊牧社會史探究』 別冊, 1978.
87) 李學智, 「"老滿文原檔"與"滿文老檔"的再硏究」, 『滿學硏究』6, 2000, 103쪽.
88) 劉厚生, 『舊滿洲檔硏究』, 373-428쪽.
89) Michael Weiers, "Konkordanz zum Aktenmaterial der Chiu Man-Chou Tang und Man-Wen Lao-Tang Jahrgänge 1620-1630," *Aetas Manjurica* 1, 1987.

자료는 대조하지 않았다. 뿐만 아니라 『舊滿洲檔』 3권의 1137쪽에서 1233쪽은 대조작업을 하지 못하는 등 부분적으로 미비한 점이 있다.

이런 점을 보완하고 보다 수월하게 대조할 수 있도록, 松村潤의 방식을 기반으로 太祖朝의 기사를 대조한 것이 지난 2010년에 출판한 『滿文老檔과 舊滿洲檔 對照表-太祖朝』이다. 즉, 滿文老檔硏究會에서 譯註하여 東洋文庫에서 출간한 『滿文老檔』 I-III을 臺北의 國立故宮博物院에서 간행한 『舊滿洲檔』과 대조한 것이다. 『滿文老檔』의 太祖朝에 해당되는 부분이다.[90] 이번에 새롭게 엮으면서 'II. 『滿文老檔』과 『舊滿洲檔』 對照表'로 구성하였다.

이 대조표에서는 기본적으로 『滿文老檔』의 쪽수와 行數를 『舊滿洲檔』의 쪽수와 行數와 대조하였다. 일러두기에서도 밝힌 것처럼, 記事의 文段은 『滿文老檔』의 文段區分을 따랐으며 대조표에 숫자로 표기하였다. 『舊滿洲檔』의 문단구분은 여러 가지로 복잡한 면이 있어 이 대조표에서는 밝히지 않았다. 새 문단의 시작 표시인 0의 有無도 함께 표기하였다. 面數와 行數도 『滿文老檔』과 『舊滿洲檔』을 대비해서 표기하였고, 『舊滿洲檔』의 面數가 바뀌는 경우 대조의 편의를 위해 구분해서 밝혔다. 원래 行의 앞과 뒤에 첨가된 行數는 구분해서 표기했다. 출간된 『滿文老檔』과 『舊滿洲檔』은 각각 7권과 10권으로 분책되어있지만 쪽수는 처음부터 끝까지 연속해서 매겨져있다. 이 대조표에서는 번거로움을 줄이기위해 권수는 밝히지 않았다. 자세한 내용은 일러두기를 참고하기 바란다.

그 대조표에서는 『滿文老檔』의 기사를 『舊滿洲檔』과 대조하였

---

90) 김두현, 『滿文老檔과 舊滿洲檔 對照表-太祖朝』, 울산대학교 출판부, 2010.

기에 『滿文老檔』 기사의 원래 내용을 『舊滿洲檔』에서 쉽게 확인은 할 수 있지만, 『舊滿洲檔』 본래의 모습을 파악하기는 어렵다는 문제점이 있다. 특히 重抄의 과정에서 삭제된 기사는 『滿文老檔』에 수록되지 않아 『滿文老檔』을 기본으로 한 대조표에서는 이들 기사를 확인할 수 없다. 이런 사정으로 『滿文老檔』에는 없고 『舊滿洲檔』에만 있는 天聰9年(1635)의 기록을 『舊滿洲檔 天聰九年』, 『漢譯滿文舊檔』, 『天聰九年檔』 등으로 출간하기도 하였다.[91] 『滿文老檔』에 수록되지 않은 滿文檔案도 중요한 자료이기도 하지만, 重抄의 과정에서 첨삭된 상황은 역사적인 사실을 반영하고 있는 중요한 자료이다. 이에 『舊滿洲檔』의 사료적 가치를 확인하고 활용할 수 있도록 하기 위해서 『舊滿洲檔』의 각각의 지면과 『滿文老檔』의 기사를 확인할 수 있는 대조표를 만들어 새롭게 'Ⅲ. 『舊滿洲檔』과 『滿文老檔』 對照表'로 구성하였다.

이 대조표에서는 동양문고의 『滿文老檔』과 『舊滿洲檔』을 대조의 저본으로 삼았다. 『舊滿洲檔』의 경우 앞에서 언급한 바와 같이 근자에 『滿文原檔』이 출간되어 앞으로 활용도가 높아질 것으로 예상된다. 하지만 『舊滿洲檔』의 쪽수를 『滿文原檔』에서 확인할 수 있기 때문에 『舊滿洲檔』을 저본으로 삼았다. 동양문고의 『滿文老檔』 외에도 로마자로 전사된 만문 원문은, 최근에 간행된 『만문노당 태조』와 『만문노당역주 태종』에서도 확인할 수 있다. 근자에 출간된 『內閣藏本滿文老檔』에서는 만문 원문을 확인할 수 있어 앞으로 활용도가 높아질 것이다.[92] 하지만

91) 東洋文庫淸代史硏究室譯註, 『舊滿洲檔 天聰九年』1·2; 遼寧大學歷史系編, 『漢譯滿文舊檔』; 關嘉祿·佟永功·關照宏譯, 『天聰九年檔』.

92) 莊吉發, 「"滿文原檔"·"內閣藏本滿文老檔"與淸朝前史的硏究」 (陳熙遠主編, 『覆案的歷史-檔案考掘與淸史硏究』上, 臺北: 中央硏究院, 2013)에서는 『滿

현재까지는 가장 널리 활용되고 있다는 점에서 동양문고의 『滿文老檔』을 저본으로 삼았다. 무엇보다도 그동안 동양문고의 『滿文老檔』과 『舊滿洲檔』을 대조해왔기 때문이다.

이로써 『滿文老檔』과 『舊滿洲檔』의 대조작업을 마무리하게 되었다. 이 대조표가 『舊滿洲檔』과 새로운 사진판인 『滿文原檔』의 활용에 도움이 되기를 바란다. 다만 太宗朝의 『滿文老檔』의 기사를 『舊滿洲檔』과 대조한 대조표는 있지만,[93] 太宗朝 『舊滿洲檔』 본래의 모습을 확인할 수 있는 대조표가 없는 것은 여전히 아쉽다.

文原檔』과 『內閣藏本滿文老檔』의 기사를 비교·분석하였다.

93) 松村潤 등, 『"滿文老檔"·"舊滿洲檔" 對照表-太宗朝』.

참고문헌

『舊滿洲檔』1-10, 臺北: 國立故宮博物院, 1969.
『滿文原檔』1-10, 臺北: 國立故宮博物院, 2006.
『內閣藏本滿文老檔』1-20, 瀋陽: 遼寧民族出版社, 2009.

李學智·廣祿譯註, 『淸太祖老滿文原檔』1·2, 臺北: 中央研究院歷史語言研究所, 1970·1971.
東洋文庫淸代史硏究室譯註, 『舊滿洲檔 天聰九年』1·2, 東京: 東洋文庫, 1972·1975.
張葳譯註, 『舊滿洲檔譯註 淸太宗朝』1·2, 臺北: 國立故宮博物院, 1977·1980.
遼寧大學歷史系編, 『漢譯滿文舊檔』, 瀋陽: 遼寧大學, 1979.
關嘉祿·佟永功·關照宏譯, 『天聰九年檔』, 天津: 天津古籍社, 1987.
최동권, 『舊滿洲檔 荒字檔』, 서울: 보고사, 2007.
滿文老檔硏究會譯註, 『滿文老檔』Ⅰ-Ⅶ, 東京: 東洋文庫, 1955-1963.
金梁, 『滿洲秘檔』, 『近代中國史史料叢刊』101, 臺北: 文海出版社, 1967.
金梁, 『滿洲老檔秘錄』, 『淸史論叢』3, 香港: 存萃學社, 1977.
遼寧大學歷史系編, 『重譯滿文老檔』(太祖朝)1-3, 瀋陽: 遼寧大學, 1978·1979.
中國第一歷史檔案館·中國社會科學院歷史硏究所譯註, 『滿文老檔』上·下, 北京: 中華書局, 1990.

고려대학교 민족문화연구원 만문노당역주회, 『만문노당역주 태종』1-4, 서울: 소명출판, 2017.
김주원 외 역주, 『만문노당 태조』1-2, 서울: 서울대학교 출판문화원, 2019.

今西春秋, 「滿文老檔乾隆付注譯解」, 『東方學紀要』1, 1959.
李學智, 『乾隆重鈔本滿文老檔簽註正誤』, 臺北, 1982.
關孝廉, 「"舊滿洲檔"諭刪秘要全譯」, 『滿學硏究』1, 1992.
劉厚生, 「從"舊滿洲檔"看"滿文老檔"中的僞與誤」, 『舊滿洲檔研究』, 長春: 吉林文史社, 1994.
劉厚生, 「"舊滿洲檔"與"滿文老檔"勘校擧要」, 『舊滿洲檔研究』, 長春: 吉林文史社, 1994.
劉厚生, 「關于"滿文老檔"(大黃綾本)的簽註」, 『舊滿洲檔研究』, 長春: 吉林文史社, 1994.
松村潤, 「寒字檔漢譯勅書」, 『明淸史論考』, 東京: 山川出版社, 2008 (原載『內陸アジア史研究』2, 1985).
栗林均·海蘭編, 『"滿文原檔"所收モンゴル語文書の研究』, 東北アジア研究センター報告17, 仙台: 東北大學東北アジア研究センター, 2015.

松村潤 등, 『"滿文老檔"·"舊滿洲檔" 對照表-太宗朝』, 『遊牧社會史探究』別冊, 1978.
Weiers, Michael, "Konkordanz zum Aktenmaterial der Chiu Man-Chou Tang und Man-Wen Lao-Tang Jahrgänge 1620-1630," Aetas Manjurica 1, 1987.
김두현, 『滿文老檔과 舊滿洲檔 對照表-太祖朝』, 울산대학교 출판부, 2010.

劉厚生, 『舊滿洲檔研究』, 長春: 吉林文史社, 1994.
三田村泰助, 『淸朝前史の研究』, 京都: 東洋史研究會, 1972.
石橋秀雄, 『淸代史研究』, 東京: 綠蔭書房, 1989.
松村潤, 『明淸史論考』, 東京: 山川出版社, 2008.
神田信夫, 『滿學五十年』, 東京: 刀水書房, 1992.
神田信夫, 『淸朝史論考』, 東京: 山川出版社, 2005.

阿南惟敬,『清初軍事史論考』, 東京: 申陽書房, 1980.
安部健夫,『清代史の硏究』, 東京: 倉文社, 1971.
周藤吉之,『淸代滿洲土地政策の硏究-特に旗地政策を中心として』, 東京: 河出書房, 1944.
周藤吉之,『淸代東アジア史硏究』, 東京: 日本學術振興會, 1972.

김두현,「遼東支配期 누르하치의 對漢人政策-'計丁授田'과 '編丁立莊' 策의 再檢討」,『東洋 史學硏究』25, 1987.
김두현,「"舊滿洲檔"과 "滿文老檔"의 1615年 12月條 검토」,『울산대학교 인문논총』16, 1999.
김주원·이형미,「"滿文原檔"에서 "滿文老檔"으로의 내용 변개에 관한 연구」,『인문논총』(서울대)74-3, 2017.
성백인,「만문 무권점 십이자두 연구」,『만주어와 알타이어학 연구』, 서울: 태학사, 1999 (原載『말』3, 1978).
최계영·김주원,「"滿文老檔" 한·일 번역본의 표기와 번역차이: 저본으로 인한 차이를 중심으로」,『알타이학보』29, 2019.
關孝廉,「論"滿文老檔"」, 中國第一歷史檔案館,『明淸檔案與歷史硏究』上, 北京: 中華書局, 1988 (原載『滿族硏究』1988-1).
關孝廉,「"滿文老檔"原本與重抄本比較硏究」, 中國第一歷史檔案館,『明淸檔案與歷史硏究論文選』上, 北京: 國際文化出版公司, 1995 (原載『歷史檔案』1990-1).
關孝廉,「"滿文老檔"特點及其史料價值」,『滿學硏究』4, 1998.
喬治忠,「後金滿文檔冊的生産及其史學意義」,『社會科學戰線』1994-3.
佟永功,「述崇謨閣"滿文老檔"」,『滿學硏究』4, 1998.
白洪希,「崇謨閣與"滿文老檔"」,『滿學硏究』4, 1998.
閻崇年,「論"滿洲老檔"」,『滿學硏究』4, 1998.
李德啓,「滿洲文字之來源及演變」,『北平圖書館館刊』5-6, 1931.
李德啓,「滿文老檔之文字及史料」,『淸史論叢』4(香港), 1978 (原載『文獻論叢』1936-10).
李學智·廣祿,「淸太祖朝老滿文原檔與滿文老檔之比較硏究」, 劉厚生,『舊滿洲檔硏究』, 長春: 吉林文史社, 1994 (原載『中國東亞學術硏究計劃委員會年報』1965-4).
李學智,「"老滿文原檔"與"滿文老檔"的再硏究」,『滿學硏究』6, 2000.

莊吉發, 「文獻足征-“滿文老檔”與淸史硏究」, 『滿學硏究』4, 1998.
莊吉發, 「“滿文原檔”·“內閣藏本滿文老檔”與淸朝前史的硏究」, 陳熙遠主編, 『覆案的歷史-檔 案考掘與淸史硏究』上, 臺北: 中央硏究院, 2013.
張玉金, 「述滿文老檔」, 『淸史論叢』4(香港), 1978 (原載『文獻論叢』1936-10).
趙志强· 江橋, 「“無圈點檔”及乾隆抄本補絮」, 『滿學硏究』4, 1998.
陳捷先, 「“舊滿洲檔”述略」, 『舊滿洲檔』1, 臺北: 國立故宮博物院, 1969 (再收錄『滿文原檔』1, 臺北: 國立故宮博物院, 2006).
陳捷先, 「金梁“滿洲秘檔”評介」, 『淸史雜筆』2, 臺北: 學海出版社, 1977.
今西春秋, 「滿文老檔の重鈔年次」, 『東方學紀要』1, 1959.
細谷良夫, 「‘滿文原檔’‘黃字檔’について-その塗改の檢討」, 『東洋史硏究』49-4, 1991.
神田信夫, 「“滿文老檔”から“舊滿洲檔”へ」, 『滿學五十年』, 東京: 刀水書房, 1992 (原載「淸朝興起史の硏究-序說“滿文老檔”から“舊滿洲檔”へ」, 『明治大學人文科學硏究所年報』20, 1978).
鴛淵一, 「舒爾哈齊の死-淸初內紛の一齣」, 『士林』17-3, 1932.
鴛淵一, 「褚英の死に就いて-滿文老檔の一齣」, 『士林』18-2, 1933.
Roth, Gertraude, “The Rise of the Early Manchu State: A Portrait drawn from Manchu Sources to 1636,” Ph. D. diss., Harvard University, 1975.

Ⅱ.『滿文老檔』과『舊滿洲檔』對照表

일러두기

① 이 대조표는『滿文老檔』Ⅰ-Ⅲ 로마자 轉寫 記事를『舊滿洲檔』과 대조한 것이다.

② 대조의 底本은『滿文老檔』Ⅰ-Ⅲ (滿文老檔研究會譯註, 東京: 東洋文庫, 1955-1958. 이하에서『老檔』으로 약칭함)과『舊滿洲檔』1-5 (臺北: 國立故宮博物院, 1969. 이하에서『舊檔』으로 약칭함)이다.

③『滿文老檔』底本의 冊數는 괄호속에 표기하고 수록된 記事의 年, 月을 밝혔다. 즉, "(70) 1626년 5월 (天命11, 天啓6, 丙寅)"은 "『滿文老檔』底本의 70冊, 1626년 (天命11, 天啓6, 丙寅年)의 5월"의 기사를 의미한다.

④ 記事의 文段은『滿文老檔』의 文段區分을 따랐으며 대조표에 숫자로 표기하였다. 같은 文段에서 面數가 바뀌는 경우 대조의 편의를 위하여 줄을 바꾸어 밝혔다.『舊滿洲檔』의

문단구분은 밝히지 않았다.

⑤ 새 문단의 시작표시인 "0"가 『滿文老檔』에 없는 경우에는 문단표시 숫자 옆에 위첨자 "만"으로 표기하고, 『舊滿洲檔』에 없는 경우에는 위첨자 "구"로 표기하고, 『滿文老檔』과 『舊滿洲檔』 모두에 없는 경우에는 위첨자 "모"로 표기하였다.

⑥ 먼저 『滿文老檔』의 面數와 行數를 "面數의 시작 行數-끝 行數" 방식으로 표기하고 그 뒤에 해당부분 『舊滿洲檔』의 面數와 行數를 같은 방식으로 표기하였다.

즉, "973의 8-9 : 1889의 7-8"은 "『滿文老檔』 973面의 8行에서 9行까지"와 "『舊滿洲檔』 1889面의 7行에서 8行까지"를 뜻한다.

⑦ 『舊滿洲檔』에는 새로이 첨가된 부분이 있는데, 원래 行의 앞에 첨가된 行數는 *표시를 해서 표기하고, 뒤에 첨가된 行數는 +표시를 해서 표기하였다. 즉, "2067의 1*1"은 "2067面의 1行 앞에 첨가된 1行"을 뜻하고 "1887의 3-7+2"은 "1887面의 3行에서 7行 뒤에 첨가된 2行까지"를 뜻한다.

⑧ 『舊滿洲檔』의 面數가 바뀌는 경우 대조의 편의를 위해 구분해서 밝혔다.

⑨ 출간된 『滿文老檔』과 『舊滿洲檔』은 각각 7권과 10권으로 분책되어 있지만, 쪽수가 처음부터 끝까지 연속해서 매겨져있다. 이 대조표에서는 번거로움을 줄이기위해 권수는 밝히지 않았다.

凡例

一、本对照表是≪满文老档≫Ⅰ-Ⅲ册罗马字转写的塬文与≪旧满洲档≫的对照表。

二、对照的底本是≪满文老档≫Ⅰ-Ⅲ(满文老档研究会译注，东京: 东洋文库，1955-1958. 下面简称≪老档≫)和≪旧满洲档≫1-5 (台北: 国立故宫博物院，1969. 下面简称≪旧档≫)。

三、≪满文老档≫底本的册数写在括号里面，并标记了记载的年月日。如：“(70) 1626年　五月 (天命11，天启6，丙寅) ”即≪满文老档≫底本　第70册，1626年 (天命11，天启6，　丙寅) 五月的记事。

四、文章的段落是依据≪满文老档≫的段落而分，在对照表上用数字来表示。在一个段落没有结束　而换页时，为了对照方便另起一行。本对照表上没有显示≪旧满洲档≫中有分段落的情况。

五、“0”是新段落的标志，≪满文老档≫里没有时，在段落数字前用“만”表示，≪旧满洲档≫里没有时用“구”表示，≪满文老档≫和≪旧满洲档≫都没有时用 “모” 表示。

六、首先≪满文老档≫的页数和行数以“页码的开始的行数一结束的行数”的方式表示，在其后边的≪旧满洲档≫也用同样的方式表示页数和行数。

例如：“973의　8-9　:　1889의　7-8” 是指 “≪满文老档≫第973页从第8行至第9行” 和 “≪旧满洲档≫第1889页第7行至第8行” 。

七、≪旧满洲档≫有新增加的部分，在原来行的前面增加的部分

用*表示，在行的后面增加的　　　部分用+表示。即“2067의 1*1”是“第2067页的第一行前面加了一行”，“1887의 3-7+2”表示 “第1887页从第三行到第七行后面增加了两行”。

八、≪旧满洲档≫的页数有变化时，为了对照方便具体说明了其变化的页数。

九、已出版的≪满文老档≫和≪旧满洲档≫各分成7册和10册，但是页数是从头到尾连接的页码。在本对照表中为了方便没有划分册数。

[1] 1607-1610 (萬曆35-萬曆38, 丁未-庚戌)

1.	1의 2-7	3의 1-6
	(1107의 9-15)(1)	2178의 1-5, 2177의 1
	(1108의 1-5)	2177의 1-5
	1의 7-15	5의 1-5, 6의 1-3
	2의 1-15	6의 3-5, 7의 1-5, 8의 1-5, 9의 1
	3의 1-15	9의 1-7, 10의 1-5, 11의 1
	4의 1-15	11의 1-5, 12의 1-5, 13의 1-4
	5의 1-2	13의 4-5
2.	5의 3-15	13의 5, 14의 1-5, 15의 1-3
	6의 1-15	15의 3-5, 16의 1-5, 17의 1-5
	7의 1-11	17의 5, 18의 1-5, 19의 1-2
3.	7의 12-15	19의 2-5, 19의 5*3
	8의 1-3	19의 5*1-5+1
4.[만]	8의 4-15	19의 5+2-5+3, 20의 1*3-1*1
	9의 1-10	20의 1*3-5, 21의 1-2
5.[만]	9의 11-15	21의 2-5, 22의 1-2
	10의 1-3	22의 2-3
6.	10의 4-15	22의 4-5, 23의 1-5, 24의 1-3
	11의 1-15	24의 3-5, 25의 1-5, 26의 1-5, 27의 1
	12의 1-2	27의 1-2
7.	12의 3-15	27의 2-5, 28의 1-5, 29의 1-3
	13의 1-10	29의 3-5, 30의 1-5

(1) 『老檔』 1107과 1108은 『老檔』의 편역자가 보완한 부분이다. 이하에서 滿

[2] 1611-1613 (萬曆39-萬曆41, 辛亥-癸丑)

8.	15의 2-7 [2]	30의 5, 31의 1-4
9.[만]	15의 8-15	31의 4-5, 32의 1-5, 33의 1
	16의 1-3	33의 1-3
10.	16의 4-14	33의 3-5, 34의 1-5, 35의 1
11.	16의 15	35의 1-2
	17의 1-2	35의 2-3
12.	17의 3-15	35의 3-5, 36의 1-5, 37의 1-3
	18의 1-15	37의 3-5, 38의 1-5, 39의 1-4
	19의 1-15	39의 4, 40의 1-4, 41의 1-5, 42의 1-2
	20의 1-15	42의 2-5, 43의 1-5, 44의 1-4
	21의 1-15	44의 4-5, 45의 1-5, 46의 1-5, 47의 1
	22이 1-15	47의 1-5, 48의 1-5, 49의 1-3
	23의 1-15	49의 3-5, 50의 1-5, 51의 1-4
	24의 1-15	51의 4-5, 52의 1-5, 53의 1-5
	25의 1-7	53의 5, 54의 1-5
	(1107의 2-9) [3]	2179의 1-5
	(1106의 10-15)	2173의 1-5
	(1107의 1)	2173의 1
	25의 7-15	55의 1-5, 56의 1-2
	26의 1-2	56의 2-3

文老檔研究會譯註, 『滿文老檔』 I -VII, 東京: 東洋文庫, 1955-1963는 『老檔』으로, 『舊滿洲檔』1-10, 臺北: 國立故宮博物院, 1969는 『舊檔』으로 약칭함.

(2) 『老檔』 14는 빈 쪽.

(3) 『老檔』 1106과 1107은 『老檔』의 편역자가 보완한 부분이다.

[3] 1613-1614 (萬曆41-萬曆42, 癸丑-甲寅)

13.	27의 2-10	56의 3-4, 57의 1-4
14.	27의 11-15	57의 5, 58의 1-2
15.	28의 1-3	58의 2-4
16.	28의 4-15	58의 4-5, 59의 1-5, 60의 1-4
	29의 1-15	60의 4-5, 61의 1-5, 62의 1-5, 63의 1-2
	30의 1-15	63의 2-5, 64의 1-5, 65의 1-5
	31의 1-15	65의 5, 66의 1-5, 67의 1-5, 68의 1
	32의 1-15	68의 1-5, 69의 1-5, 70의 1-3
	33의 1-15	70의 3-5, 71의 1-5, 72의 1-5, 73의 1
	34의 1-5	73의 1-5
17.	34의 6-15	74의 4-5, 75의 1-5, 76의 1-2
	35의 1-15	76의 3-5, 77의 1-5, 78의 1-3
	36의 1-15	78의 4-5, 79의 1-5, 80의 1-2
	37의 1-15	81의 2-5, 82의 1-5, 83의 1-3
	38의 1-15	83의 3-5, 84의 1-5, 85의 1-3
	39의 1-4	85의 1-5, 86의 1
18.[구]	39의 5-7	86의 1-2
19.[구]	39의 8-15	86의 3-5, 87의 1-2
20.[구]	40의 1-5	87의 2-5
21.[구]	40의 7-10	88의 1-2
22.[구]	40의 11-13	88의 2-4
23.[구]	40의 14-15	88의 4-5

[4] 1615년 1월–12월 (萬曆43, 乙卯)

24.	41의 2-15	89의 1-4, 91의 1-5, 92의 1-3
	42의 1-14	92의 3-5, 93의 1-5, 94의 1-4
25.	42의 15	94의 3-4
	43의 1-2	94의 4-5
26.	43의 3-4	94의 5+1-5+2
27.[구]	43의 5-15	95의 1-6
	중복	105의 1-8
	44의 1-12	95의 6-9, 96의 1-3
	중복	105의 8-9, 107의 1-7
28.	44의 13-15	97의 1-3
	중복	2195의 1
	45의 1-15	97의 3-11, 99의 1
	중복	2195의 1-7, 2197의 1-4
	46의 1-15	99의 1-10
	중복	2197의 4-7, 2194의 1-6
	47의 1-15	99의 10-11, 101의 1-9
	중복	297의 1-7, 299의 1-2
	중복	2194의 6-7
	48의 1-7	101의 9, 103의 1-5
	중복	299의 2-6
29.	48의 8-10	109의 2*2-2*1
	중복	299의 7, 300의 1
30.	48의 11-15	109의 2-5, 110의 1

	중복	300의 2-5
	49의 1-4	110의 1-2*1
	중복	300의 5-7
31.	49의 5-15	110의 2-5, 111의 1-5, 112의 1
	중복	301의 1-7
	50의 1-9	112의 1-2*1
	중복	301의 7, 302의 1-5*1
32.[모]	50의 10-15	112의 3-5, 113의 1-2
	중복(4)	302의 5-7, 303의 1
	51의 1-15	113의 1-5, 114의 1-5(5), 115의 1-4
	중복	303의 1-7, 304의 1-3
	52의 1-15	115의 4-5, 116의 1-5, 117의 1-5, 118의 1-5, 119의 1-2
	중복	304의 3-7, 305의 1-7, 306의 1-3
	53의 1-8	119의 2-5, 120의 1-3
	중복	306의 3-7, 307의 1
33.[모]	53의 9-15	120의 3-5, 121의 1-3(6)
	중복	307의 1*2-5
	54의 1-15	121의 3-5, 122의 1-5, 123의 1-5, 124의 1-5, 125의 1-3
	중복	307의 5-7, 308의 1-7, 309의 1-6
34.[만]	55의 1-15	125의 3-5, 126의 1-5, 127의 1-5
	중복(7)	309의 6-7, 310의 1-6, 311의 1-3
	56의 1-7	127의 5, 128의 1-5, 129의 1

(4) 『舊檔』 302의 5에는 새 문단시작표시인 0가 없다.

(5) 『老檔』 51의 5에 해당되는 『舊檔』 114의 1 'tede' 앞과, 『舊檔』 303의 4 'tede' 앞에 새 문단시작표시인 0가 각각 있다.

(6) 『老檔』 53의 14에 해당되는 『舊檔』 121의 2 'jušen' 앞에 새 문단시작표

	중복	311의 3-7
35.[만]	56의 8-11	129의 1-2
	중복(8)	311의 7, 312의 1-2*3
36.[만]	56의 12-15	129의 3-5, 130의 1
	중복	312의 2-4
	57의 1-6	130의 1-5
	중복	312의 4-7
37.[만]	57의 7-15	130의 5*1-5, 131의 1-5, 132의 1-2
	중복	313의 1-6
	58의 1-3	132의 2-3
	중복	313의 6-7, 314의 1
38.[만]	8의 4-15	132의 4-5, 133의 1-5, 134의 1-4
	59의 1-3	134의 5, 135의 1-4
	중복	315의 5-7, 316의 1-2
39.[구]	59의 8-15	135의 5, 136의 1-5, 137의 1-2
	중복(9)	316의 3-7, 317의 1
	60의 1-6	137의 2-5, 138의 1-2
40.[모]	60의 7-13	138의 2-5, 139의 1-2
	중복(10)	317의 5-7, 318의 1-3
41.[모]	60의 14-15	139의 2-4
	중복(11)	318의 3-5
	61의 1-15	139의 4-5, 140의 1-5, 141의 1-5, 142의 1

시인 0가 있다.

(7) 『舊檔』 309의 6에는 새 문단시작표시인 0가 없다.

(8) 『舊檔』 311의 7에는 새 문단시작표시인 0가 없다.

(9) 『舊檔』 316의 3에는 새 문단시작표시인 0가 없다.

	중복	318의 5-7, 319의 1-7, 320의 1
42.[모]	62의 1-15	142의 2-5, 158의 1-5, 157의 1-4
	중복(12)	320의 1-7, 321의 1-4
	63의 1-15	157의 4-5
	중복	321의 5-7, 322의 1-7, 323의 1
	64의 1-15	323의 1-7, 324의 1-4
	65의 1-9	324의 4-7, 325의 1-3
43.[만]	65의 10-15	325의 3-6
	66의 1-7	325의 7, 326의 1-4
44.[만]	66의 8-13	326의 4-7, 327의 1

[5] 1616년 1월–1617년 10월 (天命元年–天命2, 萬曆44–萬曆45, 丙辰–丁巳)

45.	67의 2-15	327의 4-7, 328의 1-7, 329의 1
	68의 1-6	329의 1-5
46.	68의 7-15	329의 5-7, 330의 1-4
	69의 1	330의 4
47.	69의 2-6	330의 4*5-4*1
48	69의 7-15	330의 4-7, 331의 1-3
	70의 1-15	331의 3-7+1, 332의 1-2
49.	71의 1-15	332의 2-7, 333의 1-5

(10) 『舊檔』 137의 5에는 새 문단시작표시인 0가 없다.
(11) 『舊檔』 318의 3에는 새 문단시작표시인 0가 없다.
(12) 『舊檔』 320의 1에는 새 문단시작표시인 0가 없다.

	72의 1-15	253의 1-6, 143의 1-4
	중복	333의 5-7, 334의 1-7
	73의 1-15	143의 4-6, 145의 1-6, 147의 1-2
	중복	334의 7, 335의 1-7, 336의 1-4
	74의 1-15	147의 2-6, 149의 1-6
	중복	336의 4-7, 337의 1-7
	75의 1-14	149의 6, 151의 1-6, 153의 1-3
	중복	337의 7, 338의 1-7, 339의 2*1
50.구	75의 15	153의 2
	중복	339의 2
	76의 1-2	153의 3
	중복	339의 2-3
51.구	76의 3-15	153의 4-6, 155의 1-6, 159의 1-4
	중복	339의 3-7, 340의 1-7
	77의 1-8	159의 4-6, 161의 1-2
	중복	340의 7, 341의 1-4
52.구	77의 9-10	155의 6, 159의 1
53.구	77이 11-14	161의 2-3, 161의 4-5
	중복	341의 5-7
54.구	77의 15	161의 5-6
	중복	342의 1
	78의 1-2	161의 6, 163의 1
	중복	342의 1-2
55.구	78의 3-4	161의 3-4
	중복(13)	342의 2*1

56.[구]	78의 5-7	163의 1-2
	중복	342의 2-3
57.[구]	78의 8-9	163의 2-3
	중복	342의 4
58.	78의 10-14	163의 3-6
	중복	342의 5-7
59.[구]	78의 15	163의 6*1
	중복 (14)	342의 7
	79의 1-7	163의 6*1-6+1, 165의 1*2-1*1
	중복	342의 7, 343의 1-4

[6] 1618년 1월-4월 (天命3, 萬曆46, 戊午)

60.	81의 2-15	165의 2-7, 167의 1-2
	중복	343의 5-7, 344의 1-7
	82의 1-3	167의 2-4
	중복	344의 7, 345의 1-2
61.[구]	82의 4-15	167의 4-6, 169의 106
	중복	345의 3-7, 346의 1-3
62.	83의 1-4	171의 1-3
	중복	346의 4-6
63.[만]	83의 5-9	171의 3-6

---

(13) 『舊檔』 342의 2*1에는 새 문단시작표시인 0가 없다.
(14) 『舊檔』 342의 7에는 새 문단시작표시인 0가 없다.

	중복	346의 6-7, 347의 1-2
64.	83의 10-11	171의 6, 173의 1
	중복	347의 2
65.	83의 12-13	173의 1-2
	중복	347의 3-4
66.	83의 14-15	173의 2-3
	중복	347의 4-5
	84의 1-15	173의 3-6, 175의 1-6, 177의 1
	중복	347의 5-7, 348의 1-7, 349의 1
	85의 1-15	177의 1-6, 179의 1-5
	중복	349의 1-7, 350의 1-4
	86의 1-9	179의 5-6, 181의 1-4
	중복	350의 4-7, 351의 1-3
67.	86의 10-15	181의 4-6, 183의 1
	중복	351의 3-6
	87의 1-15	183의 1-6, 185의 1-5
	중복	351의 6-7, 352의 1-7, 353의 1-2
	88의 1-15	185의 5-6, 187의 1-6, 189의 1-3
	중복	353의 2-7, 354의 1-5
	89의 1-15	189의 3-6, 191의 1-6
	중복	354의 5-7, 355의 1-7, 356의 1
	90의 1-15	193의 1-6, 195의 1-2*2
	중복	356의 1-7, 357의 1-3
	91의 1-15	357의 3-7, 358의 1-5
	92의 1-15	195의 2-6, 197의 1-6, 199의 1-2

	중복	358의 5-7, 359의 1-7+1, 360의 1*1-4
	93의 1-15	199의 2-6, 201의 1-6
	중복	360의 4-7, 361의 1-6
	94의 1-15	201의 6, 203의 1-6, 205의 1-6
	중복	361의 6-7, 362의 1-7, 363의 1-2
	95의 1-15	205의 6, 207의 1-6, 209의 1-6
	중복	363의 2-7, 364의 1-6
	96의 1-15	211의 1-4
	중복	364의 6-7, 365의 1*1-7, 366의 1-2
	97의 1-15	366의 2-7, 367의 105
	98의 1-6	367의 6-7, 368의 1-3
68.	98의 7-15	211의 4-6, 213의 1-5
	중복	369의 2-7
	99의 1-15	213의 5-6, 215의 1-6, 217의 1-5
	중복	369의 7, 370의 1-7, 371의 1-2
	100의 1-15	217의 5-6, 219의 1-6, 221의 1-6, 223의 1-4
	중복	371의 2-7, 372의 1-7, 373의 1-2
	101의 1-6	223의 4-6, 225의 1-4
	중복	373의 2-7

[7] 1618년 5월-12월 (天命3, 萬曆46, 戊午)

69.	103의 2-15 (15)	225의 4-6, 227의 1-6, 229의 1-6, 231의 1-4
	중복	374의 1-7, 375의 1-7, 376의 1-3

	104의 1-15	231의 4-6, 233의 1-6, 235의 1-4
	중복	376의 4-7, 377의 1-7, 378의 1
	105의 1-3	235의 4-6
	중복	378의 1-3
70.	105의 4-15	235의 6, 237의 1-6, 239의 1-3
	중복	378의 3-7, 379의 1-5
	106의 1-15	239의 3-6, 241의 1-5
	중복	379의 5-7, 380의 1-5
	107의 1-10	241의 6, 243의 1-6
	중복	380의 5-7, 381의 1-4
71.	107의 11-15	243의 6, 245의 1-3
	중복	381의 4-7
	108의 1-15	245의 3-6, 247의 1-6, 249의 1-3
	중복	381의 7, 382의 1-7, 383의 1-3
	109의 1-1	249의 3-6, 251의 1-6
	중복	383의 3-7, 384의 1-5
	110의 1-15	384의 5-7, 385의 1-7, 386의 1
	111의 1-15	255의 1-2
	중복	386의 1-7, 387의 1-3
	112의 1-7	255의 2-6
	중복	387의 3-7
72.	112의 8-15	257의 1-5
	중복	387의 7, 388의 1-5
	113의 1-15	257의 5-6, 259의 1-6, 261의 1*3-1*2

(15) 『老檔』 102는 빈 쪽.

	중복	388의 5-7, 389의 1-7
	114의 1-5	261의 1*2-2*1
	중복	388의 5-7, 389의 1-7
	114의 1-5	261의 1*2-2*1
	중복	389의 7, 390의 1-3
73.구	114의 6-8	261의 2+1-3
	중복 (16)	390의 3-4
74.	114의 9-12	261의 3-5
	중복 (17)	390의 4-6
75.	114의 13-15	261의 5-6+1
	중복	390의 6-7, 391의 1
	115의 1-3	261의 6+1, 263의 1*1
	중복	391의 1-2

[8] 1619년 1월-3월 (天命4, 萬曆47, 己未)

76.	117의 2-15 (18)	263의 1-6, 265의 1-3
	중복	391의 3-7, 392의 1-4
	118의 1-7	265의 3-6, 267의 1
	중복	392의 4-7, 393의 1
77.구	118의 8-10	267의 1-3
	중복 (19)	393의 1-2

(16) 『舊檔』 390의 3에는 새 문단시작표시인 0가 없다.
(17) 『舊檔』 390의 4에는 새 문단시작표시인 0가 없다.
(18) 『老檔』 116은 빈 쪽.

78.	118의 11-13	267의 3-4
	중복	393의 3-4
79.	118의 14-15	267의 4-5
	중복	393의 4-5
	119의 1-5	267의 6, 269의 1-3
	중복	393의 5-7, 394의 1
80.	119의 6-15	269의 3-6, 271의 1-4
	중복	394의 1-7
	120의 1-15	271의 4-6, 273의 1-6, 275의 1
	중복	394의 7, 395의 1-7, 396의 1-2
	121의 1-15	275의 2-6, 277의 1-5
	중복	396의 2-7, 397의 1-3
	122의 1-15	277의 5-6, 279의 1-6, 281의 1-3
	중복	397의 3-7, 398의 1-5
	123의 1-15	281의 3-6, 283의 1-6
	중복	398의 5-7, 399의 1-7
	124의 1-15	283의 6, 285의 1-6, 287의 1-4
	중복	399의 7, 400의 1-7, 401의 1-2
	125의 1-15	287의 4-5, 287의 1-5, 291의 1-4
	중복	401의 2-7, 402의 1-4
	126의 1-15	291의 4-5, 293의 1-5
	중복	402의 4-7, 403의 1-6
	127의 1-15	403의 6-7, 404의 1-7, 405의 1

(19) 『舊檔』 393의 1에는 새 문단시작표시인 0가 없다.

128의 1-15	405의 1-7, 406의 1-3
129의 1-15	406의 3-7, 407의 1
130의 1-15	407의 1-7, 408의 1-3
131의 1-15	408의 3-7, 409의 1-5
132의 1-15	409의 5-7, 410의 1-7
133의 1-15	410의 7, 411의 1-7, 412의 1-2
134의 1-15	412의 2-7, 413의 1-6
135의 1-15	413의 6-7, 414의 1-7, 415의 1
136의 1-12	415의 1-7, 416의 1

[9] 1619년 3월–6월 (天命4, 萬曆47, 己未)

	136의 1-12	415의 1-7, 416의 1
81.[구]	137의 2-15	416의 1-7, 417의 1-3
	138의 1-15	417의 3-7, 418의 1-6
	139의 1-15	418의 6-7, 419의 1-7, 420의 1
	140의 1-15	420의 1-7, 421의 1-3
	141의 1	421의 3
82.	141의 2-15	421의 3-7, 422의 1-3
	142의 1-15	422의 4-7, 423의 1-5
	143의 1-15	423의 6-7, 424의 1-7, 425의 1
	144의 1-13	425의 1-7, 426의 1-3
83.	144의 14-15	426의 3-4
	145의 1-9	426의 4-7, 427의 1-3

84.	145의 10-15	427의 4-7, 428의 1
85.	146의 1-15	428의 1-7, 429의 1-3
	147의 1-8	429의 3-7, 430의 1
86.	147의 9-15	430의 2-6
	148의 1-13	430의 6-7, 431의 1-7

[10] 1619년 6월 (天命4, 萬曆47, 己未)

87.	149의 2-15	432의 1-7, 433의 1-2
	150의 1-3	433의 2-4
88.	150의 4-15	433의 4-7, 434의 1-5
	151의 1-15	434의 5-7, 435의 1-7
	152의 1-15	435의 7, 436의 1-7, 437의 1-3
	153의 1-15	437의 3-7, 438의 1-7
	154의 1-15	438의 7, 439의 1-7, 440의 1-5
	155의 1-15	440의 5-7, 441의 1-7, 442의 1
	156의 1-15	442의 1-7, 443의 1-4
	157의 1-15	443의 5-7, 444의 1-7
	158의 1-15	444의 7, 445의 1-7, 446의 1-3
	159의 1-7	446의 3-7
89.	159의 8-15	446의 7, 447의 1-4
	160의 1-14	447의 4-7, 448의 1-7

[11] 1619년 7월 (天命4, 萬曆47, 己未)

90.	161의 2-15	449의 1-7, 450의 1-3
	162의 1-15	450의 3-7, 451의 1-4
	163의 1-2	451의 4-5
91.[만]	163의 3-15	451의 5-7, 452의 1-6
	164의 1-5	452의 6-7, 453의 1-2
92.	164의 6-15	453의 3-7, 454의 1
	165의 1-9	454의 1-6
93.	165의 10-15	454의 7, 455의 1-3
	166의 1-15	455의 3-7, 569의 1-5
	167의 1-15	569의 5-7, 571의 1-7
	168의 1-15	571의 7, 572의 1-7, 457의 1-2
	169의 1-15	457의 2-7, 458의 1
	170의 1-3	458의 1-2
94.	170의 4-15	458의 3-7, 459의 1-3
	171의 1-15	459의 3-7, 460의 1-5
	172의 1-15	460의 5-7, 461의 1-7
	173의 1-9(20)	461의 7, 570의 1-5

[12] 1619년 8월 (天命4, 萬曆47, 己未)

95.	175의 2-15 (21)	570의 6-6+3, 463의 2-7, 464의 1-2

(20) 『老檔』 174는 빈 쪽.
(21) 『老檔』 176은 빈 쪽.

	176의 1-15	464의 2-7, 465의 1-4
	177의 1-15	465의 5-7, 466의 1-7, 467의 1
	177의 1-15	465의 5-7, 466의 1-7, 467의 1
	178의 1-15	467의 1-7, 468의 1-4
	179의 1-15	468의 5-7, 469의 1-7, 470의 1
	180의 1-15	470의 1-7, 471의 1-3
	181의 1-15	471의 3-7, 472의 1-6
	182의 1-15	472의 6-7, 473의 1-7, 474의 1-2
	183의 1-15	474의 2-7, 475의 1-5
	184의 1-15	475의 5-7, 476의 1-7
	185의 1-15	477의 1-7, 478의 1-3
	186의 1-15	478의 3-7, 479의 1-5
	187의 1-15	479의 5-7, 480의 1-7
	188의 1-10	480의 7, 481의 1-6

[13] 1619년 10월-12월 (天命4, 萬曆47, 己未)

96.	189의 2-10	481의 7*1-7+1, 482의 1*1-2
97.	189의 11-15	482의 3-5
	190의 1-8	482의 5-7, 483의 1-2
98.	190의 9-15	483의 3-7
	191의 1-4	483의 7, 484의 1-2
99.	191의 5-15	484의 2-7, 485의 1
	192의 1-15	485의 1-7, 486의 1-3

	193의 1-15	486의 3-7, 487의 1-4
	194의 1-8	487의 4-7, 488의 1-2
100.	194의 9-15	488의 3-7
	195의 1-15	488의 7, 489의 1-7, 490의 1
	196의 1-11	490의 1-7
101.	196의 12-15	491의 1-2
	197의 1-15	491의 2-7, 492의 1-4
	198의 1-15	492의 4-7, 493의 1-6
	199의 1-15	493의 6-7, 494의 1-7, 495의 1
	200의 1-15	495의 1-7, 596의 1-2
	201의 1-15	496의 3-7, 497의 1-5
	202의 1-15	497의 5-7, 498의 1-7
	203의 1-15	498의 7, 499의 1-7, 500의 1-1*1
	204의 1-7	500의 1*1-2*1, 503의 4-6
102.	204의 8	503의 6

[14] 1620년 1월–3월 (天命5, 萬曆48, 庚申)

103.	205의 2-5	503의 7, 504의 1-2
104.	205의 6-15	504의 2-7
	206의 1-7	504의 7, 505의 1-4
105.	206의 8-15	505의 5-7, 506의 1
	207의 1-15	506의 1-7, 507의 1-2
	208의 1-5	507의 2-6

106.	208의 6-15	507의 6-7, 508의 1-4
	209의 1-15	508의 4-7, 509의 1-6
	210의 1-15	509의 6-7, 510의 1-7
	211의 1-13	511의 1-7
107.	211의 14-15	512의 1-2
	212의 1-2	512의 2
108.	212의 3-4	512의 3
109.	212의 5-7	512의 4-5*1
110.	212의 8-10	512의 5-6
111.	212의 11-15	512의 7, 513의 1-2
	213의 1-7	513의 2-6
112.	213의 8-11	514의 1-3
113.	213의 12-15	514의 3-5
	214의 1-8	514의 5-6, 515의 1*3-1*2
114.	214의 9-11	516의 4-6
115.[모]	214의 12-15	517의 1-3
	215의 1-15	517의 3-7, 518의 1-5
	216의 1	518의 5
116.	216의 2-15	518의 5-7, 519의 1-7
	217의 1-15	519의 7, 520의 1-7, 521의 1-3
	218의 1-15	521의 3-7, 522의 1-6
	219의 1-15	522의 6-7, 523의 1-8
	220의 1-15	523의 8, 524의 1-10
	221의 1	524의 10
117.	221의 2-15	525의 1-6, 526의 1-5

	222의 1-15	526의 5-12, 527의 1-7, 528의 1-5
	223의 1-6	528의 5-9

[15] 1620년 4월-6월 (天命5, 萬曆48, 庚申)

118.	225의 2-15 (22)	225의 1-9, 531의 1
	226의 1-15	531의 1-7, 532의 1-2
	227의 1-15	532의 2-7, 533의 1-3
	228의 1-15	533의 4-7, 534의 1-5
	229의 1-15	534의 5-8, 535의 1-5
	230의 1-15	535의 5-7, 536의 1-7
	231의 1-15	536의 7-8, 537의 1-7, 538의 1
	232의 1-15	538의 1-8, 539의 1
	233의 1-15	539의 1-7, 540의 1-4
	234의 1-15	540의 4-8, 541의 1-5
	235의 1-15	541의 5-8, 542의 1-5
	236의 1-5	542의 5-8
119.	236의 6-8	543의 1-2
120.	236의 9-13	543의 3-5
121.	236의 14-15	543의 6
	237의 1-6	543의 7, 544의 1-3*1
122.	237의 7-15	544의 3-7, 545의 1
	238의 1-15	545의 1-7, 546의 1-3
	239의 1-15	546의 3-8, 547의 1-4

	240의 1-15	547의 4-7, 548의 1-6
	241의 1-4	548의 6-7, 549의 1
123.	241의 5-6	550의 2-3*1

[16] 620년 7월–9월 (天命5, 萬曆48, 庚申)

124.	243의 2-15 (23)	550의 3-7, 551의 1-4
	244의 1-15	551의 4-7, 552의 1-6
	245의 1-9	552의 6-8, 553의 1-3
125.	245의 10-12	553의 3*1-3
126.	245의 13-15	553의 4-5
	246의 1-6	553의 5-8
127.	246의 7-11	554의 1-3*1
128.	246의 12-15	554의 3-6
	247의 1-15	554의 6-9, 555의 1-8
	248의 1-15	555의 8-10, 556의 1-9
	249의 1-15	556의 9-10, 557의 1-8, 2196의 1
	250의 1-5	2196의 2-5
129.	250의 6-15	2196의 6-10, 559의 1-6
	251의 1	559의 6+1
130.	251의 2-15	561의 1-8
	252의 1-15	561의 8, 562의 1-8
	253의 1-15	562의 8, 563의 1-9

(22) 『老檔』 224는 빈 쪽.
(23) 『老檔』 242는 빈 쪽.

	254의 1-15	563의 9, 564의 1-9
	255의 1-15	564의 9, 565의 1-8
	256의 1-6	565의 8-9, 566의 1-2
131.	256의 7-15	566의 2-8
	257의 1-4	566의 8-9, 567의 1

[17] 1621년 2월-閏2월 (天命6, 天啓元年, 辛酉)

132.	259의 2-15 (24)	2185의 7-10, 573의 1-10, 574의 1-2
	중복	2192의 2-8 (25)
	260의 1	574의 2-3
133.	260의 2	574의 3
134.	260의 3-7	574의 4-9
135.	260의 8-11	574의 10, 575의 1-5
136.	260의 12-15	575의 5-10
	261의 1-4	575의 10, 576의 1-5
137.	261의 5-8	576의 5-10
138.	261의 9-11	577의 1-3
139.	261의 12-15	577의 3-7
	262의 1-5	577의 7-10, 578의 1-3
140.	262의 6-9	578의 4-8
141.	262의 10-15	578의 8-10, 579의 1-6

(24) 『老檔』 258은 빈 쪽.

(25) 『老檔』 259의 5에 해당되는 『舊檔』 2192의 4 'jai gegen i karun' 앞에 새 문단시작표시인 0가 있다.

	263의 1	579의 6
142.	263의 2-15	579의 7-10, 580의 1-10, 581의 1-4
	264의 1-15	581의 4-10, 582의 1-10, 583의 1-3
	265의 1-10	583의 3-10, 584의 1-3
143.	265의 11-12	584의 4-5
144.[구]	265의 13-15	584의 5-9
	266의 1	584의 9
145.	266의 2	584의 10
146.	266의 3-6	585의 1-5
147.	266의 7-8	585의 5-7
148.	266의 9-12	585의 7-10
149.	266의 13-14	586의 1-2
150.	266의 15	586의 2-3
	267의 1-2	586의 3-4
151.[만]	267의 3-15	586의 4-10, 587의 1-9
	268의 1-2	587의 10, 588의 1
152.	268의 3-4	588의 1-3
153.	268의 5-6	588의 3-4
154.	268의 7-9	588의 5-7
155.	268의 10-11	588의 7-9
156.	268의 12	588의 9-10
157.	268의 13-14	589의 1-2
158.	268의 15	589의 2-3
	269의 1-13	589의 3-11, 590의 1-6

[18] 1621년 閏2월-3월 (天命6, 天啓元年, 辛酉)

159.	271의 2-15 [26]	590의 6-13, 591의 1-6
	272의 1-15	591의 7-10, 592의 1-10, 593의 1-6
	273의 1-4	593의 6-10, 594의 1
160.[구]	273의 5-15	594의 1-11, 595의 1-4
	274의 1-3	595의 4-8
161.	274의 4-5	595의 8-10
162.	274의 6-8	595의 10, 596의 1-4
163.	274의 9-10	596의 4-6
164.	274의 11-12	596의 7-9
165.	274의 13-14	596의 9-11, 587의 1
166.	274의 15	597의 1-2
	275의 1	597의 2-3
167.	275의 2-3	597의 3-6
168.	275의 4-6	597의 6-9
169.	275의 7-8	597의 9-11
170.	275의 9-11	597의 11, 598의 1-3
171.	275의 12-13	598의 4-5
172.	275의 14-15	598의 5-7
173.	276의 1-15	598의 7-11, 599의 1-11, 600의 1
	277의 1-5	600의 1-7
174.	277의 6-7	600의 7-8
175.	277의 8	600의 8-9

(26) 『老檔』 270은 빈 쪽.

176.	277의 9-12	600의 9-10, 601의 1-2
177.[만]	277의 13-15	601의 3-6
	278의 1-15	601의 6-10, 602의 1-10, 603의 1
	279의 1-4	603의 1-6
178.	279의 5-7	603의 6-8, 604의 1
179.	279의 8-9	604의 2-3
180.	279의 10-15	604의 4-10
	280의 1-10	604의 10-11, 605의 1-11, 606의 1-4
181.[구]	280의 11-12	606의 4-5
182.[구]	280의 13-14	606의 6-7
183.[구]	280의 15	606의 8
	281의 1-9	606의 9-11, 607의 1-7
184.	281의 10-11	607의 8-9
185.	281의 12-13	607의 10-11
186.	281의 14	607의 11, 608의 1
187.	281의 15	608의 1-2
188.	282의 1-2	608의 2-3
189.	282의 3-4	608의 3-5

[19] 1621년 3월 (天命6, 天啓元年, 辛酉)

190.	283의 2-6	608의 5-10
191.	283의 7-15	608의 10-11, 609의 1-11
192.[구]	284의 1-15	610의 1-11, 611의 1-9

	285의 1-15	611의 9-11, 612의 1-11, 613의 1-6
	286의 1-15	613의 7-11, 614의 1-10, 615의 1-7
	287의 1-9	615의 7-11, 616의 1-5
193.	287의 10-15	616의 5-11
	288의 1-15	616의 11, 617의 1-11, 618의 1-7
	289의 1-15	618의 7-10, 619의 1-11, 620의 1-3
	290의 1-15	620의 3-10, 621의 1-10, 622의 1
	291의 1	622의 1
194.	291의 2-15	622의 2-10, 623의 1-7
	292의 1-13	623의 7-10, 624의 1-10
195.	292의 14-15	624의 10, 625의 1-2
	293의 1-7	625의 2-8
196.[구]	293의 8-14	625의 9-11, 626의 1-5
197.	293의 15	626의 5-6
	294의 1-6	626의 6-12, 627의 1-6

[20] 1621년 3월-4월 (天命6, 天啓元年, 辛酉)

198.	295의 2-9	627의 7-12, 628의 1-3
199.	295의 10-15	628의 4-10
	296의 1-7	628의 11-12, 629의 1-6
200.	296의 8-15	629의 6-12, 630의 1-3
	297의 1-9	630의 3-11, 631의 1-3
201.[만]	297의 10-15	631의 3-11

	298의 1-14	631의 11, 632의 1-6, 633의 1-8
202.	298의 15	633의 8-9
	299의 1-13	633의 9-11, 634의 1-11, 635의 1
203.	299의 14-15	635의 1-4
	300의 1	635의 4-5
204.[만]	300의 2-15	636의 1-12, 637의 1-5
	301의 1-15	637의 5-12, 638의 1-12
	302의 1-14	638의 12, 639의 1-11, 640의 1-3
205.[만]	302의 15	640의 4
	303의 1-15	640의 4-11, 641의 1-9
	304의 1-4	641의 9-11, 642의 1
206.[만]	304의 5-8	642의 2-4
207.	304의 9	642의 5
208.[구]	304의 10-15	642의 5-11
	305의 1	642의 11
209.[만]	305의 2-11	643의 1-11
210.[만]	305의 12-15	644의 1-4
	306의 1-3	644의 4-7
211.	306의 4-6	644의 7-9
212.	306의 7-8	644의 9-11
213.	306의 9-15	644의 12, 645의 1-6
214.	307의 8-9	646의 1-2
	307의 1-7	645의 6-12

[21] 1621년 4월-5월 (天命6, 天啓元年, 辛酉)

215.	309의 2-7 (27)	646의 3-8
216.	309의 8-9	646의 8-10
217.만	309의 10-15	646의 10-11, 647의 1-4
218.구	310의 1-15	647의 4-11, 648의 1-9
219.	311의 1	648의 10-11
220.	311의 2-11	649의 1-11, 650의 1
221.	311의 12-14	650의 1-4
222.	311의 15	650의 4-5
	312의 1-6	650의 5-11
223.만	312의 7-15	651의 1-11, 652의 1
	313의 1-8	652의 1-9
224.만	313의 9-13	652의 10-11, 653의 1-4
225.	313의 14-15	653의 4-5
226.만	314의 1-8	653의 5-9, 654의 1-4
227.	314의 9-15	654의 4-10
	315의 1	655의 1
228.	315의 2-3	655의 2-3
229.	315의 4-6	655의 3-5
230.	315의 7-9	656의 6-8
231.	315의 10-11	656의 8-9
232.	315의 12	656의 1-2
233.만	315의 13-15	656의 2-5

(27) 『老檔』 308은 빈 쪽.

234.	316의 1-4	656의 5-9
235.	316의 5-9	656의 9, 657의 1-4
236.[만]	316의 10-12	657의 5-7
237.	316의 13-15	657의 7-9, 658의 1
238.[만]	317의 1-7	658의 1-7
239.[만]	317의 8-11	658의 7-9, 659의 1
240.	317의 12-13	659의 1-2
241.	317의 14-15	660의 2-4
	318의 1-8	660의 4-12
242.[구]	318의 9-12	660의 12, 661의 1-3
243.	318의 13-15	661의 4-6
	319의 1-4	661의 6-10
244.	319의 5-15	661의 10-11, 662의 1-12
	320의 1-15	662의 12-13, 663의 1-13, 664의 1-2
	321의 1-15	664의 2-13, 665의 1-5
	322의 1-15	665의 5-11, 666의 1-10
245.	323의 1-2	666의 11-12

[22] 1621년 5월 (天命6, 天啓元年, 辛酉)

246.	325의 2-12 (28)	666의 12, 667의 1-11, 668의 1
247.[구]	325의 13-15	668의 2-4
	326의 1	668의 4-5
248.	326의 2-15	668의 5-11, 669의 1-8

	327의 1	669의 8
249.[구]	327의 2-5	669의 9, 670의 1-2
250.	327의 6-14	670의 3-9, 671의 1-2
251.[구]	327의 15	671의 3
	328의 1-4	671의 3-6
252.[구]	328의 5-8	671의 7-9
253.	328의 9-12	672의 1-4
254.	328의 13	672의 4-5
255.[구]	328의 14-15	672의 5-7
	329의 1-9	672의 7-9, 673의 1-7
256.	329의 10-15	673의 7-9, 674의 1-4
	330의 1-4	674의 4-7
257.	330의 5-14	674의 8-9, 675의 1-9, 676의 1
258.	330의 15	676의 2
259	331의 1-6	676의 2-9, 677의 1
260.	331의 7-15	677의 1-7, 678의 1-5
	2332의 1-2	678의 5-7
261.	333의 3-8	678의 7-9, 679의 1-3
262.	333의 9-13	679의 4-7
263.[구]	333의 14-15	679의 8-9
	333의 1-6	680의 1-8
264	333의 7-11	680의 8-9, 681의 1-4
265.[만]	333의 12-13	681의 4-5

(28) 『老檔』 324는 빈 쪽.

266.[구]	333의 14-15	681의 5-8
	334의 1-15	681의 8-9, 682의 1-9, 683의 1-8
	335의 1-2	683의 8-9, 684의 1
267.	335의 3-11	684의 2-9, 685의 1-2
268.	335의 12-13	685의 3-5
269.	335의 14-15	685의 5-7
	336의 1-12	685의 7-9, 686의 1-9, 687의 1-3

[23] 1621년 6월 (天命6, 天啓元年, 辛酉)

270.	337의 2-10	688의 1-9, 689의 1-3
271.	337의 11-13	689의 3-5
272.	337의 14-15	689의 6-9
	338의 1	689의 9
273.	338의 2-11	690의 1-8, 691의 1-3
274.	338의 12-14	691의 3-6
275.[구]	338의 15	691의 6-7
	339의 1	691의 7-8
276.[구]	339의 2-3	691의 8-9
277.[구]	339의 4-6	691의 9-11, 692의 1
278.[구]	339의 7-15	692의 1-9, 693의 1-2
	340의 1-3	693의 2-4
279.	340의 4-14	693의 4-8, 694의 1-8
280.[만]	340의 15	694의 8-9

	341의 1-15	694의 9, 695의 1-9, 696의 1-8, 697의 1
	342의 1-7	697의 1-9, 698의 1-2
281.구	342의 8-12	698의 2-6
282.	342의 13-14	698의 7-9
283.	342의 15	698의 9, 699의 1
	343의 1	699의 1-2
284.	343의 2-5	699의 2-6
285.	343의 6-7	699의 6-8
286.	343의 8-9	699의 8-9
287.	343의 10-15	700의 1-7
	344의 1-3	700의 8-9, 701의 1-2
288.	344의 4-5	701의 2-3
289.	344의 6-8	701의 3-6
290.	344의 9-15	701의 7-9, 702의 1-6
	345의 1-15	702의 6-9, 703의 1-9, 704의 1-6
	346의 1-12	704의 6-9, 705의 1-9, 706의 1
291.	346의 13-15	706의 1-4
	347의 1	706의 4-5
292.구	347의 2-4	706의 5-7
293.	347의 5-6	706의 7-9
294.	347의 7-9	706의 9, 707의 1-3
295.	347의 10-11	707의 4-5

[24] 1621년 7월 (天命6, 天啓元年, 辛酉)

296.	349의 2-12[29]	708의 1-8, 709의 1-7
	중복	1137의 1-9, 1138의 1-5
297.	349의 13-15	710의 1-4
	중복	1139의 1-3
	350의 1	710의 5
	중복	1139의 3
298.[만]	350의 2-6	710의 6-9, 711의 1-3
	중복	1139의 4-8
299.[만]	350의 7-12	711의 4-9, 712의 1-2
	중복	1140의 1-5
299.	350의 13-15	712의 2-5
	중복	1140의 6-8
300.	351의 1-15	712의 5-9, 713의 1-9, 714의 1-8
	중복	1140의 9-10, 1141의 1-9, 1142의 1-4
	352의 1-13	714의 9, 715의 1-9, 716의 1-9
	중복	1142의 5-9, 1143의 1-7
301.	352의 14-15	717의 1-3
	중복	1143의 8-9
	353의 1	717의 3-4
	중복	1143의 9
302.[만]	353의 2-10	717의 5-8, 718의 1-7
	중복	1144의 1-9
303.[만]	353의 11-15	719의 1-8

	중복	1145의 1-5
	354의 1-2	719의 8-9, 720의 1
	중복	1145의 5-6
304.[만]	354의 3-10	720의 2-9
	중복	1145의 7-9, 1146의 1-4
305.	354의 11-15	722의 6-9, 723의 1-2
	355의 1-2	723의 2-4
306.	355의 3-4	723의 5
307.	355의 5-6	723의 6-7
308.	355의 7-15	723의 8-9, 724의 1-9, 725의 1
	356의 1-15	725의 1-9, 726의 1-9
	중복	1146의 5-10, 1147의 1*1
	357의 1-8	726의 9, 727의 1-9
309.	357의 9-10	728의 1-2
310.	357의 11-14	728의 3-6
311.[만]	357의 15	728의 7
	358의 1-3	728의 8-9, 729의 1-2
312.	358의 4-11	729의 2-9, 730의 1
313.	358의 12-15	730의 1-5
314.	359의 1-2	730의 6-7
315.	359의 3-4	730의 7-8
316.	359의 5-11	730의 9, 731의 1-7
317.	359의 12-13	731의 7-8

(29) 『老檔』 348은 빈 쪽.

318.[구]	359의 14-15	731의 9, 732의 1
319.	360의 1-2	732의 2-3
320.	360의 3-4	732의 3-4
321.	360의 5-7	732의 5-7
322.	360의 8-12	732의 8-9, 733의 1-4
323.	360의 13-15	733의 4-7
324.	361의 1-9	733의 7-9, 734의 1-7
325.	361의 10-13	734의 8-9, 735의 1-2
326.	361의 14-15	735의 3-4
	362의 1-6	735의 4-9
327.	362의 7-15	736의 1-9, 737의 1
	363의 1-14	737의 1-9, 738의 1-8
328.	363의 15	739의 3-4
	364의 1-4	739의 4-7

[25] 1621년 8월 (天命6, 天啓元年, 辛酉)

329.	365의 2-5	740의 1-4
	중복	1150의 1-4
330.[구]	365의 6-8	740의 5-8
	중복	1150의 6-7
331.	365의 9-10	741의 1-3
	중복	1150의 7-8
332.	365의 11-14	741의 3-7

	중복	1151의 1-4
	(1221의 1) [30]	741의 7
	중복	1151의 4
0구	(1221의 2-9)	741의 7-9, 742의 1-7
	중복	1151의 5-10, 1152의 1-2
0	(1221의 10-13)	742의 8-9, 743의 1-2
	중복	1152의 3-6
0구	(1221의 14-15)	743의 3
	중복	1152의 7-10
0구	(1222의 1-4)	743의 4-9, 744의 1-5
	중복	1152의 8-10, 1153의 1-6
	366의 1-12	744의 5-9, 745의 1-9, 746의 1-2
	중복	1153의 6-11, 1154의 1-7
333.구	366의 13-14	746의 2-3
	중복	1154의 8
334.구	366의 15	746의 4-5
	중복	1154의 9
	367의 1-7	746의 5-9, 747의 1-3
	중복	1154의 9-10, 1155의 1-5
335.구	367의 8-11	747의 3-7
	중복	1155의 6-9
336.구	367의 12-15	747의 7-9, 748의 1-2
	중복	1156의 1-4
	368의 1	748의 2-3
	중복	1156의 4-5

337.[구]	368의 2-3	748의 3-4
	중복	1156의 6
338.[모]	368의 4-15	748의 4-9, 749의 1-9
	중복	1156의 7-10, 1157의 1-9
	369의 1-3	749의 9, 750의 1-2
	중복	1157의 9, 1158의 1-2
339.[구]	369의 4-8	750의 2-8
	중복	1158의 3-6
340.[구]	369의 9-13	750의 8-9, 751의 1-4
	중복	1158의 7-9
341.[구]	369의 14-15	751의 4-6
	중복	1159의 2-5
342.[구]	370의 1-5	751의 6-9, 752의 1-2
	중복	1159의 6-9, 1160의 1
343.[구]	370의 6-9	752의 2-5
	중복	1160의 2-4
344.[구]	370의 10-13	752의 5-9
	중복	1160의 5-8
345.[구]	370의 14-15	752의 9, 753의 1-2
	중복	1160의 9, 1161의 1-3
	371의 1-2	753의 2-3
	중복	1161의 2-3
346.[구]	371의 3-5	753의 3-6
	중복	1161의 4-5

---

(30) 『老檔』 1221과 1222는 『老檔』의 편역자가 보완한 부분이다.

347.	371의 6-15	753의 6-9, 754의 1-9
	중복	1161의 6-10, 1162의 1-4
348.[구]	372의 1-2	754의 9, 755의 1-2
	중복	1162의 5-6
349.[구]	372의 3-4	755의 2-4
	중복	1162의 7-8
350.[구]	372의 5-8	755의 4-8
	중복	1162의 9-10, 1163의 1-2
0[구]	(1223의 1-2)[31]	755의 8-9
	중복	1163의 3
0[구]	(1223의 3-4)	755의 9, 756의 1-2
	중복	1163의 4-5
0[구]	(1223의 5-9)	756의 2-7
	중복	1163의 5-9, 1164의 1
	372의 10-15	756의 7-9, 757의 1-5
	중복	1164의 1-6
	373의 1	757의 5-6
	중복	1164의 6-7
351.[구]	373의 2	757의 6-7
	중복	1164의 8
352.	373의 3-7	757의 7-9, 758의 1-3
	중복	1164의 9-11, 1165의 1-2
353.[구]	373의 8-9	758의 4-5
	중복	1165의 3-4

(31) 『老檔』 372의 9는 비워져 있는데, 『老檔』 1223으로 『老檔』의 편역자가

[26] 1621년 9월 (天命6, 天啓元年, 辛酉)

354.[만]	375의 2-4 (32)	759의 1-4
	중복	1165의 5-8
355.	375의 5-15	759의 5-11, 760의 1-6
	중복	1165의 9, 1166의 1-10, 1167의 1-2
	376의 1	760의 6
	중복	1167의 2
356.	376의 2-3	760의 7-8
	중복	1167의 3-4
357.[만]	376의 4-9	760의 9-11, 761의 1-4
	중복	1167의 5-9
358.[구]	376의 10-11	761의 4-5
	중복	1168의 1-2
359.	376의 12-15	761의 6-9
	중복	1168의 3-5
360.[만]	377의 1-3	762의 1-3
	중복	1168의 6-8
361.	377의 4-15	762의 4-12, 763의 1-4
	중복	1168의 9-10, 1169의 1-10
	378의 1-8	763의 5-13, 764의 1-2
	중복	1169의 10-11, 1170의 1-8

보완하였다.

(32) 『老檔』 374는 빈 쪽.

362	378의 9-10	764의 2-4
	중복	1170의 8-9
363.	378의 11-15	764의 4-9
	중복	1171의 1-6
364.	379의 1-7	764의 9-13, 765의 1-3
	중복	1171의 7-9, 1172의 1-3
365.	379의 8-13	765의 3-9
	중복	1172의 4-8
366.	379의 14-15	766의 1-3
	중복	1172의 9, 1173의 1-2
	380의 1	766의 3-4
	중복	1173의 2
367.	380의 2-11	766의 4-12, 767의 1
	중복	1173의 3-10, 1174의 1-2
368.	380의 12-15	767의 1-5
	중복	1174의 3-6
	381의 1-12	767의 5-13, 768의 1-4
	중복	1174의 6-8, 1175의 1-8, 1176의 1-2
369.	381의 13	768의 5
	중복	1176의 2
370.	381의 14-15	768의 6-7
	중복	1176의 3-4
	382의 1-3	768의 8-9
	중복	1176의 5-7

371	382의 4-11	768의 10-12, 769의 1-5
	중복	1176의 8-9, 1177의 1-5
372.	382의 12-15	769의 6-9
	중복	1177의 6-9
373.	383의 1	769의 10
	중복	1177의 9
374.	383의 2-7	769의 11-12, 770의 1-4
	중복	1178의 1-5
375.	383의 8-9	770의 4-5
	중복	1178의 6
376.	383의 10-12	770의 5-7
	중복	1178의 7-8
377.	383의 13-15	770의 7-10
	중복	1178의 9-10, 1179의 1
	384의 1-5	770의 10, 771의 1-6
	중복	1179의 1-6
378.	384의 6-9	771의 6-9
	중복	1179의 7-10
379.[만]	384의 10-15	771의 10-14, 772의 1-2
	중복	1180의 1-6
	385의 1-11	772의 2-10, 773의 1-3
	중복	1180의 6-11, 1181의 1-5
380.	385의 12-15	773의 4-8
	중복	1181의 6-9

	386의 1	773의 8
	중복	1181의 9
381.	386의 2-6	773의 8-10, 774의 1-2
	중복	1182의 1-4
382.	386의 7-9	774의 2-4
	중복	1182의 5-6
383.[구]	386의 10-15	774의 5-11
	중복	1182의 7-9, 1183의1-3
	387의 1-2	774의 11, 775의 1-2
	중복	1183의 3-5

[27] 1621년 9월-10월 (天命6, 天啓元年, 辛酉)

384.	389의 2-7[33]	775의 3-5, 776의 1-4
	중복	1183의 6-9, 1184의 1-2
385.	389의 8-9	776의 4-6
	중복	1184의 3-4
386.	389의 10-12	776의 6-8
	중복	1184의 5-7
387.	389의 13-15	778의 1-4
	중복	1185의 1-4
	390의 1-2	778의 4-5
	중복	1184의 4-5
388.	390의 4-8	778의 5-8, 777의 1-3

	중복	1185의 5-9
389.	390의 9	777의 3
	중복	1186의 1
390.	390의 10-15	777의 4-8, 779의 1-2
	중복	1186의 2-7
	391의 1-3	779의 2-5
	중복	1186의 7-9, 1187의 1
391.	391의 4-6	779의 5-7
	중복	1187의 2-4
392.	391의 7-9	780의 1-3
	중복	1187의 5-7
393.	391의 10-15	780의 4-9, 781의 1
	중복	1187의 8-10, 1188의 1-5
	392의 1-7	781의 1-8
	중복	1188의 5-10, 1189의 1-2
394	392의 8-14	782의 1-7
	중복	1189의 3-9
395.	392의 15	782의 7-8
	중복	1189의 9
	393의 1	782의 8
	중복	1189의 9
396.	393의 2-5	782의 8-11
	중복	1189의 10, 1190의 1-2

(33) 『老檔』 388은 빈 쪽.

397.	393의 6	782의 11-12
	중복	1190의 2
398.[만]	393의 7	783의 1
	중복	1190의 3
399.	393의 8-10	783의 2-4
	중복	1190의 4-6
400.	393의 11-12	783의 4-5
	중복	1190의 7
401.	393의 13-15	783의 5-8
	중복	1190의 8-10
	394의	783의 8
	중복	1190의 10
402.	394의 2-8	783의 9-11, 784의 1-6
	중복	1191의 1-7
403	394의 9	784의 6
	중복	1191의 8
404.	394의 10-15	784의 6-10, 785의 1-3
	중복	1191의 8-9, 1192의 1-5
	395의 1-3	785의 3-6
	중복	1192의 5-7
405.	395의 4-5	785의 6-7
	중복	1192의 8
406.	395의 6	785의 7
	중복	1193의 1
407.	395의 7-8	785의 8-9

	중복	1193의 2-3
408.	395의 9-14	785의 9-11, 786의 1-4
	중복	1193의 4-9
409.	395의 15	786의 4-5
	중복	1193의 10
	396의 1	786의 5
	중복	1193의 10
410.	396의 2-4	786의 6-8
	중복	1194의 1-2
411.[구]	396의 5-10	786의 8-9, 787의 1-5
	중복	788의 1-6
	중복	1194의 3-7, 1195의 1-6
412.	396의 11-14	788의 7-10
	중복	1195의 6-8
413.	396의 15	789의 1-2
	중복	1196의 1-2
	397의 1-2	789의 2-3
	중복	1196의 2-3
414.	397의 3-4	789의 4-5
	중복	1196의 4-5
415.	397의 5-7	789의 6-9
	중복	1196의 5-8
416.[구]	397의 8-10	790의 1-4
	중복	1196의 9, 1197의 1-2

417.	397의 11-12	790의 4-5
	중복	1197의 3
418.	397의 13-14	790의 6-7
	중복	1197의 4-5
419.	397의 15	790의 8-9
	중복	1198의 1
	398의 1-2	790의 9
	중복	1198의 1-2
420.	398의 3-5	790의 10, 791의 1-2
	중복	1198의 3-5
421.	398의 6-8	791의 3-5
	중복	1198의 6-8
422.	398의 9	791의 5
	중복	1199의 1
423.[만]	398의10-15	791의 6-10, 792의 1-2
	중복	1199의 2-8
	399의 1-9	792의 2-9, 793의 1-3
	중복	1199의 8-9, 1200의 1-9, 1201의 1

[28] 1621년 11월 (天命6, 天啓元年, 辛酉)

424.	401의 2-15 (34)	794의 1-11, 795의 1-6+1
	중복	1203의 1-9, 1204의 1-9
	402의 1	795의 6+1-6+2

	중복	1205의 1
425.	402의 2-5	795의 7-9, 796의 1
	중복	1205의 2-5
426.	402의 6-7	796의 2-3
	중복	1205의 6-7
427.	402의 8-12	796의 3-7
	중복	1205의 8-11
428.[구]	402의 13-14	796의 7-9
	중복	1206의 2-3
429.[구]	402의 15	796의 9-10
	중복(35)	1206의 3-4
	403의 1-2	796의 10-11, 797의 1
	중복	1206의 4-5
430.	403의 3-5	797의 2-5
	중복	1206의 6-8
431.[만]	403의 6-10	797의 5-8, 798의 1-3
	중복	1206의 9-11, 1207의 1-2
432.[만]	403의 11-15	798의 4-9
	중복	1207의 3-7
433.	404의 1-2	798의 9, 799의 1
	중복	1207의 7-8
434.[구]	404의 3-5	799의 1-4
	중복	1207의 9, 1208의 1

(34) 『老檔』 400은 빈 쪽.
(35) 『舊檔』 1206의 3에는 새 문단시작표시인 0가 없다.

435.[구]	404의 6-10	799의 4-8
	중복	1208의 2-5
436.[만]	404의 11-15	800의 1-6
	중복	1208의 6-9, 1209의 1
	405의 1-15	800의 6-11, 801의 1-9, 802의 1-7
	중복	1209의 1-8, 1210의 1-7, 1211의 1-4
	406의 1-7	802의 7-9, 803의 1-6
	중복	1211의 4-9
437.	406의 8-10	803의 7-9
	중복	1212의 1-2
438.	406의 11	803의 9, 804의 1
	중복	1212의 3
439.	406의 12-13	804의 2-4
	중복	1212의 4-5
440.[구]	406의 14-15	804의 4-5
	중복	1212의 6-7
	407의 1-4	804의 6-9, 805의 1-3
	중복	1212의 7-9, 1213의 1-2
441.	407의 5-12	805의 3-9, 806의 1-2
	중복	1213의 3-8, 1214의 1-2
442.[구]	407의 13-15	806의 2-6
	중복	1214의 2-6
	408의 1-2	806의 6-8

	중복	1214의 6-8
443.	408의 3-8	806의 8-9, 807의 1-6
	중복	1214의 8, 1215의 1-6
444.	408의 9-10	807의 7-8
	중복	1215의 7-8
445.[구]	408의 11-13	807의 9, 808의 1-3
	중복	1215의 8-10
446.[구]	408의 14-15	808의 3-5
	중복 (36)	1216의 1-2
	409의 1-15	808의 6-9, 809의 1-8, 810의 1-6
	중복	1216의 3-9, 1217의 1-9
	410의 1-8	810의 6-8, 811의 1-7
	중복	1217의 9, 1218의 1-10, 1219의 1
447.	410의 9-12	811의 7-10
	중복	1219의 2-5
448.	410의 13-14	812의 1-2
	중복	1219의 5-6
449.[만]	410의 15	812의 3
	중복	1219의 7
	411의 1-14	812의 4-9, 813의 1-9, 814의 1-3
	중복	1219의 7-9, 1220의 1-9, 1221의 1-3
450.	411의 15	814의 3-4
	중복	1221의 4
	412의 1	814의 4
	중복	1221의 4

451.	412의 2-4	814의 4-7
	중복	1221의 5-6
452.	412의 5-6	814의 8-9
	중복	1221의 7
453.	412의 7-15	814의 9, 815의 1-9, 816의 1
	중복	1221의 8-9, 1222의 1-6
	413의 1-4	816의 2-5
	중복	1222의 6-8
454.[구]	413의 5-15	816의 5-8, 817의 1-9, 818의 1
	중복	1222의 8-9, 1223의 1-9
	414의 1-10	818의 1-11
	중복	1223의 9, 1224의 1-8
455.[만]	414의 11-15	819의 1-6
	중복	1224의 9, 1225의 1-4
	415의 1-15	819의 6-11, 820의 1-9, 821의 1-4
	중복	1225의 4-9, 1226의 1-8, 1227의 1
	416의 1-14	821의 4-9, 822의 1-9, 823의 1-2
	중복	1227의 1-10, 1228의 1-4
456.	416의 15	823의 2-3
	중복	1228의 5
	417의 1	823의 3-4
	중복	1228의 5-6

(36) 『舊檔』 1216의 1에는 새 문단시작표시인 0가 없다.

[29] 1621년 11월 (天命6, 天啓元年, 辛酉)

457.	419의 2-15 [37]	823의 4-10, 824의 1-9, 825의 1-2
	중복	1228의 7-10, 1229의 1-8
458.	420의 1-3	825의 2-5
	중복	1229의 8-10
459.	420의 4-6	825의 5-7
	중복	1229의 10-11
460.	420의 7-15	825의 8-9, 826의 1-9, 827의 1
	중복	1230의 1-9
	421의 1-15	827의 1-9, 828의 1-9
	중복	1230의 9, 1231의 1-8, 1232의 1-4
461.	422의 1-12	828의 10, 829의 1-8, 830의 1-6
	중복	1232의 5-9, 1233의 1-6
462.[만]	422의 13-15	830의 7-9, 831의 1
	423의 1-11	831의 1-9, 832의 1-9
463.	423의 12-15	833의 1-7
	424의 1-11	833의 7-9, 834의 1-9, 835의 1-4
464.	424의 12-15	835의 4-8
465.	425의 1	835의 9
466.	425의 2-7	836의 1-7
467.[구]	425의 8-9	836의 7-9
468.	425의 10-15	837의 1-7
	426의 1-15	837의 7-8, 838의 1-9, 839의1-8

---

(37) 『老檔』 418은 빈 쪽.

	426의 1-15	837의 7-8, 838의 1-9, 839의1-8
	427의 1	839의 8
469.[만]	427의 2-6	839의 9, 840의 1-4
470.	427의 7-15	840의 5-9, 841의 1-7
	428의 1-15	841의 7-9, 842의 1-9, 843의 1-9, 844의 1
	429의 1-7	844의 1-9
471.	429의 8-9	845의 1-2
472.	429의 10-15	845의 3-9, 846의 1
	430의 1-15	846의 1-9, 847의 1-9, 848의 1-5
	431의 1-6	848의 5-9, 849의 1-4
473.	431의 7-12	849의 5-9, 850의 1
474.[구]	431의 13-14	850의 1-3
475.	431의 15	850의 4
	432의 1-7	850의 5-9, 851의 1-4
476.	432의 8-13	851의 4-9, 852의 1-2
477.	432의 14-15	852의 3-5
	433의 1-10	852의 5-9, 853의 1-9, 854의 1
478.	433의 11-12	854의 2-3
479.	433의 13-14	854의 4-5
480.[만]	433의 15	854의 6-7
	434의 1-2	854의 7-8
481.	434의 3-4	854의 9, 855의 1
482.[만]	434의 5-8	855의 2-6

[30] 1621년 12월 (天命6, 天啓元年, 辛酉)

483.[만]	435의 1-15	856의 1-9, 857의 1-9, 858의 1
	436의 1-3	858의 1-5
484.	436의 4-5	858의 5-7
485.	436의 6-7	858의 7-9
486.	436의 8-9	858의 9, 859의 1-2
487.	436의 10-15	859의 3-9, 860의 1
488.[만]	437의 1-7	860의 1-9, 861의 1-2
489.	437의 8-15	861의 2-9, 862의 1
490.	438의 1	862의 2-3
491.	438의 2	862의 3-4
492.	438의 3	862의 4-5
493.	438의 4-6	862의 5-7
494.	438의 7-8	862의 8-9, 863의 1
495.	438의 9-10	863의 1-2
496.	438의 11	863의 3
497.	438의 12-13	863의 4-5
498.	438의 14-15	863의 5-6
499.	439의 1-4	863의 7-9, 864의 1-2
500.	439의 5-6	864의 2-4
501.	439의 7-9	864의 4-6
502.	439의 10-11	864의 7-9
503.	439의 12-13	864의 9, 865의 1
504.[만]	439의 14-15	865의 2-3

505.	440의 1-3	865의 3-5
506.	440의 4-9	865의 6-9, 866의 1-4
507.	440의 10-12	866의 4-7
508.	440의 13-14	866의 7-8
509.	440의 15	866의 8-9
	441의 1-3	866의 9, 867의 1-3
510.	441의 4-5	867의 3-4
511.	441의 6-7	867의 4-5
512.[만]	441의 8-15	867의 6-9, 868의 1-7
	442의 1-3	868의 7-9, 869의 1
513.	442의 4-7	869의 2-5
514.	442의 8-10	869의 6-9
515.	442의 11-12	869의 9, 870의 1-2
516.[만]	442의 13-15	870의 2-6
	443의 1-3	870의 6-9
517.[구]	443의 4-6	871의 1-3
518.[만]	443의 7-13	871의 4-9, 872의 1-3
519.	443의 14	872의 3-4
520.	443의 15	872의 4-5
	444의 1	872의 5-6
521.[구]	444의 2-3	872의 6-8
522.[만]	444의 4-5	872의 8-9, 873의 1
523.	444의 6-7	873의 1-3
524.[만]	444의 8-9	873의 4-5
525.[만]	444의 10-12	873의 6-8

526.[만]	444의 13-15	873의 8-9, 874의 1-2
	445의 1-2	874의 3-4
527.	445의 3	874의 5
528.	445의 4-5	874의 6-7
529.[만]	445의 6-7	874의 7-8
530.	445의 8-9	875의 1-2
531.	445의 10-11	875의 3-4
532.	445의 12	875의 4-5
533.[만]	445의 13-15	875의 6-8
534.	446의 1-2	875의 8-10
535.	446의 3-5	876의 1-4
536.	446의 6-7	876의 5-6
537.	446의 8-9	876의 7-8
538.	446의 10-15	876의 8-9, 877의 1-7
	447의 1	877의 7-8

[31] 1621년 12월 (天命6, 天啓元年, 辛酉)

539.[만]	449의 2-15 (38)	877의 9, 878의 1-9, 879의 1-9
	450의 1	879의 9
540.[구]	450의 2-8	880의 1-9
541.	450의 9-15	881의 1-9
	451의 1-8	881의 9, 882의 1-8, 883의 1-3

(38) 『老檔』 448은 빈 쪽.

542.	451의 9-15	883의 4-7, 884의 1-8
	452의 1	884의 8-9
543.	452의 2	885의 1-2
544.	452의 3	885의 3
545.	452의 4-6	885의 4-6
546.[만]	452의 7-10	885의 7-11
547.[구]	452의 11-15	886의 1-6
	453의 1-9	886의 7-9, 887의 1-9
548.[만]	453의 10-15	888의 1-9
549.	454의 1-2	888의 9, 889의 1
550.[만]	454의 3-6	889의 2-6
551.	454의 7-8	889의 6-8
552.	454의 9-11	889의 9, 890의 1-2
553.[만]	454의 12-13	890의 3-4
554.[만]	454의 14-15	890의 4-6
	455의 1-7	890의 6-9, 891의 1-4
555.	455의 8-11	891의 5-9
556.	455의 12-14	892의 1-4
557.	455의 15	892의 4-5
	456의 1-2	892의 5-6
558.[만]	456의 3-12	892의 7-9, 893의 1-8, 894의 1-3
559.[모]	456의 13-15	894의 3-7
	457의 1-11	894의 7-9, 895의 1-9, 896의 1-3
560.	457의 12-13	896의 3-4

561.	457의 14-15	896의 5-6
562.	458의 1-2	896의 7-9
563.	458의 3-10	897의 1-10, 898의 1-2
564.	458의 11-14	898의 2-6
565.	458의 15	898의 7-8
	459의 1	898의 8-9
566.	459의 2-5	899의 1-6
567.[구]	459의 6-7	899의 6-7
568.	459의 8-15	899의 7-9, 900의 1-8
	460의 1-2	900의 8-9, 901의 1
569.	460의 3-6	901의 2-6
570.	460의 7-15	901의 6-10, 902의 1-7
	461의 1-6	902의 7-8, 903의 1-6
571.	461의 7-9	903의 6-9
572.	461의 10-15	904의 1-8
	462의 1-15	904의 9, 905의 1-9, 906의 1-9, 907의 1-2
	463의 1	907의 2-3
573.	463의 2-3	907의 4-5

[32] 1622년 1월 (天命7, 天啓2, 壬戌)

574.	465의 2-12	908의 1-10, 909의 1-5
575.[만]	465의 13-15	909의 5-8
	466의 1-2	909의 8-10

	467의 1-7	911의 8-9, 912의 1-7
577.	467의 8-15	912의 8, 913의 1-9
	468의 1-3	913의 9, 914의 1-2
578.	468의 4-13	914의 3-8, 915의 1-4
579.	468의 14-15	915의 5-7
	469의 1-8	915의 7-10, 916의 1-5
580.	469의 9-10	917의 1-2
581.[만]	469의 11-15	917의 3-9
	470의 1-11	917의 9-10, 918의 1-9, 919의 1-2
582.	470의 12-14	919의 2-4
583.	470의 15	919의 5
584.	471의 1-2	919의 6-7
585.	471의 3-5	919의 7-9, 920의 1
586.	471의 6-12	920의 1-7
587.	471의 13-15	920의 7-9, 921의 1-2
	472의 1	921의 2-3
588.	472의 2-4	921의 3-6
589.[만]	472의 5-10	921의 7-9, 922의 1-4
590.	472의 11-15	922의 5-9, 923의 1-2
	473의 1	923의 2-3
591.	473의 2-3	923의 3-4
592.	473의 4-6	923의 5-7
593.	473의 7-15	923의 8-9, 924의 1-8
	474의 1-8	924의 9, 925의 1-7
594.[만]	474의 9-15	925의 8-9, 926의 1-7

	475의 1-13	926의 7-9, 927의 1-9, 928의 1-3
595.[만]	475의 14-15	928의 4-6
	476의 1-5	928의 6-11
596.	476의 6-8	929의 1-3
597.	476의 9-14	929의 4-9, 930의 1
598.	476의 15	930의 2-3
	477의 1-8	930의 3-9, 931의 1-3
599.	477의 9-15	931의 3-9, 932의 1-2
600.	478의 1-4	932의 3-6
601.[구]	478의 5	932의 7
602.	478의 6-7	932의 8
603.	478의 8-10	932의 9, 933의 1-2
604.	478의 11-12	933의 3-4
605.	478의 13-15	933의 4-6
606.	479의 1-3	933의 7-8
607.	479의 4-5	933의 9, 934의 1-2
608.	479의 6-7	934의 2-4
609.	479의 8-9	934의 5-6
610.	479의 10-12	934의 6-9

[33] 1622년 1월 (天命7, 天啓2, 壬戌)

611.	481의 2-3(39)	935의 1-2
612.	481의 4-15	935의 2-9, 936의 1-6

	482의 1	936의 6-7
613.[구]	482의 2	936의 7
614.	482의 3-15	936의 8-9, 937의 1-9, 938의 1-7
	483의 1-2	938의 7-9
615	483의 3-13	939의 1-9, 940의 1-3
616.[만]	483의 14-15	940의 4-6
	484의 1-8	940의 6-9, 941의 1-6
617.	484의 9-15	941의 7-9, 942의 1-6
	485의 1-6	942의 6-9, 943의 1-3
618.	485의 7-8	943의 3-4
619.	485의 9-13	943의 4-9
620.[만]	485의 14-15	944의 1-3
	486의 1-4	944의 3-8
621.	486의 5-7	944의 8-9, 945의 1
622.	486의 8-15	945의 2-8, 946의 1-3
	487의 1-15	946의 4-8, 947의 1-11, 948의 1-2
	488의 1	948의 2
623.	488의 2-3	948의 3-5
624	488의 4-6	948의 5-8
625.[만]	488의 7-15	948의 8-9, 949의 1-9
	489의 1-15	949의 9-10, 950의 1-10, 951의 1-6
	490의 1-15	951의 6-10, 952의 1-10, 953의 1

(39) 『老檔』 480은 빈 쪽.

491의 1-6 953의 1-7

626. 491의 7-9 953의 7-9

627.[구] 491의 10-12 953의 10, 954의 1-2

628. 491의 13-15 954의 2-5

492의 1-15 954의 5-9, 955의 1-9, 956의 1-3

493의 1-7 956의 3-8

629. 493의 8-15 2100의 1*2-7

494의 1-7 2100의 7-11

630. 494의 8-11 956의 8-10

631. 494의 12-14 957의 1-3

632. 494의 15 957의 3-4

495의 1-2 957의 4-6

633.[구] 495의 3-8 957의 6-9, 958의 1-4

634. 495의 9-10 958의 5-6

635. 495의 11-12 958의 7-8

636. 495의 13-14 958의 9, 959의 1-2

637. 495의 15 959의 2-3

496의 1-3 959의 3-5

638. 496의 4 959의 5-6

639. 496의 5-9 959의 6-9, 960의 1-3

[34] 1622년 1월-2월 (天命7, 天啓2, 壬戌)

640. 497의 2-15 960의 4-11, 961의 1-8, 962의 1-3

641.[구] 498의 1-2 962의 3-4

640.	497의 2-15	960의 4-11, 961의 1-8, 962의 1-3
641.[구]	498의 1-2	962의 3-4
642.	498의 3-4	962의 5-7
643.	498의 5	962의 8
644.[만]	498의 6-8	963의 1-4
645.	498의 9-15	963의 5-9, 964의 1-4
646.	499의 1-13	964의 5-10, 965의 1-8
647.[모]	499의 14-15	965의 9, 966의 1-2
	500의 1-5	966의 2-7
648.	500의 6-12	966의 8-9, 967의 1-5
649.	500의 13-15	967의 5-7
	501의 1-2	967의 7-9
650.	501의 3-9	968의 1-7
651.	501의 10	968의 7
652.	501의 11-15	968의 8-10, 969의 1-3
	502의 1-2	969의 3-4
653.	502의 3-10	969의 5-10, 970의 1
654.	502의 11-15	970의 2-7
	503의 1-11	970의 7-10, 971의 1-8
655.	503의 12	971의 8-9
656.	503의 13	971의 10
657.	503의 14	972의 1
658.	503의 15	972의 1-2
	504의 1	972의 2
659.	504의 2-8	972의 3-9

660.[만]	504의 9-10	973의 1-2
661.	504의 11-13	973의 3-6
662.[구]	504의 14-15	973의 6-8
	505의 1-2	973의 8-9
663.	505의 3-7	974의 1-5
664.	505의 8-11	974의 6-9, 975의 1
665.	505의 12-15	975의 2-6
	506의 1	975의 6
666.	506의 2-7	975의 7-10, 977의 1-2
667.	506의 8-15	977의 2-10
	507의 1-4	977의 10-11, 978의 1-2
668.	507의 5-11	978의 3-10
669.[만]	507의 12-15	978의 10, 979의 1-4
	508의 1	979의 4-5
670.	508의 2-15	979의 5-11, 980의 1-7
	509의 1-6	980의 7-11, 981의 1-2
671.	509의 7-15	981의 2-10, 982의 1

[35] 1622년 2월 (天命7, 天啓2, 壬戌)

672.[만]	511의 2-15 [40]	982의 8-11, 983의 1-10, 984의 1-2
	512의 1-3	984의 2-4
673.	512의 4-8	984의 4-8
674.	512의 9-12	984의 9-10, 985의 1-2

675.	512의 13-15	985의 3-5
	513의 1-10	985의 5-10, 986의 1-4
676.	513의 11-12	986의 5-7
677.	513의 13-14	986의 7-9
678.	513의 15	986의 9, 987의 1
	514의 1-2	987의 1-2
679.	514의 3-7	987의 3-9
680.	514의 8-11	987의 1-5
681.[만]	514의 12-15	988의 6-9, 989의 1
	515의 1-7	989의 1-8
682.[만]	515의 8-15	989의 9-10, 990의 1-7
	516의 1-13	990의 7-10, 991의 1-10
683.	516의 14-15	992의 1-2
684.[모]	517의 1-3	992의 3-5
685.[구]	517의 4-5	992의 5-6
686.	517의 6-13	992의 6-10, 993의 1-4
687.[만]	517의 14-15	993의 5-7
	518의 1-6	993의 7-9, 994의 1-4
688.[만]	518의 7-11	994의 5-9
689.	518의 12-15	995의 1-5
	519의 1-2	995의 5-6
690.[만]	519의 3-4	995의 7-8
691.	519의 5-10	995의 9, 996의 1-6

(40) 『老檔』 510은 빈 쪽.

692.[만] 519의11-14 996의 7-9, 997의 1-2

693. 519의 15 997의 3

520의 1-4 997의 4-8

694. 520의 5-6 997의 8-9, 998의 1-2

695. 520의 7-11 998의 3-9

696.[만] 520의 12-13 998의 10, 999의 1

697. 520의 14-15 999의 2-4

521의 1 999의 4

698. 521의 2-12 999의 4-10, 1000의 1-7

699. 521의 13-15 1000의 7-10

522의 1-5 1001의 1-6

700.[만] 522의 6-14 1001의 7-10, 1002의 1-8

701. 522의 15 1002의 9-10

523의 1-9 1002의 10, 1003의 1-10, 1004의 1

702. 523의 10-14 1004의 2-6

703. 523의 15 1004의 6-8

524의 1 1004의 8-9

704. 524의 2-4 1004의 9-10, 1005의 1

[36] 1622년 2월 (天命7, 天啓2, 壬戌)

705. 525의 2-4 1005의 2-5

706. 525의 5-11 1005의 5-10, 1006의 1-3

707.[만] 525의 12-15 1006의 3-8

526의 1 1006의 8-9

708.[만]	526의 2-3	1006의 9-10
709.	526의 4-6	1006의 10, 1007의 1-3
710.	526의 7-8	1007의 3-4
711.[만]	526의 9-11	1007의 5-9
712.	526의 12-13	1007의 9-10, 1008의 1
713.	526의 14-15	1008의 1-3
714.	527의 1-9	1008의 3-10, 1009의 1-4
715.[만]	527의 10-11	1009의 5-6
716.	527의 12-15	1009의 7-10, 1010의 1
	528의 1	1010의 1-2
717.[만]	528의 2-5	1010의 3-6
718.	528의 6-10	1010의 7-10, 1011의 1-2
719.	528의 11-14	1011의 3-7
720.	528의 15	1011의 7-8
	529의 1-4	1011의 8-10, 1012의 1-2
721.	529의 5-9	1012의 2-7
722.	529의 10-12	1012의 7-10
723.	529의 13-15	1013의 1-2
724.	530의 1-2	1013의 3-4
725.	530의 3-4	1013의 4-6
726.	530의 5-10	1013의 6-10, 1014의 1
727.[만]	530의 11-15	1014의 2-7
	531의 1-9	1014의 7-10, 1015의 1-6
728.	531의 10-15	1015의 7-9, 1016의 1-3
729.	532의 1-2	1016의 4-5

730.[만]	532의 3-6	1016의 5-9
731.	532의 7	1017의 1
732.	532의 8-15	1017의 2-12
	533의 1	1017의 12, 1018의 1
733.	533의 2-4	1018의 1-4
734.	533의 5-7	1018의 4-6
735.	533의 8-13	1018의 7-10, 1019의 1-2
736.	533의 14-15	1019의 3-4
	534의 1-2	1019의 5-6
737.[만]	534의 3-5	1019의 7-9
738.	534의 6-11	1020의 1-7
739.	534의 12-13	1020의 7-8
740.[만]	534의 14-15	1020의 9, 1021의 1-2
	535의 1-10	1021의 2-10, 1022의 1-2
741.[만]	535의 11-14	1022의 3-6
742.[만]	535의 15	1022의 7-8
	536의 1-3	1022의 8-10
743.[구]	536의 4-5	1022의 10, 1023의 1-2

[37] 1622년 2월 (天命7, 天啓2, 壬戌)

744.[만]	537의 2-6	1023의 2-7
745.	537의 7-10	1023의 7-10, 1024의 1
746.	537의 11-14	1024의 2-6
747.	537의 15	1024의 6-7

	538의 1-2	1024의 7-8
748.	538의 3-5	1024의 9-10, 1025의 1
749.	538의 6-7	1025의 1-3
750.	538의 8-9	1025의 3-5
751.	538의 10-12	1025의 6-8
752.	538의 13-14	1025의 9-10, 1026의 1
753.	538의 15	1026의 1-2
	539의 1	1026의 2
754.	539의 2	1026의 4-5
756.	539의 5-7	1026의 6-8
757.	539의 8-10	1026의 8-10, 1027의 1
758.	539의 11-13	1027의 1-4
759.	539의 14-15	1027의 5-7
	540의 1	1027의 7
760.	540의 2-9	1027의 7-9, 1028의 1-7
761.[구]	540의 10-15	1028의 7-9, 1029의 1-4
	541의 1-12	1029의 4-10, 1030의 1-8
762.	541의 13-14	1030의 8-9
763.[구]	541의 15	1030의 10
	542의 1-15	1031의 1-11, 1032의 1-7
	543의 1-2	1032의 7-8
764.	543의 3-10	1032의 9-11, 1033의 1-6
765.	543의 11-12	1033의 6-8
766.	543의 13-15	1033의 8-10, 1034의 1
	544의 1-5	1034의 1-6

767. 544의 6-7 1034의 6-8

768. 544의 8-15 1034의 8-10, 1035의 1-6

545의 1-15 1035의 6-10, 1036의 1-10, 1037의 1-3

546의 1-10 1037의 3-11, 1038의 1-2

769.[만] 546의 11-15 1038의 3-8

547의 1-13 1038의 8-11, 1039의 1-10, 1040의 1

770. 547의 14-15 1040의 2-4

548의 1-5 1040의 4-8

771.[만] 548의 6-12 1040의 9-10, 1041의 1-6

772.[만] 548의 13-15 982의 2-5

549의 1-3 982의 5-7

773. 549의 4-7 1041의 6-9

774. 549의 8-9 1041의 10, 1042의 1

775.[만] 549의 10-15 1042의 2-8

550의 1-12 1042의 8-10, 1043의 1-10

776.[구] 550의 13-14 1043의 11, 1044의 1

777.[만] 550의 15 1044의 1-2

551의 1-3 1044의 2-4

778. 551의 4-14 1044의 5-11, 1045의 1-5

[38] 1622년 3월 (天命7, 天啓2, 壬戌)

779. 553의 2-4 (41) 1046의 1-3

780. 553의 5 1046의 4-5

781.	553의 6-12	1046의 5-11, 1047의 1-2
	중복	1265의 1-6
782.	553의 13-15	1047의 3-5
783.	554의 1-15	1047의 6-10, 1048의 1-11, 1049의 1-5
	중복	1254의 1-8, 1255의 1-8, 1256의 1
	555의 1-15	1049의 6-9, 1050의 1-10,1051의 1-8, 1052의 1
	중복	1256의 1-7, 1257의 1-7, 1258의 1-3
	556의 1-15	1052의 1-9, 1053의 1-2
	중복	258의 3-7, 1259의 1-7, 1260의 1-7
	557의 1-15	1260의 7-8, 1261의 1-6, 1262의 1-7
	558의 1-12	1262의 7-9, 1263의 1-7, 1264의 1-3
784.	558의 13-15	1053의 3-7
	559의 1	1053의 7
785.	559의 2-7	1053의 8-9, 1054의 1-8
	중복	1266의 1-6
786.[만]	559의 8-13	1054의 9, 1055의 1-7
787.	559의 14-15	1055의 7-10
788.	560의 1-2	1055의 10, 1056의 1
789.	560의 3-5	1056의 2-4
790.	560의 6-14	1056의 5-10, 1057의 1-6
791.[만]	560의 15	1057의 7-6+1
	561의 1-2	1057의 6+1-9
792.	561의 3	1057의 9-10

(41) 『老檔』 552는 빈 쪽.

793.	561의 4-13	1057의 11, 1058의 1-12
794.	561의 14-15	1059의 1-4
	562의 1-6	1059의 4-10+2
795.	562의 7-9	1059의 11-12, 1060의 1-2
796.	562의 10-15	1060의 2-11, 1061의 1-3
	563의 1	1061의 3-4
797.	563의 2-9	1061의 4-11, 1062의 1-5
798.	563의 10-15	1062의 5-11, 1063의 1-3
	564의 1-7	1063의 3-12
799.[만]	564의 8-15	1064의 1-12
	565의 1-11	1064의 12, 1065의 1-11
800.	565의 12-15	1066의 3-8
	566의 1-2	1066의 8-9
801.	566의 3-9	1066의 9-12, 1067의 1-5

[39] 1622년 3월 (天命7, 天啓2, 壬戌)

802.[만]	567의 2-7	1067의 6-12
803.	567의 8-10	1068의 1-3
804.	567의 11-15	1068의 4-8
805.	568의 1-6	1068의 9-12, 1069의 1-3
806.	568의 7-10	1069의 4-7
807.	568의 11-15	1069의 8-12+1
808.	569의 1-15	1070의 6-11, 1071의 1-10
809.	570의 1-13	1071의 11, 1072의 1-11, 1073의 1-2

810.	570의 14-15	1073의 3-5
	571의 1-3	1073의 5-8
811.	571의 4-13	1073의 9-12, 1074의 1-7
812.	571의 14-15	1074의 8-10
	572의 1-5	1074의 10-12, 1075의 1-5
813.	572의 6-10	1075의 5-10
814.	572의 11-15	1075의 11-12, 1076의 1-5
	573의 1-4	1076의 5-10
815.	573의 5	1076의 11
816.	573의 6-12	1077의 1-8
817.	573의 13-15	1077의 9-11
818.	574의 1-6	1078의 1-7
819.[구]	574의 7-15	1078의 7-11, 1079의 1-8
	574의 1-2	1079의 8-10
820.	575의 3-6	1079의 10-12, 1080의 1-3
821.[만]	575의 7-15	1080의 4-11, 1081의 1-4
	576의 1-2	1081의 4-6
822.	576의 3-5	1081의 6-8
823.	576의 6-14	1081의 9-11, 1082의 1-7
824.[만]	576의 15	1082의 7-8
	577의 1-8	1082의 8-11, 1083의 1-7
825.	577의 9-12	1083의 7-10
826.	577의 13-15	1083의 11, 1084의 1-3
	578의 1-7	1084의 3-11
827.	578의 8-11	1085의 1-4

828.	578의 12-13	1085의 5-6
829.	578의 14-15	1085의 6-8
	579의 1-6	1085의 8-9, 1086의 1-6
830.	579의 7-15	1086의 6-9, 1087의 1-7
	580의 1-13	1087의 8-10, 1088의 1-10, 1089의 1-2

[40] 1622년 3월-4월 (天命7, 天啓2, 壬戌)

831.	581의 2-6	1089의 3-9
832.	581의 7-8	1089의 10-11
833.	581의 9-15	1090의 1-10
	582의 1-2	1090의 11, 1091의 1-2
834.	582의 3-4	1091의 3-4
835.	582의 5-6	1091의 4-6
836.	582의 7-15	1091의 6-11, 1092의 1-6
	583의 1-7	1092의 6-12, 1093의 1-4
837.	583의 8-10	1093의 5-7
838.	583의 11-12	1093의 8-9
839.	583의 13-15	1093의 10-11, 1094의 1-2
	584의 1-13	1094의 2-10, 1095의 1-9
840.	584의 14-15	1095의 10-11, 1096의 1-2
	585의 1-15	1096의 2-12, 1097의 1-10
	586의 1-4	1097의 10-11, 1098의 1-5
841.	586의 5-7	1098의 6-8
	(1224의 1-9) (42)	1098의 9-10, 1099의 1-10

	586의 7-15	1099의 10, 1100의 1-11
842.	587의 1-3	1101의 1-4
843.	587의 4-5	1101의 5-7
844.	587의 6-10	1101의 8-11, 1102의 1-2
845.	587의 11-15	1102의 3-9
846.	588의 1-2	1102의 10-11, 1103의 1
847.	588의 3-5	1103의 1-4
848.	588의 6-15	1103의 4-11, 1104의 1-7
	589의 1-6	1104의 7-10, 1105의 1-4
849.[만]	589의 7-15	1105의 5-11, 1106의 1-5
	590의 1-11	1106의 5-11, 1107의 1-7
850.	590의 12-15	1108의 1-6
	591의 1-10	1108의 6-10, 1109의 1-12
851.	591의 11-12	1110의 1-3
852.	591의 13-15	1110의 4-8
	592의 1-15	1110의 8-11, 1111의 1-11, 1112의 1-7
	593의 1-3	1112의 7-11
853.	593의 4-5	1113의 1-2
854.	593의 6-7	1113의 3-4
855.	593의 8-9	1113의 5-6
856.	593의 10-11	1113의 7-9
857.	593의 12-15	1113의 10-14, 1114의 1

(42) 『老檔』 1224는 『老檔』의 편역자가 보완한 부분이다.

[41] 1622년 4월-6월 (天命7, 天啓2, 壬戌)

858.	595의 2-4 (43)	1114의 2-5
859.만	595의 5-15	1114의 6-10, 1115의 1-11, 1116의 1
	596의 1-2	1116의 1-2
860.	596의 3-15	1116의 3-10, 1117의 1-10, 1118의 1
	597의 1-5	1118의 1-7
861.	597의 6-8	1118의 8-10, 1119의 1
862.만	597의 9-15	1119의 2-9, 1120의 1
	598의 1-10	1120의 1-9, 1121의 1-3
863.만	598의 11-15	1121의 4-9
864.구	599의 1-2	1121의 9, 1122의 1
865.	599의 3-6	1122의 2-6
866.만	599의 7-9	1122의 7-9, 1123의 1
867.	599의 10-15	1123의 2-9
	600의 1-15	1123의 9-10, 1124의 1-11, 1125의 1-6
	601의 1-16	1125의 6-10, 1126의 1-10, 1127의 1-6
	602의 1-12	1127의 6-12, 1128의 1-8
868.	602의 13	1128의 9
869.	602의 14-15	1128의 10, 1129의 1-2
	603의 1	1129의 2
870.	603의 2-4	1129의 3-6
871.	603의 5-7	1129의 6-9
872.	603의 8-11	1129의 9-11, 1130의 1-2
873.	603의 12-14	1130의 3-5
874.	603의 15	1130의 6

	604의 1-3	1130의 7-9
875.	604의 4-6	1130의 9-11
876.	604의 7-10	1131의 1-4
877.	604의 11-12	1131의 5-6
878.[만]	604의 13-15	1131의 7-10
	605의 1	1131의 10
879.	605의 2	1241의 1
880.	605의 3-4	1241의 2-3
881.	605의 5-6	1241의 3-4
882.	605의 7-15	1245의 4-6, 1246의 1-5

[42] 1622년 6월 (天命7, 天啓2, 壬戌)

883.[만]	607의 2-15 [44]	1247의 1-7, 1248의 1-6
	608의 1-14	1248의 6, 1249의 1-4,1250의 1-6, 1251의 1-5
884.	608의 15	1252의 1
	609의 1	1252의 2
885.	609의 2-15	1242의 1-7, 1243의 1-7
	610의 1-10	1243의 7, 1244의 1-6, 1245의 1-3
886.	610의 11-15	1240의 1-5
887.	611의 1-2	1253의 1-2
888.	611의 3-15	1267의 1-7, 1268의 1-5, 1269의 1
	612의 1	1269의 1

(43) 『老檔』 594는 빈 쪽.
(44) 『老檔』 606은 빈 쪽.

889.	612의 2-3	1269의 2-3
890.	612의 4-6	1270의 1-3
891.	612의 7-8	1270의 4-5
892.	612의 9-11	1271의 1-3
893.	612의 12-15	1272의 1-5
894.	613의 1-13	1274의 1-7, 1275의 1-6, 1276의 1-3
895.	613의 14-15	1276의 3-4
	614의 1	1276의 4
896.	614의 2-6	1277의 1-4
897.[구]	614의 7-11	1278의 1-5
898.	614의 12-13	1278의 6-7
899.	614의 14-15	1279의 1-2
	615의 1	1279의 3
900.	615의 2-10	1273의 1-8
901.	615의 11-14	1280의 1-8
902.	615의 15	1281의 1
	616의 1	1281의 2
903.[만]	616의 2-13	1282의 1-8, 1283의 1-5
904.	616의 14-15	1284의 1-3
	617의 1-2	1284의 3-5
905.	617의 3-4	1285의 1-3
906.	617의 5-14	1286의 1-8, 1287의 1-2
907.	617의 15	1288의 1
	618의 1-6	1288의 1-7
908.[만]	618의 7-8	1289의 1-2

909.	618의 9-10	1290의 1-2
910.	618의 11-13	1291의 1-2
911.	618의 14-15	1292의 1-2
912.	619의 1-5	1237의 1-5

[43] 1623년 1월 (天命8, 天啓3, 癸亥)

913.	621의 2-3 (45)	1293의 1-2
914.	621의 4-15	1293의 3-10, 1294의 1-3
	622의 1-10	1294의 3-10, 1295의 1-2
915.	622의 11-15	1295의 3-7
	623의 1	1295의 7
916.	623의 2-3	1295의 7+1-9
	중복	1515의 1-2
917.	623의 4-6	1296의 1-3
	중복	1515의 3-5
918.[만]	623의 7-15	1296의 4-10, 1297의 1-2
	624의 1	1297의 2
919.	624의 2-6	1297의 3-6
920.	624의 7-15	1297의 7-11, 1298의 1-3
	중복	1515의 6-8, 1516의 1-8, 1517의 1
	625의 1-11	1298의 3-10+3
	중복	1517의 1-8, 1518의 1-4
921.	625의 12-15	1299의 1-4

	중복	1518의 4-8
	626의 1-10	1299의 4-9+2
	중복	1518의 8, 1519의 1-7
922.	626의 11-15	1299의 10-12, 1300의 1
	중복	1519의 7-8, 1520의 1-4
923.	627의 1-3	1300의 2-4
	중복	1520의 4-6 (46)
924.	627의 4-5	1300의 4-5
	중복	1520의 7-8
925.	627의 6-15	1301의 1-9
	628의 1-2	1301의 9-10
926.	628의 3-4	1302의 1
927.	628의 5-7	1303의 1-2+1
928.	628의 8-15	1304의 1-8
	629의 1	1304의 8-8+1
929.	629의 2-3	1306의 1-2
	중복	1521의 1-3
930.	629의 4-14	1309의 1-9 (47)
	중복	1521의 3-8 (48), 1522의 1-7 (49)
931.	629의 15	1312의 1
	중복	1522의 8, 1523의 1

---

(45) 『老檔』 620은 빈 쪽.

(46) 『舊檔』 1520의 4에는 새 문단시작표시인 0가 없다.

(47) 『老檔』 629의 9에 해당되는 『舊檔』 1309의 6 'monggo tabunang' 앞에 새 문단시작표시인 0가 있다.

(48) 『舊檔』 1521의 3에는 새 문단시작표시인 0가 없다.

	630의 1-8	1312의 1-8+1
	중복	1523의 1-8, 1524의 1
932.	630의 9-15	1312의 9-10, 1313의 1-4
	중복	1524의 2-8
	631의 1-10	1313의 4-11, 1314의 1-2
	중복	1525의 1-8, 1526의 1-4
933.	631의 11-12	1314의 3-4
	중복	1526의 5-6
934.	631의 13-15	1314의 5-7
	632의 1-4	1314의 7-10
935.	632의 5-15	1314의 11, 1315의 1-10
	중복	1526의 7-8, 1527의 1-8, 1528의 1-4
	633의 1-15	1315의 11, 1316의 1-11, 1317의 1-3
	중복	1528의 4-8, 1529의 1-8, 1530의 1-5
	634의 1-12	1317의 3-10, 1318의 1-3
	중복	1530의 5-8, 1531의 1-8, 1532의 1
936.	634의 13-15	1319의 2-4
	중복	1533의 3-6
	635의 1-11	1319의 4-10, 1320의 1-3
	중복	1533의 6-8, 1534의 1-8, 1535의 1-2
937.	635의 12	1320의 4

(49) 『老檔』 629의 9에 해당되는 『舊檔』 1522의 2 'monggo tabunang' 앞에 새 문단시작표시인 0가 있다.

[44] 1623년 1월-2월 (天命8, 天啓3, 癸亥)

938.	637의 2-10 (50)	1320의 5-11, 1321의 1
	중복	1532의 2-8, 1533의 1-2
939.	637의 11-12	1321의 2-3
940.[만]	637의 13-15	1321의 4-6
	638의 1-8	1321의 6-11, 1322의 1-2
941.	638의 9-15	1322의 3-9
	639의 1-14	1322의 9-11, 1323의 1-9, 1324의 1-2
942.	639의 15	1324의 3-4
	640의 1-2	1324의 4-5
943	640의 3-15	1324의 5+1-9, 1325의 1-8
	641의 1-15	1325의 8-9, 1326의 1-9, 1327의 1-6
	642의 1-15	1327의 6-8, 1328의 1-9, 1329의 1-5
	643의 1-3	1329의 5-7
944.	643의 4-6	1330의 1*1-3
945.	643의 7-10	1330의 4-7
946.	643의 11-14	1330의 7-9
947.	643의 15	1330의 10
	644의 1-3	1330의 10, 1331의 1-2
948.	644의 4-11	1331의 3-9 (51)
	중복	1535의 3-7
949.	644의 12-15	1331의 10, 1332의 1-3
	645의 1-4	1332의 3-7

(50) 『老檔』 636은 빈 쪽.

950.	645의 5-8	1332의 7-10
	중복	1535의 7-8, 1536의 1-2
951.	645의 9-13	1333의 1-5
952.	645의 14-15	1333의 5-7
	646의 1-15	1333의 7-9, 1334의 1-7, 1335의 1-5
	647의 1-8	1335의 5-9, 1336의 1-3
953	647의 9-15	1336의 4-9
	648의 1-7	1337의 1-7 (52)
954.	648의 8-15	1337의 8-9, 1338의 1-6
	중복	1536의 3-8, 1537의 1-4
	649의 1-11	1338의 7-9, 1339의 1-7
	중복	1537의 4-8, 1538의 1-2
955.	649의 12-15	1339의 8-9, 1340의 1-3
	650의 1-8	1340의 3-8 (53), 1341의 1-4

[45] 1623년 2월 (天命8, 天啓3, 癸亥)

956.	651의 2-15	1341의 5-7, 1342의 1-9, 1343의 1-2
	652의 1-15	1343의 2-9, 1344의 1-9 (54), 1345의 1

---

(51) 『老檔』 644의 9에 해당되는 『舊檔』 1331의 7 'sahaliyan indahūn' 앞에 새 문단시작표시인 0가 있다.

(52) 『老檔』 648의 4에 해당되는 『舊檔』 1337의 5 'jai susai boso' 앞과, 『老檔』 648의 5에 해당되는 『舊檔』 1337의 6 'ušisan i ' 앞에 새 문단시작표시인 0가 각각 있다.

(53) 『老檔』 650의 2에 해당되는 『舊檔』 1340의 6 'mu cang i pu' 앞에 새 문단시작표시인 0가 있다.

(54) 『老檔』 652의 9에 해당되는 『舊檔』 1344의 4 'gurun i eiten weile' 앞에

	중복	1538의 3-8[55], 1539의 1-8[56], 1540의 1
	653의 1-8	1345의 1-9
	중복	1540의 1-8, 1541의 1-2
957.	653의 9-15	1345의 9, 1346의 1-9
	중복	1541의 3-8[57], 1542의 1-3
	654의 1-14	1346의 9, 1347의 1-9, 1348의 1-4+1
	중복	1542의 3-8, 1543의 1-8, 1544의 1-1+2
958.	654의 15	1348의 4-6
	655의 1	1348의 6-7
959.	655의 2-4	1348의 8-9, 1349의 1
960.	655의 5-6	1349의 1-2
961.[만]	655의 7-8	1349의 3-4
962.	655의 9-14	1349의 5-8, 1350의 1-2
963.	655의 15	1350의 3
	656의 1-10	1350의 3-8, 1351의 1-5
964.	656의 11-14	1351의 5-9, 1352의 1
	중복	1544의 2-5
965.	656의 15	1352의 1-2
	657의 1-15	1352의 2-9, 1353의 1-7, 354의 1
	658의 1-15	1354의 1-9, 1355의 1-7[58]

새 문단시작표시인 0가 있다.

(55) 『老檔』 652의 3 'han henduhe'에서 중복되는 부분이 시작되고, 『舊檔』 1538의 3에는 새 문단시작표시인 0가 있다.

(56) 『老檔』 652의 9에 해당되는 『舊檔』 1539의 2 'gurun i eiten' 앞과, 『老檔』 652의 14에 해당되는 『舊檔』 1539의 7 'dzung bing guwan' 앞에 새 문단시작표시인 0가 각각 있다.

(57) 『舊檔』 1541의 3에는 새 문단시작표시인 0가 없다.

	659의 1-9	1355의 7-9, 1356의 1-8 (59)
966.	659의 10-15	1357의 1-6
	660의 1-3	1357의 6-8, 1358의 1
967.	660의 4-5	1358의 1-3
	중복	1544의 6-8
968.	660의 6-15	1358의 3-9, 1359의 1-3
	661의 1-5	1359의 3-8
969.	661의 6-8	1359의 9, 1360의 1-2
970.	661의 9-12	1360의 2-6
971.	661의 13-15	1360의 6-8
972.	662의 1-9	1360의 9, 1361의 1-8+1
	중복	1544의 8, 1545의 1-8, 1546의 1-1+2
973.	662의 10-12	1361의 9, 1362의 1-2
	중복	1546의 1-4
974.	662의 13-14	1362의 3-4
975.	662의 15	1362의 5
	663의 1-15	1362의 6-9, 1363의 1-9, 1364의 1-2
	664의 1-4	1364의 2-6
976.	664의 5-15	1364의 7-9, 1365의 1-8
	665의 1-5	1365의 8-9, 1366의 1-4
977.	665의 6-15	1366의 4-9, 1367의 1-5

(58) 『老檔』 658의 8에 해당되는 『舊檔』 1355의 1 'amasi jihe de' 앞과, 『老檔』 658의 13에 해당되는 『舊檔』 1355의 5 'sini deo de' 앞에 새 문단시작표시인 0가 각각 있다.

(59) 『老檔』 659의 5에 해당되는 『舊檔』 1356의 4 'efu, gege,' 앞에 새 문단시작표시인 0가 있다.

	666의 1-7	1367의 5-9, 1368의 1
978.	666의 8-10	1368의 2-4

[46] 1623년 2월-3월 (天命8, 天啓3, 癸亥)

979.	667의 2-15	1368의 5-9, 1369의 1-9, 1370의 1
	668의 1-15	1370의 1-9, 1371의 1-8
	669의 1-2	1371의 8-9, 1372의 1
980.	669의 3-15	1372의 1-9, 1373의 1-3
	670의 1-11	1373의 4-8, 1374의 1-5
981.	670의 12-14	1374의 6-7
982.	670의 15	1375의 1
	671의 1-4	1375의 1-5
983.	671의 5-7	1375의 5-7
984.	671의 8-13	1375의 8, 1376의 1-4
985.[만]	671의 14-15	1376의 5-7
	672의 1	1376의 7
986.	672의 2-3	1376의 7-8 (60)
987.	672의 4-6	1377의 1-3
988.	672의 7	1377의 4
989.	672의 8-10	1377의 5-7
990.	672의 11-15	1377의 7-8, 1377의 1-4
	673의 1-5	1377의 4-8, 1379의 1

(60) 『老檔』 672의 3에 해당되는 『舊檔』 1376의 8 'mandarhan korcin' 앞에 새 문단시작표시인 0가 있다.

991.	673의 6-14	1379의 1-7, 1380의 1-2
992.	673의 15	1380의 3
	674의 1-6	1380의 3-7, 1381의 1-2
993.	674의 7-15	1381의 2-8, 1382의 1-4
	675의 1-4	1382의 4-7
994.	675의 5-6	1382의 7-8
995.	675의 7-12	1383의 1-7
996.	675의 13-15	1384의 1-3
	676의 1-5	1384의 3-8
997.	676의 6-7	1384의 8-9, 1385의 1
998.	676의 8-11	1385의 1-4
999.[만]	676의 12-15	1385의 5-8
1000.	677의 1-2	1385의 9, 1386의 1
1001.	677의 3-10	1386의 1-8
1002.	677의 11-13	1387의 1-2
1003.	677의 14-15	1387의 3-4
1004.	678의 1-5	1387의 4-8
1005.	678의 6-7	1387의 1-2
1006.	678의 8-14	1389의 1-6
1007.	678의 15	1389의 7
	679의 1-7	1389의 7-8, 1390의 1-7
1008.	679의 8-9	1390의 7-8
1009.	679의 10-11	1391의 1-2
1010.	679의 12-13	1391의 2-3
1011.	679의 14-15	1391의 4-5

	680의 1-6	1391의 5-8, 1392의 1-3
1012.	680의 7-10	1392의 3-5
1013.	680의 11-12	1392의 6
1014.	680의 13-14	1392의 7-8
1015.	680의 15	1392의 8
	681의 1	1393의 1
1016.	681의 2-3	1393의 1-2
1017.	681의 4-5	1393의 2-3
1018.	681의 6-7	1393의 4-5
1019.	681의 8-9	1393의 5-6
1020.	681의 10-11	1393의 6-7
1021.	681의 12-13	1393의 7-8
1022.	681의 14-15	1393의 8-9
1023.	682의 1-2	1394의 1-2
1024.	682의 3-4	1394의 2-3
1025.	682의 5-12	1394의 3-9
1026.	682의 13-15	1394의 10-11, 1395의 1
1027.	683의 1-2	1341의 1-2

[47] 1623년 3월 (天命8, 天啓3, 癸亥)

1028.	685의 1-2 (61)	1395의 2-4
1029.	685의 3-15	1395의 4-10, 1396의 1-5
	686의 1-8	1396의 5-10, 1397의 1-2

1030. 686의 9-10 1397의 2-3

중복 1546의 5-6

1031. 686의 11-12 1397의 3-5

1032. 686의 13-15 1397의 5-7

687의 1-3 1397의 7-10

1033. 687의 4-10 1397의 1-7

1034. 687의 11 1397의 7

1035. 687의 12-15 1397의 8-10, 1399의 1

688의 1 1399의 2

1036. 688의 2-5 1399의 3-6

1037. 688의 6-7 1399의 7-8

1038. 688의 8-9 1399의 8-9

1039. 688의 10-11 1399의 9-10

1040. 688의 12-14 1400의 1-2

1041. 688의 15 1400의 3-4

689의 1 1400의 4

1042. 689의 2-4 1400의 5-7

중복 1546의 7-8, 1547의 1

1043. 689의 5-13 1400의 7-10, 1401의 1-6

1044. 689의 14-15 1401의 7-8

1045. 690의 1-3 1401의 8-10

1046. 690의 4-5 1402의 1-2

1047. 690의 6-8 1402의 3-5

1048. 690의 9-12 1402의 6-9

---

(61) 『老檔』 684는 빈 쪽.

1049.	690의 13-15	1403의 1-3
	691의 1	1403의 3-4
1050.	691의 2-4	1403의 5-7
1051.	691의 5-6	1403의 7
1052.	691의 7-8	1403의 8-9
1053.	691의 9	1403의 9
1054.	691의 10-14	1403의 10, 1404의 1-4
1055.	691의 15	1404의 5-6
	692의 1-7	1404의 6-10, 1405의 1-2
1056.	692의 8-15	1405의 3-9, 1406의 1-2
	중복	1547의 2-8, 1548의 1-2
	693의 1-15	1406의 2-10 (62), 1407의 1-10
	중복	1548의 3-8 (63), 1549의 1-8, 1550의 1-4
	694의 1-4	1407의 10, 1408의 1-3
	중복	1550의 4-8
1057.	694의 5-7	1408의 4-6
1058.	694의 8-9	1408의 7-8
1059.	694의10-14	1408의 9-10, 1409의 1-3
1060.	694의 15	1409의 4
	695의 1-2	1409의 5-6
1061.	695의 3-4	1409의 6-7
1062.	695의 5-6	1409의 7-9

(62) 『老檔』 693의 2에 해당되는 『舊檔』 1406의 5 'han, darhan hiya' 앞에 새 문단시작표시인 0가 있다.

(63) 『老檔』 693의 2에 해당되는 『舊檔』 1548의 5 'han, darhan hiya de' 앞에 새 문단시작표시인 0가 있다.

1063.	695의 7-15	1409의 9-10, 1410의 1-8
	696의 1	1410의 8
1064.	696의 2-7	1410의 9-10 (64), 1411의 1-4 (65)
1065.	696의 8-9	1411의 5-6
1066.	696의 10-12	1411의 6-8
1067.	696의 13	1411의 8
1068.[만]	696의 14-15	1411의 9-10
	697의 1-14	1412의 1-10, 1413의 1-4
1069.	697의 15	1413의 5
	698의 1	1413의 5-6
1070.	698의 2-5	1413의 6-9
1071.	698의 6-8	1413의 10, 1414의 1-2
1072.	698의 9-10	1414의 2-3
1073.	698의 11-15	1414의 4-9 (66)
	699의 1	1414의 9
1074.	699의 2-10	1414의 10, 1415의 1-8
1075.	699의 11-14	1415의 9-11, 1416의 1

(64) 『老檔』 696의 3에 해당되는 『舊檔』 1410의 10 'g'ao yung fu' 앞에 새 문단시작표시인 0가 있다.

(65) 『老檔』 696의 4에 해당되는 『舊檔』 1141의 1 'kiowan ceng liyang' 앞과, 『老檔』 696의 5에 해당되는 『舊檔』 1411의 2 'jang sing guwan' 앞에 새 문단시작표시인 0가 각각 있다.

(66) 『老檔』 698의 12에 해당되는 『舊檔』 1414의 5 'fiyanggū age' 앞과, 『老檔』 698의 14에 해당되는 『舊檔』 1414의 8 'jai fusisa de' 앞에 새 문단시작표시인 0가 각각 있다.

[48] 1623년 3월-4월 (天命8, 天啓3, 癸亥)

1076.	701의 2-3(67)	1416의 2-3
1077.	701의 4-8	1416의 3-7
1078.	701의 9-10	1416의 8-9
1079.	701의 11-12	1416의 9-10
1080.	701의 13-15	1416의 11, 1417의 1-2
1081.	702의 1-5	1417의 2-6
1082.	702의 6-10	1417의 6-10
1083.	702의11-12	1418의 1-3
1084.	702의 13-14	1418의 3-4
1085.	702의 15	1418의 5
	703의 1-15	1418의 5-10, 1419의 1-10, 1420의 1
1086.	704의 1-4	1420의 2-6
1087.	704의 5-6	1420의 6-7
1088.[만]	704의 7-15	1420의 8-10, 1421의 1-7
	705의 1-8	1421의 7-10, 1422의 1-5
1089.[만]	705의 9-13	1422의 6-10
1090.	705의 14-15	1423의 1-2
	706의 1-7	1423의 2-9
1091.	706의 8	1424의 1
1092.	706의 9	1424의 2
1093.	706의 10-13	1424의 3-6
1094.	706의 14-15	1424의 7-8
	707의 1-6	1424의 8-9, 1425의 1-5

(67) 『老檔』 700은 빈 쪽.

1095.	707의 7-8	1426의 1
1096.	707의 9	1426의 2
1097.[만]	707의 10-13	1426의 3-6
1098.	707의 14-15	1427의 1-2
	708의 1-4	1427의 2-6
1099.	708의 5-6	1427의 7
1100.	708의 7	1427의 8
1101.	708의 8	1427의 9
1102.	708의 9-10	1427의 10, 1428의 1
1103.	708의 11	1428의 1-2
1104.[만]	708의 12-15	1429의 1-4
	709의 1-14	1429의 4-12 (68), 1430의 1-4
1105.	709의 15	1430의 5
	710의 1-2	1430의 5-7
1106.	710의 3-4	1430의 7-8
1107.	710의 5-6	1430의 8-9
1108.	710의 7	1430의 9-10
1109.	710의 8-15	1430의 10-12, 1431의 1-5
	711의 1	1431의 5-6
1110.	711의 2-9	1431의 6-10, 1432의 1-1+2
	중복	1551의 1-7

(68) 『老檔』 709의 5에 해당되는 『舊檔』 1429의 9 'morin adulara de' 앞에 새 문단시작표시인 0가 있다.

1111.	711의 10-11	1432의 2-3
1112.	711의 12-13	1432의 3-4
1113.	711의 14-15	1432의 4-5
	712의 1-5	1432의 6-10
1114.	712의 6-9	1433의 1-4
1115.	712의 10-15	1433의 5-9, 1434의 1-2
	713의 1-3	1434의 2-3
1116.	713의 4-5	1434의 4-5
1117.	713의 6-12	1434의 6-9, 1435의 1
1118.	713의 13-15	1435의 2-4
1119.	714의 1-5	1435의 5-9
1120.	714의 6-13	1435의 9-10, 1436의 1-6
1121.	714의 14-15	1436의 7-8
	중복	1551의 8, 1552의 1-2
	715의 1-5	1436의 8-10, 1437의 1-3
	중복	1552의 2-7
1122.[모]	715의 6-8	1437의 4-6
1123.	715의 9-10	1437의 7-8
1124.[만]	715의 11-15	1437의 9-12, 1438의 1-2
	중복	1552의 7-8 (69), 1553의 1-5
	716의 1-4	1438의 2-5 (70)
	중복	1553의 5-8
1125.	716의 5-7	1438의 6-7

(69) 『舊檔』 1552의 7에는 새 문단시작표시인 0가 있다.
(70) 『老檔』 716의 2에 해당되는 『舊檔』 1438의 4 'šanggiyan tu' 앞에 새 문

[49] 1623년 4월 (天命8, 天啓3, 癸亥)

1126.	717의 2-4	1438의 8-10
1127.	717의 5-6	1438의 10-11
1128.	717의 7-15	1439의 1-9
	718의 1-7	1440의 1-7
1129.	718의 8-9	1440의 7-8
1130.	718의 10-13	1440의 9-10, 1441의 1
1131.	718의 14-15	1441의 2-3
	719의 1-7	1441의 3-8
1132.	719의 8-15	1442의 1-8
	중복	1555의 1-8
	720의 1-6	1442의 8-9, 1443의 1-5
	중복	1555의 8, 1556의 1-6
1133.	720의 7-11	1443의 5-9
1134.	720의 12-13	1443의 9-10
1135.	720의 14-15	1443의 10-11, 1444의 1
	721의 1-15	1444의 1-11, 1445의 1-2
	722의 1-3	1445의 2-5
1136.[만]	722의 4-7	1445의 6-9
1137.	722의 8-12	1445의 9-10, 1446의 1-3
1138.[만]	722의 13-15	1446의 4-6
	723의 1	1446의 7
1139.	723의 2-4	1446의 8-10

단시작표시인 0가 있다.

1140.	723의 5-9	1446의 10, 1447의 1-5
1141.	723의 10-15	1447의 5-8, 1448의 1-3
	724의 1-7	1448의 3-9
1142.	724의 8	1448의 10
1143.	724의 9-10	1448의 10-11
1144.	724의 11-15	1449의 1-7
	725의 1-3	1449의 7-9
1145.	725의 4-5	1449의 9-11
1146.	725의 6-12	1449의 11, 1450의 1-5
1147.	725의 13-15	1450의 6-8, 1451의 1
	726의 1	1451의 1
1148.	726의 2-15	1451의 1-10, 1452의 1-5
	727의 1-10	1452의 5-9, 1453의 1-5
1149.	727의 11-15	1453의 5-9, 1454의 1
	728의 1-4	1454의 1-4
1150.	728의 5-7	1454의 5-7
1151.	728의 8-12	1454의 7-11
1152.	728의 13-15	1455의 1-3
	729의 1-15	1455의 3-11, 1456의 1-8
	730의 1-10	1456의 8-10, 1457의 1-8
1153.	730의 11-15	1458의 1-5
	731의 1-8	1458의 5-9, 1459의 1-3
1154.	731의 9-10	1459의 4-5

[50] 1623년 4월-5월 (天命8, 天啓3, 癸亥)

1155.	733의 2-6[71]	1459의 5-9[72], 1460의 1[73]
1156.[만]	733의 7-15	1460의 2-9, 1461의 1-2
	734의 1-7	1461의 2-10
1157.[만]	734의 8-15	1462의 1-10
	735의 1-14	1462의 10, 1463의 1-10, 1464의 1-5
1158.[만]	735의 15	1465의 2-3
	736의 1-5	1465의 3-7
1159.	736의 6-15	1465의 7-9, 1466의 1-8
	737의 1	1466의 9
1160.	737의 2-4	1466의 9, 1467의 1-2
1161.	737의 5	1467의 3
1162.	737의 6-7	1467의 3-4
1163.[만]	737의 8-13	1467의 5-10
1164.	737의 14-15	1468의 1-2
	738의 1-4	1468의 2-6
1165.	738의 5-6	1468의 6-8
1166.[만]	738의 7-10	1468의 9-10, 1469의 1-2
1167.	738의 11-14	1469의 3-6
1168.[만]	738의 15	1469의 6-7
	739의 1-15	1469의 7-8, 1470의 1-10, 1471의 1-2
	740의 1	1471의 2

(71) 『老檔』 732는 빈 쪽.

(72) 『老檔』 733의 3에 해당되는 『舊檔』 1459의 7 'šumuru' 앞과, 『老檔』 733의 4에 해당되는 『舊檔』 1459의 8 'ušitai' 앞과, 『老檔』 733의 4에 해당

1169.	740의 2-15	1471의 2-10, 1472의 1-5
	741의 1-8	1472의 5-10, 1473의 1-4
1170.	741의 9-10	1473의 4-5
1171.	741의 11-12	1474의 1-3
1172.	741의 13-14	1474의 4
1173.	741의 15	1474의 5
	중복	1560의 2-3
	742의 1-4	1474의 5-8
	중복	1560의 3-6
1174.	742의 5-6	1474의 9-10
1175.	742의 7-9	1475의 1-3
1176.	742의 10-15	1475의 4-8
	743의 1-4	1475의 8-11
1177.[만]	743의 5-8	1476의 1-3
	중복	1560의 6-8 (74)
1178.[만]	743의 9-10	1476의 3-5
1179.	743의 11-13	1476의 5-7
1180.[만]	743의 14-15	1476의 8-9
	744의 1-5	1476의 9-13
1181	744의 6-13	1477의 1*1-6

되는 『舊檔』 1459의 9 'kūbai' 앞에 새 문단시작표시인 0가 각각 있다.

(73) 『老檔』 733의 5에 해당되는 『舊檔』 1460의 1 'gūlmahūn' 앞에 새 문단 시작표시인 0가 있다.

(74) 『舊檔』 1560의 6에는 새 문단시작표시인 0가 있다.

1182.	744의 14-15	1477의 6-8
	45의 1-2	1477의 8-9
1183.	745의 3-9	1477의 10-13
1184.	745의 10-15	1479의 1-5
	중복	1561의 1-7
	746의 1-15	1479의 5-13, 1480의 1-3
	중복	1561의 7-8, 1562의 1-8, 1563의 1-7
	747의 1-15	1480의 3-13
	중복	1563의 8, 1564의 1-8, 1565의 1-7
	748의 1-2	1480의 13, 1481의 1-2
	중복	1565의 8, 1566의 1

[51] 1623년 5월 (天命8, 天啓3, 癸亥)

1185.[만]	749의 2-15	1481의 2-13
	중복	1566의 2-8(75), 1567의 1-8, 1568의 1
	750의 1-15	1481의 13, 1482의 1-12, 1483의 1
	중복	1568의 1-8, 1569의 1-8, 1570의 1
	751의 1-13	1483의 1-11, 1484의 1
	중복	1570의 1-8, 1571의 1-7
1186.	751의 14-15	1484의 1-2
	752의 1-7	1484의 2-7
1187.	752의 8-12	1484의 8-11
1188.	752의 13-15	1484의 11-13

	753의 1-9	1484의 13-15, 1485의 1-4
1189.	753의 10-11	1485의 4-5
	중복	1574의 1-2
1190.	753의 12-15	1485의 5-8
	754의 1	1485의 8
1191.	754의 2-9	1485의 9-13, 1486의 1
1192.	754의 10-15	1486의 2-5
	755의 1	1486의 6
1193.	755의 2-8	1486의 6-11
1194.[만]	755의 9-15	1486의 11-13, 1487의 1-5
	중복	1574의 3-8, 1575의 1-4
	756의 1-5	1487의 5-9
	중복	1575의 4-8
1195.	756의 6-15	1487의 9-12, 1488의 1-4
	757의 1-15	1488의 4-1489의 5
	758의 1-15	1489의 6-13 (76), 1490의 1-4
	중복	1577의 1-8 (77)
	759의 1	1490의 4
	중복	1577의 8
1196.	759의 2-4	1490의 4-5+1
	중복	1578의 1-3

(75) 『舊檔』 1566의 2에는 새 문단시작표시인 0가 있다.

(76) 『老檔』 758의 1에 해당되는 『舊檔』 1489의 6 'darhan hiya' 앞과, 『老檔』 758의 2에 해당되는 『舊檔』 1489의 7 'cooha genehekū' 앞과, 『老檔』 758의 5에 해당되는 『舊檔』 1489의 9 'nikan i hafasa' 앞과, 『老檔』 758의 7에 해당되는 『舊檔』 1489의 11 'darhan efu' 앞과, 『老檔』 758의 10에 해당되는 『舊檔』

1197. 759의 5-15 2040의 1-10
760의 1-15 2040의 10-11, 2041의 1-12, 2042의 1
761의 1-9 2042의 1-9
1198.[만] 761의 10-11 2044의 1-2
(1225의 1-11)(78) 2044의 2-12, 2045의 1-3
761의 11-15 2045의 3-9
762의 1-4 2045의 9-10, 2046의 1-3
1199.[만] 762의 5-14 2046의 4-10, 2047의 1-4

[52] 1623년 5월 (天命8, 天啓3, 癸亥)

1200. 763의 2-15 1494의 4-10, 1495의 1-7
중복 1578의 4-8, 1579의 1-8, 1580의 1-2
764의 1-13 1495의 7, 1496의 1-11
중복 1580의 2-8, 1581의 1-7
1201. 764의 14-15 1497의 1-3
중복 1581의 8, 1582의 1-2
765의 1-3 1497의 3-6(79)
중복 1582의 2-4
1202. 765의 4-6 1497의 7-9

1489의 13 'tere šangname bure' 앞에 새 문단시작표시인 0가 각각 있다.

(77) 『老檔』 758의 10에 해당되는 『舊檔』 1577의 2 'tere šangname' 앞에 새 문단시작표시인 0가 있다.

(78) 『老檔』 1225는 『老檔』의 편역자가 보완한 부분이다.

(79) 『老檔』 765의 1에 해당되는 『舊檔』 1497의 4 'juwan jakūn de' 앞에 새 문단시작표시인 0가 있다.

	중복	1582의 5-8
1203.[만]	765의 7-10	1497의 9-12
1204.	765의 11-15	1497의 13, 1498의 1-3
	766의 1-6	1498의 4-8
1205.	766의 7-15	1498의 9-14, 1499의 1-3
	767의 1	1499의 3
1206.	767의 2-13	1499의 4-13
	중복	1583의 1-8, 1584의 1-4
1207.	767의 14-15	1500의 1-3
	중복	1584의 5-7
	768의 1-5	1500의 3-7
	중복	1584의 7-8, 1585의 1-5
1208.	768의 6-12	1500의 8-13
1209.	768의 13-15	1501의 1-3
	769의 1-11	1501의 3-7 (80), 1502의 1-6
1210.	769의 12-15	1502의 6-9
	770의 1	1502의 9-10
1211.	770의 2-5	2043의 1-4
1212.[만]	770의 6-10	1503의 1-5
1213.	770의 11-15	1503의 6-10
	771의 1	1503의 10
1214.	771의 2-15	1503의 11-12, 1504의 1-12
	중복	1585의 6-8, 1586의 1-8, 1587의 1-7

(80) 『老檔』 769의 6에 해당되는 『舊檔』 1502의 1 'dorgi idu de' 앞에 새 문단시작표시인 0가 있다.

	중복	2038의 1-11, 2039의 1-4
	772의 1-2	1504의 12-13
	중복	1587의 7-8
	중복	2039의 1-2
1215.	772의 3-15	1505의 1*1-12
	773의 1-2	1505의 12-13
1216.	773의 3-8	1506의 1-5
1217.	773의 9-15	1506의 6-11
1218.[만]	774의 1-15	1506의 12-14, 1507의 1-10

[53] 1623년 5월-6월 (天命8, 天啓3, 癸亥)

1219.[만]	775의 2-5	1508의 1-3
1220.	775의 6-7	1508의 4-5
1221.	775의 8-15	1508의 6-10, 1509의 1-3
	중복	1588의 1-8, 1589의 1-2
	776의 1-15	1509의 3-13, 1510의 1-5
	중복	1589의 2-8, 1590의 1-8, 1591의 1-3
	777의 1-15	1510의 5-13 (81), 1511의 1-6
	중복	1591의 3-8, 1592의 1-8, 1593의 1-3
	778의 1-10	1511의 6-15
	중복	1593의 3-8, 1594의 1-6 (82)
	(1103의 1-3) (83)	2163의 1-2

(81) 『老檔』 777의 2에 해당되는 『舊檔』 1510의 7 'niyalma weile akū' 앞에

	(1103의 4-10)	2164의 1-7
	(1103의 11-1104의 1)	2164의 7-11
1222.	778의 11-15	1597의 1-4
	779의 1-5	1597의 4-9
1223.	779의 6-7	1597의 9-10
1224.[만]	779의 8-15	1598의 1-7
	780의 1-2	1598의 7-9
1225.[만]	780의 3-5	1598의 9-10
1226.	780의 6-7	1599의 1-2
1227.	780의 8-15	1599의 3-10
	781의 1-5	1599의 10-11, 1600의 1-3
1228.	781의 6-8	1600의 4-6
1229.	781의 9-11	1600의 7-9
1230.	781의 12-15	1601의 1-4
1231.	782의 1-7	1601의 5-10
1232.	782의 8-9	1602의 1-2
1233.	782의 10-15	1602의 1-6
	783의 1-15	1602의 6-10, 1603의 1-10, 1605의 1-2
	784의 1-5	1605의 2-6
1234.	784의 6-15	1605의 7-11, 1606의 1-4
1235.	785의 1-4	1606의 5-8

새 문단시작표시인 0가 있다.

(82) 『舊檔』 1594의 6에서 1596의 7까지는 『老檔』에서 확인할 수 없다. 이 부분은 『老檔』 778의 "原檔殘缺"에 해당되는 부분이다. 『舊檔』 1511에도 이 記事는 없다.

(83) 『老檔』 1103과 1104는 『老檔』의 편역자가 보완한 부분이다.

1236.	785의 5-8	1606의 8-10
1237.	785의 9-10	1606의 11
1238.	785의 11-12	1607의 1-2
1239.	785의 13-15	1607의 2-4
1240.	786의 1-2	1607의 5-6
1241.	786의 3-15	1608의 1-9, 1609의 1-5

[54] 1623년 6월 (天命8, 天啓3, 癸亥)

1242.	787의 2-6	2048의 1-5
1243.[구]	787의 7-15	2048의 5-11, 2049의 1-3
	788의 1-15	2049의 3-10, 2050의 1-7
	789의 1-15	2050의 7-12, 2051의 1-10
	790의 1-15	2051의 10-12, 2052의 1-12
	791의 1-15	2053의 1-12
	792의 1-15	2053의 12-18, 2054의 1-5
1244.	793의 1-10	1610의 9-11, 1611의 1-6
1245.	793의 11-15	1612의 1-5
	794의 1-15	1612의 5-11, 1613의 1-9
	795의 1-3	1613의 9-11
1246.[만]	795의 4-15	1614의 1-12, 1615의 1
	796의 1-6	1615의 1-6
1247.	796의 7-15	1616의 1-8+2
	797의 1-4	1616의 8+2-8+7

1248.[만]	797의 5-15	1617의 1-9+1
1249.[만]	798의 1-8	1617의 10, 1618의 1-7
1250.[만]	798의 9-15	1619의 1-7
	799의 1-7	1619의 7-12, 1620의 1-2
1251.	799의 7-15	1620의 3-11
	800의1	1620의 11
1252.	800의 2-5	1621의 1-4
1253.	800의 6-15	1621의 5-11, 1622의 1-4
	801의 1-5	1622의 4-8
1254.	801의 6-14	1623의 1-7

[55] 1623년 6월 (天命8, 天啓3, 癸亥)

1255.[만]	803의 2-15 (84)	1623의 8-11, 1624의 1-10
	804의 1-8	1624의 10-12, 1625의 1-3+2
1256.	804의 9-10	1625의 4-5
1257.	804의 11-15	1626의 1-6
	805의 1-4	1626의 6-10
1258.	805의 5-8	1627의 1-4
1259.	805의 9-11	1627의 4-7
1260.	805의 12-13	1627의 7
1261.	805의 14-15	1628의 1-2
	806의 1	1628의 2

(84) 『老檔』 802는 빈 쪽.

1262.	806의 2-11	1628의 3-8, 1629의 1-4
1263.[만]	806의 12-15	1629의 5-8
	807의 1-15	1629의 8-9, 1630의 1-9, 1631의 1-4
	808의 1-10	1631의 4-11, 1632의 1
1264.	808의 11-14	1632의 2-6
1265.	808의 15	1633의 1
	809의 1	1633의 1-2
1266.	809의 2-3	1633의 2-3
1267.	809의 4-5	1633의 4-5
1268.	809의 6-8	1633의 5-7
1269.	809의 9-11	1633의 7-9
1270.	809의 12-13	1633의 9-10
1271.	809의 14-15	1633의 10, 1634의 1-2
	810의 1	1634의 2
1272.	810의 2-4	1634의 2-4
1273.	810의 5-6	1634의 5-6
1274.	810의 7-15	1635의 1-11, 1636의 1*1
	811의 1-10	1636의 1*1-9, 1637의 1-2
1275.	811의 11-15	1637의 3-7
	812의 1-11	1637의 7-12, 1638의 1-7
1276.	812의 13-15	1638의 7-9
	813의 1	1638의 9
1277.	813의 2-6	1639의 1-4
1278.	813의 7-15	1639의 5-12
	814의 1-5	1640의 1-5

1279.	814의 6-11	1640의 5-10
1280.	814의 12-15	1641의 1-4
	815의 1	1641의 5
1281.	815의 2-7	1642의 1-2+4
1282.[만]	815의 8-15	1642의 9-11, 1643의 1-5
1283.	816의 1-8	1644의 1-10

[56] 1623년 6월 (天命8, 天啓3, 癸亥)

1284.	817의 2	1644의11
1285.	817의 3-4	1645의 1-2
1286.	817의 5-6	1645의 3-4
1287.	817의 7-12	1645의 4-9
1288.	817의 13-15	1646의 1-3
	818의 1-8	1646의 3-11
1289.	818의 9-15	1647의 1-7
	819의 1-3	1647의 8-10
1290.	819의 4-15	1647의 10-12, 1648의 1-9
	820의 1-9	1648의 9-13, 1649의 1-4
1291.	820의 10-14	1649의 5-8
1292.	820의 15	1649의 9
	821의 1-4	1649의 9-12, 1650의 1

---

(85) 『老檔』 823의 7에 해당되는 『舊檔』 1652의 3 'tung fuma' 앞에 새 문단시작표시인 0가 있다.

(86) 『老檔』 825의 15에 해당되는 『舊檔』 1656의 3 'jang lii tun' 앞에 새 문단시작표시인 0가 있다.

(87) 『老檔』 826의 1에 해당되는 『舊檔』 1656의 4 'jao jan can tun' 앞과, 『老

1293.	821의 5-9	1650의 1-5
1294.	821의 10-15	1650의 6-11
	822의 1	1650의 11
1295.	822의 2-5	1650의 11-13, 1651의 1-2
1296.	822의 6-7	1651의 2-3
1297.	822의 8-9	1651의 3
1298.	822의 10-15	1651의 4-9
	823의 1-15	1651의 9-11, 1652의 1-10 [85]
	824의 1-9	1652의 10-11, 1653의 1-6+2
1299.	824의 10-15	1654의 1-5
	825의 1-8	1654의 5-9, 1655의 1-3
1300.	825의 9-12	1655의 4-7
1301.	825의 13-15	1656의 1-3 [86]
	826의 1-8	1656의 3-11 [87]
1302.	826의 9-13	1657의 1-6 [88]
1303.	826의 14-15	1657의 6-8 [89]
	827의 1-6	1657의 8-12 [90], 1678의 1
1304.	827의 7-11	1658의 2-6 [91]

檔』 826의 2에 해당되는 『舊檔』 1656의 5 'mugiya tun' 앞과, 『老檔』 826의 3에 해당되는 『舊檔』 1656의 5 'hoo šeobei' 앞과, 『老檔』 826의 4에 해당되는 『舊檔』 1656의 6 'koota tun' 앞과, 『老檔』 826의 5에 해당되는 『舊檔』 1656의 7 'suijan tun' 앞과, 『老檔』 826의 5에 해당되는 『舊檔』 1656의 8 'jang hai tun' 앞과, 『老檔』 826의 6에 해당되는 『舊檔』 1656의 8 'ši lii tun' 앞과, 『老檔』 826의 7에 해당되는 『舊檔』 1656의 9 'siyoo sio tun' 앞에 새 문단시작표시인 0가 각각 있다.

(88) 『老檔』 826의 10에 해당되는 『舊檔』 1657의 1 'tung be se' 앞과, 『老檔』 826의 10에 해당되는 『舊檔』 1657의 2 'ts'oo guwan tun' 앞과, 『老檔』 826의 11에 해당되는 『舊檔』 1657의 3 'tung jio logiya tun' 앞에 새 문단시작표시인 0가 각각 있다.

1305.	827의 12-15	1658의 7-11 (92)
	828의 1-3	1658의 11 (93), 1659의 1-2 (94)
1306.	828의 4-6	1659의 3-4
1307.	828의 7-9	1659의 5-8
1308.	828의 10-12	1659의 8-10 (95)
1309.	828의 13-15	1659의 10-12
1310.	829의 1-3	1659의 13, 1660의 1-2
1311.	829의 4-6	1660의 2-4
1312.	829의 7-9	1660의 5-7
1313.	829의 10-11	1660의 7-9
1314.	829의 12-13	1660의 10-11
1315.	829의 14-15	1660의 11-12
1316.	830의 1-3	1661의 1-3
1317.	830의 4-5	1661의 3-4
1318.	830의 6-7	1661의 4-5

---

(89) 『老檔』 826의 15에 해당되는 『舊檔』 1657의 8 'konsoiji tun' 앞에 새 문단시작표시인 0가 있다.

(90) 『老檔』 827의 2에 해당되는 『舊檔』 1657의 9 'lioming tun' 앞과, 『老檔』 827의 4에 해당되는 『舊檔』 1657의 12 'ba giya ho cang tun' 앞에 새 문단시작표시인 0가 각각 있다.

(91) 『老檔』 827의 8에 해당되는 『舊檔』 1658의 3 'cen i yan' 앞과, 『老檔』 827의 9에 해당되는 『舊檔』 1658의 4 'wangwang tun' 앞과, 『老檔』 827의 10에 해당되는 『舊檔』 1658의 5 'wang ming tun' 앞과, 『老檔』 827의 10에 해당되는 『舊檔』 1658의 5 'kiyan can tun' 앞에 새 문단시작표시인 0가 각각 있다.

(92) 『老檔』 827의 14에 해당되는 『舊檔』 1658의 9 'ši ho tun' 앞과, 『老檔』 827의 15에 해당되는 『舊檔』 1658의 10 'hooguwal tun' 앞에 새 문단시작표시인 0가 각각 있다.

(93) 『老檔』 828의 1에 해당되는 『舊檔』 1658의 11 'iosan tun' 앞에 새 문단시작표시인 0가 있다.

(94) 『老檔』 828의 2에 해당되는 『舊檔』 1659의 1 'hūng ts'oo tun' 앞에 새

1319.	830의 8-9	1661의 5-6
1320.	830의 10-11	1661의 6-7
1321.	830의 12-13	1661의 8
1322.	830의 14-15	1661의 9-10
1323.[구]	831의 1-2	1661의 10-11
1324.	831의 3-4	1661의 11-12
1325.	831의 5-6	1661의 12, 1662의 1
1326.	831의 7	1662의 1-2

[57] 1623년 7월 (天命8, 天啓3, 癸亥)

1327.	833의 2-3 (96)	1662의 3-4
1328.	833의 4-7	1662의 4-7
1329.	833의 8-14	1662의 7-12
1330.[만]	833의 15	1663의 1*2
	834의 1-8	1663의 1*2-6
1331.	834의 9-15	1663의 7-13
1332.[만]	835의 1-7 (97)	1664의 1-7
1333.[만]	835의 8-14 (98)	1665의 1-8

문단시작표시인 0가 있다.

(95) 『老檔』 828의 11에 해당되는 『舊檔』 1659의 9 'ba giya tun' 앞에 새 문단시작표시인 0가 있다.

(96) 『老檔』 832는 빈 쪽.

(97) 『老檔』 835의 1에서 7까지는 『舊檔』 1664의 1에서 7까지의 蒙文을 滿文으로 번역한 것이다. 今西春秋, 「滿文老檔乾隆付注譯解」, 『東方學紀要』1, 1959, 159쪽. 이하에서 「乾隆付注」로 약칭함. 附註의 滿文 원문은 『內閣藏本滿文老檔』5, 瀋陽: 遼寧民族出版社, 2009, 2571쪽. 이하에서 『內閣老檔』으로 약칭함.

1334.[만]	835의 15	1666의 1*1-1
	836의 1-7	1666의 1-5, 1667의 1-2
1335.	836의 8-9	1667의 2-3
1336.	836의 10-12	1667의 4-6[99]
1337.[만]	836의 13-15	1667의 6-7+1
	837의 1-14	1667의 7+1-15, 1668의 1-4
1338.[만]	837의 15	1668의 5
	838의 1-13	1668의 5-12, 1669의 1-4
1339.[만]	838의 14-15	1669의 4-6
	839의 1-15	1669의 6-13, 1670의 1-6
	840의 1-15	1670의 6-12, 1669의 4*2-5+2
	841의 1	1669의 5+2
1340.	841의 2-10	1671의 8-11, 1672의 1-2
1341.	841의 11-12	1672의 3-4
1342.	841의 13-15	1672의 5-6
1343.	842의 1-3	1672의 7-9
1344.	842의 4-11	1672의 10-13, 1673의 1-4
1345.[구]	842의 12-13	1673의 5-6

蒙文 내용은 栗林均·海蘭編, 『"滿文原檔"所收モンゴル語文書の硏究』(東北アジア硏究センター報告17, 仙台: 東北大學東北アジア硏究センター, 2015), 64-65쪽 참고. 이하에서 『モンゴル語文書』로 약칭함.

(98) 『老檔』 835의 8에서 14까지도 『舊檔』 1665의 1에서 8까지의 蒙文을 滿文으로 번역한 것이다. 今西春秋, 「乾隆付注」, 159쪽. 附註의 滿文 원문은 『內閣老檔』5, 2572쪽. 蒙文 내용은 『モンゴル語文書』, 66-67쪽 참고.

(99) 『老檔』 836의 11에 해당되는 『舊檔』 1667의 5 'coirjai iogi' 앞에 새 문단시작표시인 0가 있다.

1346.	842의 14-15	1673의 7-8
	843의 1-2	1673의 9-10
1347.	843의 3-4	1673의 10-11
1348.	843의 5-6	1673의 12-13
1349.	843의 7-9	1674의 1-3
1350.	843의 10-15	1674의 4-8
	844의 1-15	1674의 8-13, 1675의 1-8 (100),1676의 1-2 (101)
	845의 1-11	1676의 3-13 (102)
1351.[만]	845의 12-13	1677의 1-2
1352.	845의 14-15	1677의 3-4
	846의 1-9	1677의 5-11 (103), 1678의 1-4
1353.[구]	846의 10-15	1678의 5-10 (104), 1679의 1
	847의 1-11	1679의 1-13 (105), 1680의 1-2

---

(100) 『老檔』 844의 11에 해당되는 『舊檔』 1675의 5 'ilacin bayan iogi' 앞에 새 문단시작표시인 0가 있다.

(101) 『老檔』 844의 14에 해당되는 『舊檔』 1676의 1 'warkasi langge iogi' 앞에 새 문단시작표시인 0가 있다.

(102) 『老檔』 845의 2에 해당되는 『舊檔』 1676의 4 'sanduhai iogi' 앞과, 『老檔』 845의 4에 해당되는 『舊檔』 1676의 6 'samjan bayan i iogi' 앞과, 『老檔』 845의 6에 해당되는 『舊檔』 1676의 8 'wangge beiguwan' 앞과, 『老檔』 845의 8에 해당되는 『舊檔』 1676의 10 'jabuhai iogi' 앞에 새 문단시작표시인 0가 각각 있다.

(103) 『老檔』 846의 4에 해당되는 『老檔』 1677의 9 'ilden' 앞에 새 문단시작표시인 0가 있다.

(104) 『老檔』 846의 14에 해당되는 『舊檔』 1678의 9 'kecu' 앞에 새 문단시작표시인 0가 있다.

(105) 『老檔』 847의 2에 해당되는 『舊檔』 1679의 3 'gosingga amji' 앞과, 『老檔』 847의 3에 해당되는 『舊檔』 1679의 5 'muhaliyan i darbu' 앞에 새 문단시작표시인 0가 각각 있다.

[58] 1623년 7월–8월 (天命8, 天啓3, 癸亥)

1354.	849의 2-6 (106)	1680의 2-7
1355.	849의 7-9	1680의 7-10
1356.	849의 10-11	1680의 10-12
1357.	849의 12-15	1681의 1-5
	850의 1	1681의 5
1358.	850의 2-3	1682의 1-2
1359.	850의 4-6	1682의 3-5
1360.	850의 7	1682의 5-6
1361.[구]	850의 8-15	1682의 6-10, 1683의 1-4 (107)
	851의 1-6	1683의 4-10
1362.	851의 7	1683의 10
1363.[구]	851의 8-10	1683의 11-12, 1684의 1
1364.[구]	851의 11-15	1684의 1-6
1365.[구]	852의 1-9	1684의 6-11, 1685의 1-5
1366.[구]	852의 10	1685의 5-6
1367.[구]	852의 11-14	1685의 6-10
1368.	852의 15	1685의 10-11
	853의 1-2	1685의 11-12, 1686의 1
1369.[구]	853의 3-6	1686의 1-4
1370.[구]	853의 7	1686의 4
1371.	853의 8-13	1686의 5-9

---

(106) 『老檔』 848은 빈 쪽.

(107) 『老檔』 850의 13에 해당되는 『舊檔』 1683의 2 'tere gisun' 앞에 새 문

1372.	853의 14-15	1686의 10, 1687의 1-2
	854의 1-3	1687의 2-5
1373.	854의 4-15	1687의 5-13, 1688의 1-4
	855의 1-5	1688의 4-8
1374.[만]	855의 6-8	1688의 9-10, 1689의 1
1375.	855의 9-14	1689의 2-8
1376.	855의 15	1689의 8-9
	856의 1-3	1689의 9-11
1377.	856의 4-15	1689의 11-12, 1690의 1-11, 1691의 1
	857의 1-11	1691의 1-11
1378.[구]	857의 12-13	1691의 11, 1692의 1-2
1379.[구]	857의 14-15	1692의 2-4
1380.[만]	858의 1-11	1692의 4-11, 1693의 1-3
1381.[모]	858의 12-15	1693의 4-7
	859의 1-2	1693의 7-9
1382.[구]	859의 3-4	1694의 1-2
1383.	859의 5-15	1694의 3-13
	860의 1-3	1694의 13-15
1384.	860의 4-7	2055의 1-3
1385.[구]	860의 8-15	2055의 4-12
	861의 1	2055의 12
1386.	861의 2-6	2056의 1-5
1387.	861의 7-15	2056의 6-11, 2057의 1-5
	862의 1-10	2057의 6-11, 2058의 1-6

단시작표시인 0가 있다.

[59] 1623년 9월 (天命8, 天啓3, 癸亥)

1388.	863의 2-4	2102의 1*1-2
	중복	2103의 1-3
1389.	863의 5-10	2101의 1-6
1390.[만]	863의 11-15	2101의 7-10, 2104의 1-2
1391.	864의 1-3	2106의 1-3
1392.	864의 4-7	2105의 1-7
1393.	864의 8-14	2107의 1-8
1394.	864의 15	2111의 1
	865의 1-6	2111의 2-9
1395.	865의 7-13	2109의 1-6
1396.	865의 14-15	2109의 7-8
	866의 1-3	2109의 8-11
1397.	866의 4-10	2110의 1-7
1398.	866의 11-15	2108의 1-5
	867의 1-2	2108의 5-6
1399.	867의 3-4	2112의 1-2
1400.	867의 5-15	2113의 1-10
	868의 1-5 (108)	2113의 10, 2114의 1-2
1401.	868의 6-15	2114의 3-12, 2115의 1-2
	869의 1-3	2115의 3-4
1402.	869의 4-10	2115의 4+1-10
1403.	869의 11-15	2116의 1-4

---

(108) 『老檔』 868의 1에서 3까지는 『舊檔』에서 확인할 수 없다.

	870의 1-4	2116의 4-8
1404.	870의 5-7	2117의 1-4
1405.	870의 8-9	2117의 5-6
1406.	870의 10-15	2118의 1-6
	871의 1-8	2118의 6-14[109], 2119의 1-4
1407.	871의 9-10	2120의 1-2
1408.	871의 11-15	2121의 1-5
	872의 1-4	2121의 5-7
1409.	872의 5-10	2122의 1-6
1410.[구]	872의 11-15	2122의 6-10
1411.	873의 1	2122의 10
1412.	873의 2-5	2122의 10-14
1413.[구]	873의 6-7	2122의 14-15
1414.	873의 8	2123의 1
1415.	873의 9-10	2123의 2
1416.	873의 11-15	2123의 3-6
	874의 1-8	2123의 7-11, 2124의 1-5
1417.	874의 9-15	2124의 6-10
	875의 1-15	2124의 10-14, 2125의 1-8
	876의 1	2125의 8
1418.	876의 2	2125의 9
1419.	876의 3-9	2125의 9-12, 2126의 1-2
1420.	876의 10-15	2126의 3-6

(109) 『老檔』 871의 2에 해당되는 『舊檔』 2118의 8 ‘han de daci’ 앞에 새 문단시작표시인 0가 있다.

	877의 1-3	2126의 6+1-7+3
1421.	877의 4-6	2126의 8-10
1422.	877의 7-15	2127의 1-9
	878의 1-3	2127의 9-11
1423.	878의 4-10	2128의 1-6
1424.	878의 11-15	2128의 7-9 (110)
	879의 1-15	2128의 9-11 (111), 2129의 1-9 (112)
	880의 1	2129의 9

[60] 1624년 1월 (天命9, 天啓4, 甲子)

1425.	881의 2-13	1779의 1-12, 1780의 1-4
1426.	881의 14-15	1780의 5-7
	882의 1-3	1780의 7-9
1427.[만]	882의 4-8	1781의 1-3+3
1428.	882의 9-15	1782의 1-7
	883의 1-13	1782의 7-10, 1783의 1-10, 1784의 1, 1785의 1-3(113)

---

(110) 『老檔』 878의 14에 해당되는 『舊檔』 2128의 9 'sanggarjai nakcu' 앞에 새 문단시작표시인 0가 있다.

(111) 『老檔』 879의 3에 해당되는 『舊檔』 2128의 11 'ilaci jergi' 앞에 새 문단시작표시인 0가 있다.

(112) 『老檔』 879의 5에 해당되는 『舊檔』 2129의 1 'coo taiji' 앞과, 『老檔』 879의 8에 해당되는 『舊檔』 2129의 3 'dahaha gucu' 앞과, 『老檔』 879의 9에 해당되는 『舊檔』 2129의 3 'jai jergi' 앞과, 『老檔』 879의 12에 해당되는 『舊檔』 2129의 6 'ilaci jergi' 앞과, 『老檔』 879의 14에 해당되는 『舊檔』 2129의 7 'dahaha hehe' 앞에 새 문단시작표시인 0가 각각 있다.

(113) 『老檔』 883의 12에 해당되는 『舊檔』 1785의 1 'tere cifun gaiha' 앞에 새 문단시작표시인 0가 있다.

1429.	883의 14-15	2059의 1-2
	884의 1-9	2059의 2-11
1430.	884의 10-15	2060의 1-7
	885의 1	2060의 7-7+1
1431.	885의 2-9	2060의 8-11, 2061의 1-3
1432.	885의 10-15	2061의 3+1-9
	886의 1	2061의 9
1433.	886의 2-5	1786의 3-6
1434.	886의 6-11	1787의 1-7
1435.	886의 12-15	1788의 1-5
	887의 1-6	1788의 5-10, 1789의 1-2
1436.	887의 7-15	1790의 1-9, 1791의 1-3
	888의 1-8	1791의 3-10, 1792의 1-2
1437.	888의 9-15	1793의 1-9
	889의 1-11	1793의 9-11, 1794의 1-10
1438.	889의 12-15	1795의 1-5
	890의 1-2	1795의 5-7
1439.	890의 3-6	1796의 1-6
1440.	890의 7-12	1796의 7-12
1441.	890의 13-14	1797의 1-2
1442.	890의 15	1797의 3
	891의 1-14	1797의 3-9, 1798의 1-8[114]
1443.	891의 15	1798의 9

(114) 『老檔』 891의 11에 해당되는 『舊檔』 1798의 6 'cen wan wei' 앞에 새 문단시작표시인 0가 있다.

	892의 1-2	1798의 9-11
1444.	892의 3-5	1799의 1-3
1445.	892의 6-9	1800의 1-6
1446.	892의 10-12	1801의 1-4
1447.	892의 13-15	1801의 5-9
	893의 1	1801의 10
1448.	893의 2-10	1804의 1-10
1449.	893의 11-15	1805의 1*3-1»1 (115)
1450.	894의 1-6	1083의 1-6
1451.	894의 7-15	1803의 7-15
	895의 1-2	1803의 16-17

[61] 1624년 1월-6월 (天命9, 天啓4, 甲子)

1452.	897의 2-3 (116)	1807의 1-2
1453.	897의 4-11	1807의 3-9
1454.	897의 12-15	1805의 1-6
	898의 1-5	1805의 6-11
1455.	898의 6-14	1806의 1-10 (117)
1456.	898의 15	1808의 1-2
	899의 1-8	1808의 2-11
1457.	899의 9-15	1809의 1-9

---

(115) 1»1는 밑으로 한 줄 삽입한 것을 나타낸다.
(116) 『老檔』 896은 빈 쪽.
(117) 『老檔』 898의 9에 해당되는 『舊檔』 1805의 5 'tere inenggi' 앞에 새 문

1458.	900의 1-3	1810의 1-4
1459.[만]	900의 4-7	1810의 5-11
1460.	900의 8-15	1811의 1-10, 1812의 1
	901의 1-4	1812의 1-4
1461.	901의 5-14	1814의 1-11, 1815의 1-9
1462.	901의 15	1816의 1-3
	902의 1-15	1816의 3-11, 1817의 1-8+1
	903의 1-12	1817의 8+1-12+1, 1818의 1-10
1463.	903의 13-14	1819의 1-2
1464.	903의 15	1826의 1
	904의 1-13	1826의 2-11, 1827의 1-7
1465.	904의 14-15	1820의 1-3
	905의 1	1820의 3
1466.	905의 2-3	1827의 8-9
1467.	905의 4-12	1827의 9-12, 1828의 1-7
1468.	905의 13-15	1828의 8-10[118]
	906의 1-3	1828의 10-13
1469.[만]	906의 4-15	1821의 1-9, 1822의 1-7
	907의 1-15	1822의 7-8[119], 1823의 1-10[120], 1824의 1-12[121]
	908의 1-3	1824의 12-14

단시작표시인 0가 있다.

(118) 『老檔』 905의 14에 해당되는 『舊檔』 1828의 9 'han hendume' 앞에 새 문단시작표시인 0가 있다.

(119) 『老檔』 907의 1에 해당되는 『舊檔』 1822의 8 'nangnuk, mendu' 앞에 새 문단시작표시인 0가 있다.

(120) 『老檔』 907의 3에 해당되는 『舊檔』 1823의 2 'manggūldai i sargan' 앞과, 『老檔』 907의 4에 해당되는 『舊檔』 1823의 3 'nangnuk, manjusiri'

1470.	908의 4-13	1825의 1-8+2
1471.	908의 14-15	1829의 1-3
	909의 1-10	1829의 3-8 (122), 1830의 1-9 (123)
1472.	909의 11-15	1831의 1-6
1473.	910의 1-5	1831의 7-10, 1832의 1-2
1474.	910의 6-12	1832의 3-12
1475.	910의 13-15	1833의 1-3
1476.	911의 1-2	1834의 1
1477.	911의 3-4	1835의 1-2
1478.	911의 5-15	1836의 1-11 (124), 1837의 1-6
1479.	912의 1-6	1838a의 1-7
1480.	912의 7-15	2062의 1-9
1481.	913의 1-7	2063의 1-5

[62] 1624년 6월 (天命9, 天啓4, 甲子)

1482.[만]	915의 2-15 (125)	1695의 1-8, 1696의 1-6

앞에 새 문단시작표시인 0가 각각 있다.

(121) 『老檔』 907의 10에 해당되는 『舊檔』1824의 4 'enggeder efu' 앞에 새 문단시작표시인 0가 있다.

(122) 『老檔』 909의 1에 해당되는 『舊檔』 1829의 5 'nangnuk' 앞과, 『老檔』 909의 3에 해당되는 『舊檔』 1829의 7 'mendu' 앞에 새 문단시작표시인 0가 각각 있다.

(123) 『老檔』 909의 4에 해당되는 『舊檔』 1830의 1 'minggan' 앞과, 『老檔』 909의 6에 해당되는 『舊檔』 1830의 4 'dorji' 앞과, 『老檔』 909의 8에 해당되는 『舊檔』 1830의 7 'teling' 앞에 새 문단시작표시인 0가 각각 있다.

(124) 『老檔』 911의 7에 해당되는 『舊檔』 1836의 5 'kundulen genggiyen han' 앞에 새 문단시작표시인 0가 있다.

	916의 1-8	1696의 7, 1697의 1-7
1483.[만]	916의 9-15	1697의 8-9, 1698의 1-6
	917의 1-9	1698의 6-7, 1699의 1-9
1484.[만]	917의 10-15	1701의 1-6
	918의 1-13	1701의 6-7, 1702의 1-7, 1703의 1-5
1485.[만]	918의 14-15	1705의 1-2
	919의 1-12	1705의 2-7, 1706의 1-6
1486.[만]	919의 13-15	1707의 1-3
	920의 1-14	1707의 4-8, 1708의 1-8, 1709의 1-2
1487.[만]	920의 15	1710의 1
	921의 1-15	1710의 1-9, 1711의 1-8
	922의 1-3	1711의 8, 1712의 1-2
1488.[만]	922의 4-15	1713의 1-7, 1714의 1-6
	923의 1-2	1714의 6-8
1489.[만]	923의 3-6	1715의 1-4
1490.[만]	923의 7-15	1717의 1-10, 1718의 1-4
	924의 1-2	1718의 4-6
1491.[만]	924의 3-10	1719의 1-6, 1720의 1-4
1492.[만]	924의 11-15	1721의 1-6
	925의 1-13	1721의 6-8, 1722의 1-7, 1723의 1-5
1493.[만]	925의 14-15	1724의 1-2
	926의 1-15	1724의 2-9, 1725의 1-7, 1726의 1-3
1494.[만]	927의 1-5	1727의 1-5

(125) 『老檔』 914는 빈 쪽.

1495.[만]	927의 6-12	1729의 1-7, 1730의 1
1496.[만]	927의 13-15	1731의 1-4
	928의 1-13	1731의 5-8, 1732의 1-6, 1733의 1-5
1497.[만]	928의 14-15	1735의 1-3
	929의 1-11	1735의 3-7, 1736의 1-6
1498.[만]	929의 12-15	1737의 1-6
	930의 1-6	1737의 6-8, 1739의 1-5
1499.[만]	930의 7-11	1741의 1-5
1500.[만]	930의 12-15	1743의 1-5
	931의 1-5	1743의 5-7, 1744의 1
1501.[만]	931의 6-15	1745의 1-8, 1746의 1-4
	932의 1-2	1746의 4-5
1502.[만]	932의 3-13	1747의 1-9, 1748의 1-5
1503.[만]	932의 14-15	1749의 1-2
	933의 1-6	1749의 2-6, 1750의 1-3

[63] 1624년 6월 (天命9, 天啓4, 甲子)

1504.[만]	935의 2-15 [126]	1751의 1-10, 1752의 1-3
	936의 1-6	1752의 3-7
1505.[모]	936의 7-15	1752의 8-10, 1753의 1-6
	937의 1-12	1753의 6-10, 1754의 1-6+1
1506.[모]	937의 13-15	1754의 7-9
	938의 1-14	1754의 9, 1755의 1-10, 1756의 1-2

1507.[모]	938의 15	1756의 3
	939의 1-13	1756의 3-10, 1757의 1-4
1508.[모]	939의 14-15	1757의 5-6
	940의 1-10	1757의 6-10, 1758의 1-5
1509.[모]	940의 11-15	1758의 6-8, 1759의 1-2
	941의 1-10	1759의 2-10
1510.[모]	941의 11-15	1760의 1-5
	942의 1-13	1760의 5-10, 1761의 1-7
1511.[모]	942의 14-15	1762의 1-2
	943의 1-15	1762의 2-10, 1763의 1-5
	944의 1-6	1763의 5-8
1512.[만]	944의 7-13	1764의 1-5
1513.[만]	944의 14-15	1765의 1-2
1514.[만]	945의 1-14	1766의 1-9, 1767의 1-2
1515.[만]	945의 15	1767의 3
	946의 1-15	1767의 3-8, 1768의 1-8
	947의 1	1768의 8-9
1516.[만]	947의 2-15	1769의 1-10, 1770의 1-3
	948의 1-5	1770의 3-5
1517.[만]	948의 6-9	1771의 1-4
1518.[만]	948의 10-15	1772의 1-6
	949의 1-3	1772의 6-9

(126) 『老檔』 932는 빈 쪽.

1519.[만]	949의 4-12	1773의 1-7
1520.[만]	949의 13-15	1774의 1-3
	950의 1-6	1774의 3-7
1521.[만]	950의 7-15	1775의 1-7
	951의 1-4	1775의 7-10
1522.[만]	951의 5-13	1776의 1-8

[64] 1625년 1월–3월 (天命10, 天啓5, 乙丑)

1462.	953의 2-15 (127)	1843의1-8, 1844의 1-8, 1845의 1-3
	954의 1-4	1845의 3-8
1463.	954의 5-11	1846의 1-8
1464.	954의 12-15	1847의 1-5
	955의 1-14	1847의 5-8, 1848의 1-8, 1849의 1-8, 1850의 1-3
1465.	955의 15	1850의 4-5
	중복	2064의 1
	956의 1-15	1850의 5-8, 1851의 1-8, 1852의 1-8, 1853의 1
	중복	2064의 2-12, 2065의 1-3 (128)
	957의 1-15	1853의 1-8, 1854의 1-8, 1855의 1-7

(127) 『老檔』 953은 빈 쪽.

(128) 『老檔』 956의 13에 해당되는 『舊檔』 2065의 1 ‘an jeo hecen’ 앞에 새 문단시작표시인 0가 있다.

	중복	2065의 3-12(129),2066의 1-7
	958의 1-3	1855의 7-8, 1856의 1-3
	중복	2066의 7-9
1466.	958의 4-5	1856의 4-7
1467.[만]	958의 6-15	1856의 8, 1857의 1-7 (130)
	959의 1-15	1857의 7-8, 1858의 1-8, 1859의 1-8 (131), 1860의 1
1468.	960의 1-11	1860의 2-8, 1861의 1-6
1469.	960의 12-14	1861의 7-8, 1862의 1-3
1470.	960의 15	1862의 4-5
	961의 1	1862의 5
1471.	961의 2-5	2067의 1-4
1472.	961의 6-13	1862의 6-8, 1863의 1-7
1473.	961의 14-15	1863의 8, 1864의 1-2
	중복	2068의 1-3
	962의 1-15	1864의 2-8, 1865의 1-8, 1866의 1-8
	중복	2068의 3-12, 2069의 1-4
	963의 1-14	1866의 8, 1867의 1-8, 1868의 1-8
	중복	2069의 4-14, 2067의 1*1
1474.	963의 15	2070의 1

(129) 『老檔』 957의 1에 해당되는 『舊檔』 2065의 3 'han i hecen' 앞과, 『老檔』 957의 3에 해당되는 『舊檔』 2065의 6 'mao wen lung' 앞과, 『老檔』 957의 5에 해당되는 『舊檔』 2065의 8 'nendehe han acaki' 앞과, 『老檔』 957의 9에 해당되는 『舊檔』 2065의 12 'ice han teheci' 앞에 새 문단시작표시인 0가 각각 있다.

(130) 註부분은 윗쪽에 『舊檔』 1857의 3+1에서 5+3까지 첨가되어 있다.

(131) 『老檔』 959의 15에 해당되는 『舊檔』 1859의 8 'baijuhū' 앞에 새 문단시작표시인 0가 있다.

	964의 1-11	2070의 1-11
1475.	964의 12-15	1869의 4-8
1476.	965의 1-4	1870의 1-3, 1871의 1-2
1477.[구]	965의 5-9	1871의 2-8
1478.	965의 10-15	1871의 8, 1872의 1-8
1479.	966의 1-2	1873의 1-3
1480.	966의 3-4	1873의 4-6

[65] 1625년 4월-8월 (天命10, 天啓5, 乙丑)

1481.	967의 1-15	1873의 7-8, 1874의 1-8, 1875의 1-8
		1876의 1-8, 1877의 1-3
	968의 1-2	1877의 3-8, 1878의 1-2
1482.	968의 3-6	1878의 2-8
1483.	968의 7-15	1879의 1-8, 1880의 1-3
	969의 1-15	1880의 3-8, 1881의 1-8, 1882의 1-4
1484.	970의 1-3	1882의 5-8, 1883의 1
1485.	970의 4-15	1883의 2-8, 1884의 1-6
	971의 1-2	1884의 6-8
1486.	971의 3-9	1885의 1-8 (132), 1886의 1-2
1487.	971의 10-11	1886의 2-4
1488.	971의 12-15	1886의 5-8
	972의 1-2	1886의 8, 1887의 1-2

(132) 註부분은 윗쪽에 『舊檔』 1885의 7+1에서 8+1까지 첨가되어 있다.

1489.[만]	972의 3-7	1887의 3-7+2
1490.	972의 8-15	1887의 8, 1888의 1-7
	973의 1-7	1888의 8, 1889의 1-6
1491.	973의 8-9	1889의 7-8
1492.	973의 10-14	1890의 1-3 (133)
1493.	973의 15	1891의 4+1
	974의 1	1891의 5+1
1494.	974의 2-5	1891의 6-8, 1892의 1
1495.	974의 6-7	1892의 1-5
1496.	974의 8-10	1892의 6-9
1497.[만]	974의 11-15	1894의 2-7
	975의 1-15	1894의 7-8, 1895의 1-8, 1896의 1-6
	976의 1	1896의 6
1498.	976의 2-4	1896의 7-9
1499.	976의 5-15	1897의 1-8, 1898의 1-3
	977의 1-4	1898의 3-6
1500.	977의 5-15	1898의 8, 1899의 1-8, 1900의 1-3
1501.	978의 1-15	1900의 4-7, 1901의 1-8, 1902의 1-6
	979의 1	1902의 6-7
1502.	979의 2-11	1903의 1-8, 1905의 1-3, 1907의 1-4
1503.	979의 12-15	1907의 5-8, 1908의 1-2
	980의 1-3	1908의 2-8, 1909의 1-2
1504.	980의 4-15	1909의 3-8, 1911의 1-8
	981의 1-3	1911의 8, 1912의 1-2
1505.	981의 4-9	1912의 3-8, 1913의 1-3

1506.	981의 10-12	1913의 4-8, 1914의 1-2
1507.	981의 13-15	1914의 3-6
	982의 1-15	1914의 7-8, 1915의 1-8, 1916의 1-8, 1917의 1-4
	983의 1-3	1917의 4-7
1508.	983의 4-9	1919의 1-8
1509.	983의 10-15	1920의 1-7
	984의 1-2	1920의 7-8
1510.	984의 3-5	1921의 1-4
1511.[구]	984의 6-11	1921의 5-8, 1922의 1-2

[66] 1625년 8월–11월 (天命10, 天啓5, 乙丑)

1512.	985의 1-15	1922의 3-6, 1923의 1-8, 1924의 1-4
	986의 1-7	1924의 4-8, 1925의 1-3
1513.	986의 8-15	2071의 1-7
1514.	987의 1-15	1925의 5-8, 1927의 1-8, 1928의 1-8
	988의 1-11	1928의 8, 1929의 1-8, 1930의 1-4+1
1515.	988의 12-15	1930의 6-8, 1931의 1-3
	989의 1	1931의 3
1516.[만]	989의 2-15	1931의 6-9, 1932의 1-8, 1933의 1-2
	990의 1-15	1933의 2-8, 1934의 1-8, 1935의 1-2
	991의 1-4	1935의 3-6+1

---

(133) 註부분은 윗쪽에『舊檔』1890의 1+1에서 2+3까지 첨가되어 있다.

1517.	991의 5-15	1935의 7-8, 1936의 1-8
	992의 1-15	1936의 8, 1937의 1-8, 1938의 1-7
	993의 1-10	1938의 7-8, 1939의 1-8, 1940의 1
1518.	993의 11-15	1940의 2-7
	994의 1-5	1940의 7-8, 1941의 1-4 (134)
1519.	994의 6-13	1941의 6-8, 1942의 1-5
1520.	994의 14-15	1942의 6-8
	995의 1-9	1942의 8, 1943의 1-8, 1944의 1
1521.	995의 10-11	1944의 5-6
1522.[구]	995의 12-15	1944의 7-8, 1945의 1-3
1523.	996의 1-10	1945의 4-8, 1946의 1-5+1
1524.	996의 11-15	1946의 6-8, 1947의 1-8
	997의 1-13	1947의 8, 1948의 1-8 (135), 1949의 1-7
1525.	997의 14-15	1949의 7-8, 1950의 1-2
	998의 1-14	1950의 2-8, 1951의 1-8, 1952의 1-4

[67] 1626년 5월 (天命11, 天啓6, 丙寅)

1526.[만]	999의 2-6	1956의 1-5
1527.	999의 7	1956의 6
1528.	999의 8	1956의 7
1529.[만]	999의 9-15	1957의 1-6

(134) 『老檔』 994의 2에 해당되는 『舊檔』 1941의 2 'tere wara de' 앞에 새 문단시작표시인 0가 있다.

(135) 註부분은 윗쪽에 『舊檔』 1948의 6+1에서 7+2까지 첨가되어 있다.

	1000의 1-2	1957의 7-8
1530.	1000의 3-6	1957의 8, 1958의 1-3
1531.	1000의 7-10	1958의 4-7
1532.	1000의 11-13	1959의 3-4
1533.	1000의 14-15	1960의 3-4
	1001의 1	1960의 4
1534.	1001의 2-5	1961의 1-2+1
1535.	1001의 6-9	1961의 3-4
1536.	1001의 10-12	1961의 5-6
1537.	1001의 13-15	1961의 7-8
1538.	1002의 1-2	1961의 11, 1962의 1
1539.	1002의 3-5	1962의 4-5
1540.	1002의 6-8	1962의 6-7
1541.	1002의 9-10	1962의 8
1542.	1002의 11-13	1962의 9-10
1543.	1002의 14-15	1963의 1-2
1544.	1003의 1-3	1963의 2-3
1545.	1003의 4-6	1963의 4-5
1546.	1003의 7-8	1964의 1
1547.	1003의 9-10	1964의 1-2
1548.	1003의 11-12	1964의 3-4
1549.	1003의 13-14	1964의 4-5
1550.	1003의 15	1964의 5
	1004의 1	1964의 5-6
1551.	1004의 2	1964의 6

1552.	1004의 3	1964의 7
1553.	1004의 4	1964의 7
1554.	1004의 5	1964의 8
1555.	1004의 6-7	1965의 1
1556.	1004의 8-10	1965의 3-4
1557.	1004의 11-12	1965의 5-6
1558.	1004의 13-14	1965의 7-8
1559.	1004의 15	1965의 11
	1005의 1	1965의 11
1560.	1005의 2-3	1965의 12-13
1561.	1005의 4-5	1965의 13-14
1562.	1005의 6-8	1966의 1-2
1563.	1005의 9-11	1966의 2-3
1564.	1005의 12-14	1966의 3-4
1565.	1005의 15	1966의 5
	1006의 1-3	1966의 5 6+1
1566.	1006의 4-7	1966의 7-8+1
1567.	1006의 8-9	1966의 9-10
1568.	1006의 10-11	1966의 10-11
1569.	1006의 12-15	1967의 2-3+1
1570.	1007의 1-2	1967의 4
1571.	1007의 3-4	1967의 5-5+1
1572.	1007의 5-6	1967의 6-7
1573.	1007의 7-8	1967의 8
1574.	1007의 9	1967의 9

1575.	1007의 10-12	1971의 9-10
1576.	1007의 13-15	1971의 11-12
	1008의 1	1971의 12-13
1577.	1008의 2-4	1972의 1-2
1578.	1008의 5-7	1972의 3-4
1579.	1008의 8-10	1972의 5-6
1580.[구]	1008의 11-13	1972의 6+1-6+2
1581.	1008의 14-15	1972의 7-8
1582.	1009의 1-4	1972의 10-12
1583.	1009의 5-7	1972의 12-13, 1973의 1
1584.[구]	1009의 8-10	1973의 2-3
1585.	1009의 11-12	1973의 3-4
1586.	1009의 13-15	1973의 5-7
1587.	1010의 1-3	1973의 6+1-6+2
1588.	1010의 4-6	1973의 7-8
1589.	1010의 7-8	1973의 8-9
1590.	1010의 9	1973의 9-10
1591.	1010의 10-11	1973의 10-11
1592.	1010의 12-13	1973의 11-12
1593.	1010의 14-15	1974의 2-3
1594.	1011의 1-4	1974의 4-6
1595.	1011의 5-7	1974의 9-10
1596.	1011의 8-9	1975의 1-2
1597.	1011의 10-11	1975의 3-4
1598.	1011의 12-14	1975의 7-8

1599.	1011의 15	1975의 9
	1012의 1-2	1975의 9-10
1600.	1012의 3-4	1976의 1-2
1601.	1012의 5-6	1976의 2-3
1602.	1012의 7-8	1976의 3-4
1603.	1012의 9-10	1976의 5
1604.	1012의 11-14	1976의 6-7
1605.	1012의 15	1976의 7-8
	1013의 1	1976의 8
1606.	1013의 2-3	1977의 2-3
1607.	1013의 4-5	1977의 3-4
1608.	1013의 6-8	1977의 5-6
1609.	1013의 9-11	1977의 6-7
1610.	1013의 12-15	1977의 9-10+1
1611.	1014의 1-3	1977의 11, 1978의 1
1612.	1014의 4-5	1978의 1-2
1613.	1014의 6-7	1978의 2-3
1614.	1014의 8-9	1978의 4-5
1615.	1014의 10-11	1978의 5-6
1616.	1014의 12-13	1978의 6-7
1617.	1014의 14-15	1979의 1-2
	1015의 1-3	1979의 2-4
1618.	1015의 4	1979의 4

[68] 1626년 5월 (天命11, 天啓6, 丙寅)

1619. 1017의 2[136] 1980의 1

1620. 1017의 3-5 1983의 1-2

1621. 1017의 6-8 1983의 7-8

1622. 1017의 9-11 1983의 9, 1984의 1

1623. 1017의 12-14 1984의 2-3

1624. 1017의 15 1984의 4

1018의 1-2 1984의 4-5

1625. 1018의 3-5 1984의 6-7

1626. 1018의 6-8 1984의 8-9

1627. 1018의 9-11 1984의 10, 1981의 1

1628. 1018의 12-14 1981의 2-3

1629. 1018의 15 1981의 3

1019의 1-2 1981의 3+1

1630. 1019의 3 1981의 4

1631. 1019의 4 1981의 5

1632. 1019의 5 1981의 6

1633. 1019의 6-7 1981의 7-8

1634. 1019의 8-10 1981의 8+1

1635. 1019의 11-12 1981의 9-10

1636. 1019의 13-14 1981의 11-12

1637. 1019의 15 1982의 1

1020의 1 1982의 1-2

1638. 1020의 2-3 1982의 3-4

1639.	1020의 4-5	1982의 5-6
1640.	1020의 6-7	1982의 9-10
1641.	1020의 8-9	1982의 11, 1985의 1
1642.	1020의 10-12	1985의 2-3
1643.	1020의 13-14	1985의 4-5
1644.	1020의 15	1985의 6
	1021의 1	1985의 6-7
1645.	1021의 2-3	1985의 8-9
1646.	1021의 4-5	1985의 10-11
1647.	1021의 6-7	1986의 1-2
1648.	1021의 8-12	1986의 3-5+1
1649.	1021의 13-14	1986의 6-7
1650.	1021의 15	1986의 7
	1022의 1	1986의 8
1651.	1022의 2-3	1986의 9-10
1652.	1022의 4-7	1986의 10-12, 1987의 1
1653.	1022의 8-9	1987의 1-2
1654.	1022의 10-11	1987의 2-3
1655.	1022의 12-14	1987의 3-4
1656.	1022의 15	1987의 6
	1023의 1	1987의 6-7
1657.	1023의 2-4	1987의 7-8
1658.	1023의 5-6	1987의 8-9
1659.	1023의 7-8	1987의 10-11

(136) 『老檔』 1016은 빈 쪽.

1670.	1023의 9	1988의 1-2 (137)
1671.	1023의 10-11	1989의 3-4
1672.	1023의 12-14	1989의 4-6
1673.	1023의 15	1989의 6-7
	1024의 1-2	1989의 7-8
1674.	1024의 3-5	1989의 8-10
1675.	1024의 6-7	1990의 1-2
1676.	1024의 8-9	1990의 3-4
1677.	1024의 10-11	1990의 4-5
1678.	1024의 12-14	1990의 6-7
1679.	1024의 15	1990의 8
	1025의 1-2	1990의 8-9
1680.	1025의 3-4	1991의 1
1681.	1025의 5-7	1991의 3-4
1682.	1025의 8-10	1991의 5-6
1683.	1025의 11-13	1991의 6-7
1684.	1025의 14-15	1991의 8-9
	1026의 1	1991의 9
1685.	1026의 2-4	1991의 11-12
1686.	1026의 5-6	1992의 1-2
1687.	1026의 7-8	1992의 3
1688.	1026의 9-10	1992의 4
1689.	1026의 11-12	1992의 6-7

(137) 『舊檔』 1988의 1과 2에 같은 내용이 중복되어 있다.

1690.	1026의 13	1992의 8-9
1691.	1026의 14-15	1992의 9-10
	1027의 1	1992의 10
1692.	1027의 2-3	1993의 1-2
1693.	1027의 4-5	1993의 2-3
1694.	1027의 6-7	1993의 4-5
1695.	1027의 8-9	1993의 5-6
1696.	1027의 10-11	1993의 7-8
1697.	1027의 12-13	1993의 9-10
1698.	1027의 14-15	1993의 10-11
1699.	1028의 1-2	1993의 11, 1994의 1
1700.	1028의 3-4	1994의 2-3
1701.	1028의 5-6	1994의 4-5
1702.	1028의 7-8	1994의 5-6
1703.	1028의 9-10	1994의 7-8
1704.	1028의 11	1994의 8-9
1705.	1028의 12-14	1994의 9-10
1706.	1028의 15	1994의 11
	1029의 1	1994의 11-12
1707.	1029의 2-3	1994의 12
1708.	1029의 4-5	1995의 1
1709.	1029의 6-7	1995의 2-3
1710.	1029의 8-9	1995의 3-4
1711.	1029의 10-11	1995의 4-5
1712.	1029의 12-13	1995의 6-7

1713. 1029의 14-15 1995의 8
1714. 1030의 1-2 1995의 9-10
1715. 1030의 3-4 1995의 10-11
1716. 1030의 5-6 1995의 12, 1996의 1
1717. 1030의 7-8 1996의 1-2
1718. 1030의 9-10 1996의 3-4
1719. 1030의 11-12 1996의 4-5
1720. 1030의 13-14 1996의 5-6
1721. 1030의 15 1996의 7
1031의 1 1996의 7
1722. 1031의 2-3 1996의 10-11
1723. 1031의 4-5 1996의 11-12
1724.구 1031의 6-7 1996의 12-13

[69] 1626년 5월 (天命11, 天啓6, 丙寅)

1725.구 1033의 2 (138) 1997의 1
1726. 1033의 3-4 1997의 2-3
1727.구 1033의 5-6 1997의 3-4
1728.구 1033의 7-9 1997의 4-5
1729.구 1033의 10-12 1997의 5-7
1730.구 1033의 13-15 1997의 7-8
1731.구 1034의 1-2 1997의 8-9
1732.구 1034의 3-5 1997의 9-11
1733. 1034의 6-8 1997의 11-12

1734.	1034의 9-11	1997의 12-14
1735.	1034의 12-14	1997의 14, 1998의 1
1736.	1034의 15	1998의 2
	1035의 1-2	1998의 2-3
1737.[구]	1035의 3-4	1998의 3-4
1738.	1035의 5-7	1998의 4-6
1739.[구]	1035의 8-9	1998의 7-8
1740.[구]	1035의 10-11	1998의 8-8+1
1741.	1035의 12-14	1998의 10-11
1742.	1035의 15	1998의 11
	1036의 1-2	1998의 12
1743.	1036의 3-5	1998의 12-13, 1999의 1
1744.	1036의 6-7	1999의 2-3
1745.	1036의 8-9	1999의 3-4
1746.	1036의 10-11	1999의 6-7
1747.	1036의 12-13	1999의 7-8
1748.	1036의 14-15	1999의 10-11
1749.	1037의 1-2	2000의 1-2
1750.	1037의 3-4	2000의 2-3
1751.	1037의 5-6	2000의 3-4
1752.	1037의 7-8	2000의 5-6
1753.	1037의 9-10	2000의 6-7
1754.	1037의 11-12	2000의 7-8
1755.	1037의 13-14	2000의 9-10

(138) 『老檔』 1032는 빈 쪽.

1756.	1037의 15	2000의 10
	1038의 1	2000의 10, 2001의 1
1757.	1038의 2-3	2001의 1-2
1758.	1038의 4-5	2001의 3-4
1759.	1038의 6-7	2001의 4-5
1760.	1038의 8-9	2001의 5-6
1761.	1038의 10-11	2001의 7-8
1762.	1038의 12-13	2001의 8-9
1763.	1038의 14-15	2001의 9+1
1764.	1039의 1-2	2001의 10-12
1765.	1039의 3-4	2002의 1-2
1766.[구]	1039의 5	2003의 1
1767.	1039의 6-7	2003의 3
1768.	1039의 8-10	2003의 4-5
1769.	1039의 11-12	2003의 5-6
1770.	1039의 13-14	2003의 6-7
1771.[구]	1039의 15	2003의 7
	1040의 1-2	2003의 7-8
1772.	1040의 3-6	2003의 8-10
1773.	1040의 7-9	2003의 10-12
1774.	1040의 10-11	2003의 12, 2004의 1
1775.	1040의 12-14	2004의 4-5
1776.	1040의 15	2004의 5
	1041의 1-2	2004의 6
1777.	1041의 3-5	2004의 6-7

1778. 1041의 6-8 2004의 8-9

1779. 1041의 9-10 2004의 10

1780. 1041의 11-12 2004의 12

1781. 1040의 13-14 2005의 1

1782. 1040의 15 2005의 2

1042의 1 2005의 2

1783. 1042의 2-3 2005의 3

1784. 1042의 4-5 2005의 4

1785. 1042의 6-7 2005의 5

1786. 1042의 8-9 2005의 6

1787. 1042의 10-11 2005의 7

1788. 1042의 12-13 2005의 8

1789. 1042의 14-15 2005의 9

1790. 1043의 1-2 2005의 10

1791. 1043의 3-4 2006의 1

1792. 1043의 5-6 2006의 2

1793. 1043의 7-8 2006의 3

1794.[구] 1043의 9-10 2006의 4-5

1795. 1043의 11-12 2006의 6

1796. 1043의 13-14 2006의 7

1797. 1043의 15 2008의 1

1044의 1-4 2008의 1-5

1798. 1044의 5 2009의 1

1799. 1044의 6-8 2009의 2-3

1800. 1044의 9-10 2009의 4

1801. 1044의 11-13 2009의 7-8

1802. 1044의 14-15 2010의 1-2

1045의 1 2010의 2

1803. 1045의 2-4 2010의 6-7

1804. 1045의 5-6 2010의 8-9

1805. 1045의 7-9 2011의 1-2

1806. 1045의 10-11 2011의 3

1807. 1045의 12-14 2011의 4-5

1808. 1045의 15 2011의 6

1046의 1 2011의 6-7

1809. 1046의 2-4 2011의 8-9

1810.[구] 1046의 5-7 2011의 10-11

1811. 1046의 8-9 2012의 1

1812. 1046의 10-11 2012의 2

1813. 1046의 12-13 2012의 3

1814. 1046의 14-15 2012의 4

1815. 1047의 1-2 2012의 5-6

1816. 1047의 3-5 2012의 9

1817. 1047의 6-7 2012의 10

1818. 1047의 8-9 2012의 11

1819. 1047의 10-11 2013의 1

1820. 1047의 12-13 2013의 2

1821. 1047의 14-15 2013의 4-5

1048의 1-2 2013의 5-6

1822. 1048의 3-4 2013의 7

1823.	1048의 5-6	2013의 8
1824.	1048의 7-8	2013의 9
1825.	1048의 9-10	2013의 10
1826.	1048의 11-12	2013의 12
1827.	1048의 13-14	2013의 13
1828.	1048의 15	2014의 1
	1049의 1	2014의 1
1829.	1049의 2-3	2014의 2
1830.	1049의 4-5	2014의 3
1831.	1049의 6-7	2014의 4
1832.	1049의 8	2014의 5
1833.	1049의 9-10	2014의 6
1834.	1049의 11-12	2014의 7-8
1835.	1049의 13-15	2015의 5-6
1836.	1050의 1-2	2015의 7-8
1837.	1050의 3-5	2016의 1-2
1838.	1050의 6-8	2016의 3-4
1839.	1050의 9-10	2016의 5-6
1840.	1050의 11-12	2016의 7-8

[70] 1626년 5월 (天命11, 天啓6, 丙寅)

1841.	1051의 2-4	2017의 3-4
1842.	1051의 5-8	2017의 5-6
1843.	1051의 9-10	2018의 3-4

1844.	1051의 11-12	2018의 5
1845.	1051의 13-14	2018의 6
1846.	1051의 15	2018의 7
	1052의 1	2018의 7-8
1847.	1052의 2-3	2018의 10
1848.	1052의 4-5	2018의 11-12
1849.	1052의 6-7	2019의 1
1850.	1052의 8-9	2019의 2
1851.	1052의 10-11	2019의 3
1852.	1052의 12-13	2019의 4
1853.	1052의 14-15	2019의 5
1854.	1053의 1-2	2019의 6
1855.	1053의 3-4	2019의 7-8
1856.	1053의 5	2019의 9
1857.	1053의 6-7	2019의 10
1858.	1053의 8-9	2019의 11
1859.	1053의 10-11	2019의 12
1860.	1053의 12	2020의 2

---

(139) 『老檔』 1054의 15에 해당되는 『舊檔』 2021의 6 'uju jergi' 앞과, 『老檔』 2021의 15에 해당되는 『舊檔』 2021의 6 'jai jergi' 앞과, 『老檔』 1054의 15에 해당되는 『舊檔』 2021의 7 'ilaci jeergi' 앞에 새 문단시작표시인 0가 각각 있다.

(140) 『老檔』 1055의 1에 해당되는 『舊檔』 2021의 8 'duici jergi' 앞과, 『老檔』 1055의 3에 해당되는 『舊檔』 2021의 9 'uksin eturakū' 앞에 새 문단시작표시인 0가 각각 있다.

(141) 『老檔』 1055의 12에 해당되는 『舊檔』 2022의 4 'duici jergi' 앞에 새 문단시작표시인 0가 있다.

(142) 『老檔』 1056의 7에 해당되는 『舊檔』 2022의 12 'sawalji' 앞에 새 문단시작표시인 0가 있다.

1861.	1053의 13	2020의 2
1862.[구]	1053의 14	2020의 3
1863.	1053의 15	2020의 4
	1054의 1	2020의 4
1864.	1054의 2-3	2020의 5-6
1865.	1054의 4-5	2020의 7
1866.	1054의 6-7	2020의 8-9
1867.	1054의 8	2021의 1
1868.[만]	1054의 9-15	2021의 2-7 (139)
	1055의 1-4	2021의 7-10 (140)
1869.[만]	1055의 5-14	2021의 11-12, 2022의 1-6 (141)
1870.[만]	1055의 15	2022의 7
	1056의 1-13	2022의 7-12 (142), 2023의 1-4
1871.	1056의 14-15	2023의 5-6
	1057의 1-4	2023의 6-9 (143)
1872.[만]	1057의 5-15	2024의 1-9 (144)
1873.[만]	1058의 1-9	2024의 10-13, 2025의 1-4 (145)

(143) 『老檔』 1057의 1에 해당되는 『舊檔』 2023의 7 'jai jergi' 앞과, 『老檔』 1057의 2에 해당되는 『舊檔』 2023의 7 'ilaci jergi' 앞과, 『老檔』 1057의 2에 해당되는 『舊檔』 2023의 7 'duici jergi' 앞과, 『老檔』 1057의 3에 해당되는 『舊檔』 2023의 8 'uksin eturakū' 앞에 새 문단시작표시인 0가 각각 있다.

(144) 『老檔』 1057의 10에 해당되는 『舊檔』 2024의 5 'uju jergi' 앞과, 『老檔』 1057의 11에 해당되는 『舊檔』 2024의 5 'jai jergi' 앞과, 『老檔』 1057의 11에 해당되는 『舊檔』 2024의 5 'ilaci jergi' 앞과, 『老檔』 1057의 12에 해당되는 『舊檔』 2024의 6 'duici jergi' 앞과, 『老檔』 1057의 13에 해당되는 『舊檔』 2024의 7 'uksin eturakū' 앞과, 『老檔』 1057의 14에 해당되는 『舊檔』 2024의 8 'uksin eturakū mafa' 앞에 새 문단시작표시인 0가 각각 있다.

(145) 『老檔』 1058의 7에 해당되는 『舊檔』 2025의 2 'jai jergi' 앞과, 『老檔』

1874.	1058의 10-15	2025의 4-6+1 (146)
1875.	1059의 1-4	2025의 7-10
1876.[만]	1059의 5-15	2026의 1-10 (147)
	1060의 1-3	2026의 10-11 (148), 2027의 1
1877.[만]	1060의 4-15	2027의 2-11 (149)
	1061의 1-2	2027의 11-12
1878.	1061의 3	2029의 1
1879.[만]	1061의 4-15	2029의 2-11 (150)
	1062의 1-2	2029의 11, 2030의 1
1880.	1062의 3	2031의 1
1881.[만]	1062의 4-15	2031의 2-12 (151)
	1063의 1-2	2031의 12, 2032의 1
1882.[만]	1063의 3-15	2033의 1-9 (152)
	1064의 1-4	2033의 9-10, 2034의 1-2
1883.[만]	1064의 5-15	2034의 3-10
	1065의 1-5	2035의 1-3

1058의 7에 해당되는『舊檔』2025의 2 'ilaci jergi' 앞과,『老檔』1058의 7에 해당되는『舊檔』2025의 2 'duici jergi' 앞과,『老檔』1058의 10에 해당되는『舊檔』2025의 3 'uksin eturakū' 앞에 새 문단시작표시인 0가 각각 있다.

(146)『老檔』1058의 11에 해당되는『舊檔』2025의 4 'dahio' 앞에 새 문단시작표시인 0가 있다.

(147)『老檔』1059의 11에 해당되는『舊檔』2026의 6 'samturi' 앞과,『老檔』1059의 11에 해당되는『舊檔』2026의 6 'lioha' 앞과,『老檔』1059의 14에 해당되는『舊檔』2026의 8 'monggo' 앞에 새 문단시작표시인 0가 각각 있다.

(148)『老檔』1060의 2에 해당되는『舊檔』2026의 11 'uksin eturakū' 앞에 새 문단시작표시인 0가 있다.

(149)『老檔』1060의 10에 해당되는『舊檔』2027의 7 'budai' 앞과,『老檔』1060의 11에 해당되는『舊檔』2027의 8 'amkila' 앞과,『老檔』1060의

[71] 1626년 3월–6월 (天命11, 天啓6, 丙寅)

1884.	1067의 2-15 (153)	2072의 1-11
	1068의 1-15	2072의 11-13, 2073의 1-10
	1069의 1-15	2073의 10-11, 2074의 1-11
	1070의 1-11	2074의 11-14, 2075의 1-6
1885.	1070의 12-15	2076의 1-4
	1071의 1-15	2076의 4-12, 2077의 1-3
	1072의 1-15	2077의 3-14
	1073의 1-15	2077의 14, 2078의 1-11
	1074의 1-7	2078의 11-13, 2079의 1-3
1886.	1074의 8-15	2080의 1-8
	1075의 1-7	2080의 8-14
1887.	1075의 8-15	2081의 1-7 (154)

12에 해당되는『舊檔』2027의 8 'enggede' 앞과,『老檔』1060의 15에 해당되는『舊檔』2027의 11 'uksin eturakū' 앞에 새 문단시작표시인 0가 각각 있다.

(150)『老檔』1061의 10에 해당되는『舊檔』2029의 6 'šongšon' 앞과,『老檔』1061의 10에 해당되는『舊檔』2029의 7 'wajina' 앞과,『老檔』1061의 11에 해당되는『舊檔』2029의 7 'ilaci jergi' 앞과,『老檔』1061의 12에 해당되는『舊檔』2029의 8 'duici jergi' 앞과,『老檔』1061의 15에 해당되는『舊檔』2029의 10 'uksin eturakū' 앞에 새 문단시작표시인 0가 각각 있다.

(151)『老檔』1062의 9에 해당되는『舊檔』2031의 7 'gori hiya' 앞과,『老檔』1062의 10에 해당되는『舊檔』2031의 7 'nikan' 앞과,『老檔』1062의 11에 해당되는『舊檔』2031의 8 'sanabu' 앞과,『老檔』1062의 12에 해당되는『舊檔』2031의 9 'kele' 앞과,『老檔』1062의 14에 해당되는『舊檔』2031의 11 'uksin eturakū' 앞에 새 문단시작표시인 0가 각각 있다.

(152)『老檔』1063의 9에 해당되는『舊檔』2033의 4 'hoto bayan' 앞과,『老檔』1063의 9에 해당되는『舊檔』2033의 5 'jamhani' 앞과,『老檔』1063의 10에 해당되는『舊檔』2033의 5 'matala mafa' 앞과,『老檔』1063의 12에 해당되는『舊檔』2033의 7 'tokina' 앞과,『老檔』1063의 14에 해당되는『舊檔』2033의 8 'uksin eturakū' 앞에 새 문단시작표시인 0가 각각 있다.

	1076의 1-15	2081의 7-2082의 5
	1077의 1-4	2082의 6-8

[72] 1626년 6월-8월 (天命11, 天啓6, 丙寅)

1888.	1079의 2-11 (155)	2082의 9-12, 2083의 1-5
1889.	1079의 12	2083의 6
1890.	1079의 13-15	2083의 7-9
	1080의 1-15	2083의 9-12, 2084의 1-10
	1081의 1-5	2084의 10-13, 2085의 1-2
1891.	1081의 6-13	2085의 3-9
1892.	1081의 14-15	2086의 1-2
	1082의 1-13	2086의 2-12
1893.	1082의 14-15	2087의 1-2
	1083의 1-5	2087의 2-6
1894.	1083의 6-15	2088의 1-9
	1084의 1-5	2088의 9-12 (156)
1895.	1084의 6-15	2090의 1-10 (157)

(153) 『老檔』 1066은 빈 쪽.

(154) 『老檔』 1075의 8에서 1076의 15까지는 『舊檔』 2081의 7에서 2082의 5까지의 蒙文을 滿文으로 번역한 것이다. 今西春秋, 「乾隆付注」, 168쪽. 附註의 滿文 원문은 『內閣老檔』6, 3308쪽. 蒙文 내용은 『モンゴル語文書』, 68-73쪽 참고.

(155) 『老檔』 1078은 빈 쪽.

(156) 『舊檔』 2089에는 "erebe arame wajiha (이것을 記錄해서 끝냈다)"라고 쓰여 있다.

(157) 『老檔』 1084의 8에 해당되는 『舊檔』 2090의 3 'ama' 앞과, 『老檔』1084의 12에 해당되는 『舊檔』 2090의 8 'ama' 앞에 새 문단시작표시인 0

1896.	1085의 1-3	2091의 1-3
1897.	1085의 4-6	2091의 4-5
1898.	1085의 7-15	2092의 1-8
	1086의 1-10	2092의 8-10, 2093의 1-7
1899.	1086의 11-13	2093의 8-9
1900.	1086의 14-15	2094의 1-2
	1087의 1-5	2094의 2-6
1901.	1087의 6-11	2095의 1-6
1902.	1087의 12-13	2096의 1-2
1903.	1087의 14-15	2096의 3-4
	1088의 1-15	2096의 4-10, 2097의 1-5
	1089의 1-8	2097의 5-11, 2098의 1-2
1904.	1089의 9-15	2098의 3-8
	1090의 1-12	2098의 8-12, 2099의 1-6

[73] 1630년 3월-4월 (天聰4, 崇禎3, 庚午)(158)

1905.	1091의 2-7	3225의 1-8
1906.[구]	1091의 8-14	3227의 1-9, 3228의 1-2
1907.[구]	1091의 15	3229의 1-2

가 각각 있다.

158 73冊은 太祖朝의 기사가 아니고 太宗朝의 天聰4(1630)년의 기사라는 점을 『老檔』의 편역자가 확인하였다(『老檔』 1235). 松村潤 등, 『"滿文老檔"·"舊滿洲檔" 對照表-太宗朝』(『遊牧社會史探究』 別冊, 1978)에는 이 부분의 대조표를 만들지 않았다. 太祖朝에 해당되는 부분은 아니지만 『舊檔』의 참고를 위해 대조표를 만들었다.

	1092의 1-6	3229의 2-7, 3230의 1*1-3
1908.	1092의 7-9	3230의 3-6
1909.	1092의 10-15	3230의 6-7, 3231의 1-8
	1093의 1-4	3232의 1-6
1910.	1093의 5-13	3232의 6-8, 3233의 1-8, 3234의 1-2
1911.	1093의 14-15	3234의 3-4 (159)
	1094의 1	
1912.	1094의 2-5	3234의 4-7, 3235의 1-2
1913.	1094의 6-15	3235의 3-8, 3236의 1-8
	1095의 1	3236의 8-9
1914.	1095의 2-6	3237의 1-7 (160)
1915.	1095의 7-15	3237의 7-10, 3238의 1-7
	1096의 1-2	3238의 7-9
1916.	1096의 3-8	3239의 1-6 (161)
1917.	1096의 9-13	3647의 1-4

[74] 無 年 月

1918.	1097의 2-15	2481의 1-7, 2482의 1-3
	1098의 1-15	2482의 3-7, 2483의 1-7
	1099의 1-15	2483의 8, 2484의 1-7, 2485의 1-4

---

(159) 『老檔』 1093의15에서 1094의 1까지는 『舊檔』에서 확인할 수 없다.

(160) 『老檔』 1095의 4에 해당되는 『舊檔』 3237의 4 'jai' 앞에 새 문단시작 표시인 0가 있다.

(161) 『老檔』 1096의 5에 해당되는 『舊檔』 3239의 4 'si wei gi' 앞에 새 문단시작표시인 0가 있다.

1100의 1-15 2485의 5-7, 2486의 1-6, 2487의 1-2

1101의 1-15 2487의 2-7, 2488의 1-6

1102의 1-15 2488의 6-7, 2489의 1-7, 2490의 1-4

1919. 1103의 1-3 2163의 1-2

1920. 1103의 4-10 2164의 1-7 (162)

1921. 1103의 11-15 2164의 7-11

1922. 1104의 2-6 2168의 8-10

1923.[만] 1104의 7-10 2166의 1-4

1924.[만] 1104의 11-13 2166의 5-7

1925. 1104의 14-15 2168의 1-3

1105의 1-6 2168의 3-7

1926. 1105의 7-15 2172의 1-9, 2171의 1

1106의 1-9 2171의 1-9

1927. 1106의 10-15 2173의 1-5

1107의 1 2173의 5

1928. 1107의 2-15 2179의 1-5, 2178의 1-5, 2177의 1

1108의 1-5 2177의 1-5

1929.[모] 1108의 6-10 2180의 1-7

[75] 無 年 月

1930.[만] 1109의 2-4 2339의 1-3

1931.[만] 1109의 5-6 2339의 4-5

1932.[만] 1109의 7-11 2339의 6, 2340의 1-4

---

(162) 『舊檔』 2164의 1에는 새 문단시작표시인 0가 있는지 없는지 확인되지 않는다.

1933.[만] 1109의 12-14 2340의 5-6, 2341의 1

1934. 1109의 15 2341의 2

1110의 1-6 2341의 2-6, 2342의 1-2

1935.[만] 1110의 7-9 2342의 3-5

1936.[만] 1110의 10-15 2343의 1-6, 2344의 1-2

1111의 1 2344의 2

1937.[만] 1111의 2-4 2344의 3-6

1938.[만] 1111의 5-7 2345의 1-3

1939. 1111의 8 2345의 4-5

1940.[만] 1111의 9-11 2346의 1-4

1941. 1111의 12-15 2346의 1, 2347의 1-4

1112의 1 2347의 4-5

1942. 1112의 2-6 2348의 1-6

1943. 1112의 7-10 2349의 1-5

1944.[만] 1112의 11-12 2350의 1-3

1945. 1112의 13-15 2350의 3-6, 2351의 1-2

1113의 1 2351의 2

1946.[만] 1113의 2-4 2351의 3-5

1947.[만] 1113의 5-7 2353의 1-3

1948. 1113의 8-9 2353의 4-5

1949.[만] 1113의 10-12 2353의 6-7, 2354의 1-2

1950.[만] 1113의 13-15 2354의 3-5

1951.[만] 1114의 1-3 2355의 1-4

1952.[만] 1114의 4-6 2356의 1-4

1953.[만] 1114의 7-9 2357의 1-3

1954.[만] 1114의 10-12 2357의 4-6

1955.[만] 1114의 13-15 2358의 1-3

1956.[만] 1115의 1-3 2358의 4-6

1957. 1115의 4-6 2359의 1-2

1958.[만] 1115의 7-11 2359의 3-7

1959.[만] 1115의 12-15 2360의 1-4

1960.[만] 1116의 1-2 2360의 5-6

1961.[만] 1116의 3-4 2361의 1-2

1962.[만] 1116의 5-8 2361의 3-6

1963.[만] 1116의 9-12 2362의 1-4

1964.[만] 1116의 13-15 2362의 5-6

1965.[만] 1117의 1-2 2363의 1-2

1966.[만] 1117의 3-5 2363의 3-5

1967.[만] 1117의 6-7 2363의 6-7

1968.[만] 1117의 8-10 2364의 1-3

1969.[만] 1117의 11-12 2364의 4-5

1970.[만] 1117의 13-14 2364의 6, 2365의 1

1971.[만] 1117의 15 2365의 2

1118의 1-2 2365의 3-4

1972.[만] 1118의 3-5 2365의 5-6

1973. 1118의 6-8 2366의 1-3

1974.[만] 1118의 9-10 2366의 4-5

1975.[만] 1118의 11-14 2366의 6, 2367의 1-3

1976.[만] 1118의 15 2367의 4

1119의 1-2 2367의 5-6

1977.[만]	1119의 3-5	2368의 1-3
1978.	1119의 6-9	2368의 4-6
1979.[만]	1119의 10-14	2369의 1-4
1980.	1119의 15	2369의 5
	1120의 1-3	2369의 5-6, 2370의 1-2
1981.[만]	1120의 4-6	2370의 3-5
1982.[만]	1120의 7-9	2371의 1-3
1983.[만]	1120의 10-12	2371의 4-6
1984.[만]	1120의 13-15	2371의 7, 2372의 1
1985.[만]	1121의 1-3	2372의 2-3
1986.[만]	1121의 4-6	2372의 4-6
1987.[만]	1121의 7-9	2372의 6-7, 2373의 1
1988.	1121의 10-15	2373의 2-7
1989.	1122의 1-2	2374의 1-2
1990.[만]	1122의 3-6	2375의 1-4
1991.[만]	1122의 7-8	2376의 1-2
1992.[만]	1122의 9-11	2376의 3-6
1993.[만]	1122의 12-14	2377의 1-3
1994.[만]	1122의 15	2377의 4
	1123의 1-2	2377의 4-6
1995.[만]	1123의 3-5	2378의 1-3
1996.[만]	1123의 6-9	2378의 4-7
1997.[만]	1123의 10-12	2379의 1-3
1998.[만]	1123의 13-15	2380의 1-3
1999.[만]	1124의 1-3	2380의 4-6

2000.[만]	1124의 4-6	2381의 1-3
2001.[만]	1124의 7-9	2381의 4-6
2002.[만]	1124의 10-12	2382의 1-3
2003.[만]	1124의 13-15	2383의 1-4
2004.[만]	1125의 1-3	2383의 5-7
2005.[만]	1125의 4-6	2384의 1-3
2006.[만]	1125의 7-9	2384의 4-6
2007.[만]	1125의 10-12	2385의 1-4
2008.[만]	1125의 13-15	2385의 5-8
	1126의 1	2385의 8
2009.[만]	1126의 2-4	2386의 1-3
2010.[만]	1126의 5-7	2386의 4-7
2011.[만]	1126의 8-10	2387의 1-4
2012.[만]	1126의 11-13	2387의 5-7
2013.[만]	1126의 14-15	2388의 1-3
	1127의 1	2388의 3
2014.[만]	1127의 2-4	2388의 4-7
2015.[만]	1127의 5-7	2389의 1-3
2016.[만]	1127의 8-10	2389의 4-6
2017.[만]	1127의 11-13	2390의 1-4
2018.[만]	1127의 14-15	2391의 1-3
	1128의 1-2	2391의 3-4
2019.[만]	1128의 3-5	2391의 5-7
2020.[만]	1128의 6-9	2392의 1-4
2021.[만]	1128의 10-13	2392의 5-7

2022.[만]	1128의 14-15	2393의 1-2
	1129의 1	2393의 2-3
2023.[만]	1129의 2-5	2393의 4-7
2024.[만]	1129의 6-8	2394의 1-3
2025.[만]	1129의 9-11	2394의 4-6
2026.[만]	1129의 12-14	2395의 1-3

[76] 無 年 月

2021.	1131의 2-11 [163]	2169의 1-5 [164]
	중복	2397의 1-7, 2398의 1-6
2022.	1131의 12-15	2399의 1-5
	1132의 1-6	2399의 5-7, 2400의 1-6
2023.	1132의 7-15	2401의 1-6, 2402의 1-6
	1133의 1	2402의 7
2024.	1133의 2-11	2403의 1-6, 2404의 1-7
2025.	1133의 12-15	2405의 1-6
	1134의 1-6	2405의 6, 2406의 1-7
2026.	1134의 7-15	2407의 1-6, 2408의 1-6
	1135의 1	2408의 7
2027.	1135의 2-11	2409의 1-6, 2410의 1-7
2028.	1135의 12-15	2411의 1-6
	1136의 1-6	2411의 6, 2412의 1-7
2029.	1136의 7-15	2413의 1-6, 2414의 1-7

	1137의 1	2414의 8
2030.	1137의 2-11	2415의 1-6, 2416의 1-7
2031.	1137의 12-15	2417의 1-6
	1138의 1-6	2417의 6, 2418의 1-7
2032.	1138의 7-15	2419의 1-6, 2420의 1-7
	1139의 1	2420의 7
2033.	1139의 2-11	2421의 1-6, 2422의 1-7
2034.	1139의 12-15	2423의 1-6
	1140의 1-6	2423의 6, 2424의 1-7
2035.	1140의 7-15	2425의 1-6, 2426의 1-7
	1141의 1	2426의 7
2036.	1141의 2-11	2427의 1-6, 2428의 1-7
2037.	1141의 12-15	2429의 1-6
	1142의 1-6	2429의 6, 2430의 1-7
2038.	1142의 7-15	2431의 1-6, 2432의 1-6
	1143의 1	2432의 7
2039.	1143의 2-11	2433의 1-6, 2434의 1-7
2040.	1143의 12-15	2435의 1-6
	1144의 1-6	2435의 6, 2436의 1-7
2041.	1144의 7-15	2437의 1-6, 2438의 1-6
	1145의 1	2438의 7
2042.	1145의 2-11	2439의 1-6, 2440의 1-7

(163) 『老檔』 1130은 빈 쪽.
(164) 『老檔』 1131의 1에서 7에 해당한다.

[77] 無 年 月

2043.	1147의 2-11 (165)	2441의 1-5, 2442의 1-6
2044.	1147의 12-15	2443의 1-5
	1148의 1-6	2443의 5, 2444의 1-6
2045.	1148의 7-15	2445의 1-5, 2446의 1-5
	1149의 1	2446의 6
2046.	1149의 2-11	2447의 1-5, 2448의 1-6
2047.	1149의 12-15	2449의 1-4
	1150의 1-6	2449의 5, 2450의 1-6
2048.	1150의 7-15	2451의 1-5, 2452의 1-5
	1151의 1	2452의 6
2049.	1151의 2-11	2453의 1-5, 2454의 1-6
2050.	1151의 12-15	2455의 1-4
	1152의 1-6	2455의 5, 2456의 1-6
2051.	1152의 7-15	2457의 1-5, 2458의 1-6
	1153의 1	2458의 6
2052.	1153의 2-11	2459의 1-5, 2460의 1-6
2053.	1153의 12-15	2461의 1-5
	1154의 1-6	2461의 5, 2462의 1-6
2054.	1154의 7-15	2463의 1-5, 2464의 1-5
	1155의 1	2464의 6
2055.	1155의 2-11	2465의 1-5, 2466의 1-6
2056.	1155의 12-15	2467의 1-5

(165) 『老檔』 1146은 빈 쪽.

	1156의 1-6	2467의 5, 2468의 1-6
2057.	1156의 7-15	2469의 1-5, 2470의 1-6
	1157의 1	2470의 6
2058.	1157의 2-11	2471의 1-5, 2472의 1-6
2059.	1157의 12-15	2473의 1-5
	1158의 1-6	2473의 5, 2474의 1-6
2060.	1158의 7-15	2475의 1-5, 2476의 1-6
	1159의 1	2476의 6
2061.	1159의 2-11	2477의 1-5, 2478의 1-6
2062.	1159의 12-15	2479의 1-5
	1160의 1-6	2479의 5, 2480의 1-6

[78] 無 年 月

2063.	1161의 2-5	2491의 1-5
2064.	1161의 6-15	2492의 1-12, 2493의 1
2065.	1162의 1-10	2493의 2-9, 2494의 1-6
2066.	1162의 11-15	2495의 1-8
	1163의 1-3	2495의 8-9, 2496의 1-2
2067.	1163의 4-15	2496의 3-8, 2497의 1-9 (166)
	1164의 1-3	2497의 9-10, 2498의 1-3
2068.	1164의 4-10	2499의 1-8, 2500의 1-2
2069.	1164의 11-15	2501의 1-7
	1165의 1-2	2501의 7, 2502의 1-3

2070.	1165의 3-9	2503의 1-7, 2504의 1-3
2071.	1165의 10-15	2505의 1-7
	1166의 1-4	2505의 7-8, 2506의 1-3
	중복	2507의 1
2072.	1166의 5-12	2508의 1-11,
	중복	2509의 1-4
2073.	1166의 13-15	2510의 1-4
	1167의 1-7	2510의 4-6, 2511의 1-7
2074.	1167의 8-15	2512의 1-8
2075.	1168의 1-8	2513의 1-9
2076.	1168의 9-15	2514의 1-8, 2515의 1-2
	1169의 1	2515의 1
2077.	1169의 2-12	2516의 1-5, 2517의 1-7, 2518의 1-2
2078.	1169의 13-15	2518의 3-7
	1170의 1-7	2518의 7-8, 2519의 1-8
2079.	1170의 8-15	2520의 1-8, 2521의 1
2080.	1171의 1-4	2521의 2-6
2081.[구]	1171의 5-12	2522의 1-9
2082.	1171의 13-15	2523의 1-4
	1172의 1-4	2523의 4-9
2083.	1172의 5-14	2524의 1-11, 2525의 1-4

(166) 『老檔』 1163의 11에 해당되는 『舊檔』 2497의 4 'han i pai' 앞에 새 문단시작표시인 0가 있다.

[79] 1610년 (萬曆38, 庚戌年)

2084.	1173의 2	2229의 1-2
2085.	1173의 3-15	2229의 2-8, 2230의 1-8, 2231의 1-3
	1174의 1-5	2231의 3-6
2086.	1174의 6-15	2232의 1-8, 2233의 1-4
	1175의 1-8	2233의 5-8, 2234의 1-5
2087.	1175의 9-15	2235의 1-7
	1176의 1-11	2235의 7-8, 2236의 1-9
2088.	1176의 12-15	2237의 1-5
	1177의 1-13	2237의 5-8, 2238의 1-8, 2239의 1-3
2089.	1177의 14-15	2240의 1-3
	1178의 1-15	2240의 3-9, 2241의 1-9, 2242의 1-2
	1179의 1-3	2242의 2-5
2090.	1179의 4-15	2243의 1-9, 2244의 1-9
	1180의 1-7	2244의 9, 2245의 1-7
2091.	1180의 8-15	2246의 1-9, 2247의 1
	1181의 1-11	2247의 1-9, 2248의 1-3
2092.	1181의 12-1	2249의 1-6
	1182의 1-15	2249의 6-8, 2250의 1-8, 2251의 1-6
2093.	1183의 1-15	2252의 1-8, 2253의 1-8, 2254의 1-3
	1184의 1-4	2254의 3-8
2094.	1184의 5-15	2255의 1-8, 2256의 1-5
	1185의 1-8	256의 5-8, 2257의 1-5
2095.	1185의 9-15	2258의 1-8

	1186의 1-11	2258의 8, 2259의 1-8, 2260의 1-5
2096.	1186의 12-15	2261의 1-5
	1187의 1-14	2261의 6-8, 2262의 1-8, 2263의 1-6

[80] 1610년 (萬曆38, 庚戌年)

2097.	1189의 2-15 (167)	2264의 1-12, 2265의 1
	1190의 1-2	2265의 1-2
2098.	1190의 3-15	2265의 3-11, 2265의 1-4
	1191의 1-6	2265의 4-8
2099.	1191의 7-15	2267의 1-9
	1192의 1-9	2267의 9-10, 2268의 1-5
2100.	1192의 10-15	2269의 1-5
	1193의 1-13	2269의 5-11, 2270의 1-3
2101.	1193의 14-15	2270의 4-6
	1194의 1-15	2270의 6-9, 2271의 1-8
	1195의 1	2271의 8
2102.	1195의 2-15	2272의 1-11
	1196의 1-3	2272의 11-12, 2273의 1
2103.	1196의 4-15	2273의 2-10
	1197의 1-6	2273의 10-12, 2274의 1
2104.	1197의 7-15	2274의 2-7
	1198의 1-9	2274의 7-12

(167) 『老檔』 1188은 빈 쪽.

2105.	1198의 10-15	2275의 1-4
	1199의 1-11	2275의 5-11
2106.	1199의 12-15	2276의 1-3
	1200의 1-14	2276의 3-12
2107.	1200의 15	2277의 1
	1201의 1-15	2277의 1-12
	1202의 1	2277의 12
2108.	1202의 2-15	2278의 1-10
	1203의 1-3	2278의 10-12
2109.	1203의 4-15	2279의 1-9
	1204의 1-6	2279의 9-13

[81] 1610년 (萬曆38, 庚戌年)

2110.	1205의 2-15	2199의 1-8, 2200의 1-7
	1206의 1-4	2200의 7, 2201의 1-3
2111.	1206의 5-15	2202의 1-7, 2203의 1-4
	1207의 1-7	2203의 4-7, 2204의 1-3
2112.	1207의 8-15	2205의 2-7 , 2206의 1-3
	1208의 1-10	2206의 3-7, 2207의 1-6
2113.	1208의 11-15	2208의 1-6
	1209의 1-13	2208의 6-7, 2209의 1-7, 2210의 1-4
2114.	1209의 14-15	2211의 1-3
	1210의 1-15	2211의 3-6, 2212의 1-7, 2213의 1-4

	1211의 1	2213의 4
2115.	1211의 2-15	2214의 1-9, 2215의 1-6
	1212의 1-4	2215의 6-9
2116.	1212의 5-15	2216의 1-7, 2217의 1-7
	1213의 1-7	2217의 7, 2218의 1-6
2117.	1213의 8-15	2219의 1-8
	1214의 1-12	2219의 8-9, 2220의 1-10
2118.	1214의 13-15	2221의 1-3
	1215의 1-15 (168)	2221의 3-9, 2222의 1-8
	1216의 1-2	2222의 8-9
2119.	1216의 3-15	2223의 1-8, 2224의 1-4
	1217의 1-7	2224의 4-9
2120.	1217의 8-15	2225의 1-7
	1218의 1-12	2225의 7-10, 2226의 1-9
2121.	1218의 13-15	2227의 1-3
	1219의 1-15	2227의 3-9, 2228의 1-10
	1220의 1	2228의 10-11

太祖25補遺 1621년 8월 (天命6, 天啓元年, 辛酉)

	(1221의 1) (169)	741의 7
	중복	1151의 4
0구	(1221의 2-9)	741의 7-9, 742의 1-7

(168) 『老檔』1215의 3에서 7까지는 『舊檔』에서 확인할 수 없다.

	중복	1151의 5-10, 1152의 1-2
0	(1221의 10-13)	742의 8-9, 743의 1-2
	중복	1152의 3-6
0구	(1221의 14-15)	743의 3
	중복	1152의 7-10
0구	(1222의 1-4)	743의 4-9, 744의 1-5
	중복	1152의 8-10, 1153의 1-6
0구	(1223의 1-2)(170)	755의 8-9
	중복	1163의 3
0구	(1223의 3-4)	755의 9, 756의 1-2
	중복	1163의 4-5
0구	(1223의 5-9)	756의 2-7
	중복	1163의 5-9, 1164의 1

太祖40補遺 1622년 3월 (天命7, 天啓2, 壬戌)

(1224의 1-9)(171) 1098의 9-10, 1099의 1-10

太祖51補遺 1623년 5월 (天命8, 天啓3, 癸亥)

(1225의 1-11)(172) 2044의 2-12, 2045의 1-3

---

(169) 『老檔』 1221에서 1222까지는 『老檔』의 편역자가 보완한 부분이다.
(170) 『老檔』 1223은 『老檔』의 편역자가 보완한 부분이다.
(171) 『老檔』 1224는 『老檔』의 편역자가 보완한 부분이다.
(172) 『老檔』 1225는 『老檔』의 편역자가 보완한 부분이다.

Ⅲ. 『舊滿洲檔』과 『滿文老檔』 對照表

일러두기

① 이 대조표는 『舊滿洲檔』의 각 面을 『滿文老檔』의 記事와 대조한 것이다.

② 대조의 底本은 『舊滿洲檔』1-5 (臺北: 國立故宮博物院, 1969. 이하에서 『舊檔』으로 약칭함) 과 『滿文老檔』Ⅰ-Ⅴ (滿文老檔硏究會譯註, 東京: 東洋文庫, 1955-1961. 이하에서 『老檔』으로 약칭함)이다.

③ 『舊檔』 아래의 숫자는 『舊滿洲檔』의 面數를 나타낸 것이다. 『老檔』 아래의 숫자는 『滿文老檔』의 面數와 行數를 "面數의 行數-面數의 行數" 방식으로 표기한 것이다.
즉, "2127 : 877의 7-878의 3"은 "『舊滿洲檔』 2127쪽"과 "『滿文老檔』 877쪽의 7行에서 878쪽의 3行까지"를 뜻한다.

④ "備考"의 "빈 쪽"은 『舊滿洲檔』에서의 비어있는 面을 뜻한다.

『滿文老檔』의 빈 쪽은 面數를 밝혀 『舊滿洲檔』과 구별하였다. "중복"은 『舊滿洲檔』에서 重複되어 나오는 記事임을 밝힌 것이다.

⑤ 출간된 『舊滿洲檔』과 『滿文老檔』은 각각 10권과 7권으로 분책되어있지만, 쪽수가 처음부터 끝까지 연속해서 매겨져있다. 이 대조표에서는 번거로움을 줄이기위해 권수는 밝히지 않았다. 太宗朝의 記事는 太祖朝와 구별하기 위해서 『老檔』4, 『老檔』5로 표기하였다.

凡例

一、本对照表是以≪旧满洲档≫的各页核对≪满文老档≫的记事。

二、对照的底本是≪旧满洲档≫1-5(台北: 国立故宫博物院，1969. 下面简称≪旧档≫)和≪满文老档≫ Ⅰ-Ⅴ(满文老档研究会译注，东京: 东洋文库，1955-1961. 下面简称≪老档≫)。

三、≪旧档≫下的数字表示了≪旧满洲档≫的页数。≪老档≫下的数字记录了以≪满文老档≫的页数和行 数为页数的行数。例如：“2127：877의 7-878의 3”是指“≪旧满洲档≫的2127页”和“≪满文老档≫的从877页的7行到878页的3行”。

四、“备注”的“빈 쪽”是在于≪旧满洲档≫的空面。≪满文老档≫的空页以纠明页数区别了≪旧满洲档≫。“중복”纠明了以≪旧满洲档≫的重夏记事。

五、已出版的≪旧满洲档≫和≪满文老档≫各分成10册和7册，但是页数是从头到尾连接的页码。在本对照表中为了方便没有划分册数。在太宗朝的记事，为了区别太祖朝的，以≪老档≫4与≪老档≫5记录了。

『舊檔』	『老檔』	備考
1		빈 쪽
2 (1)		
3	1의 2-7	
4		빈 쪽
5	1의 7-12	
6	1의 12-2의 3	
7	2의 3-9	
8	2의 9-14	
9	2의 14-3의 9	
10	3의 9-15	
11	3의 15-4의 5	
12	4의 6-12	
13	4의 12-5의 6	
14	5의 6-12	
15	5의 12-6의 4	
16	6의 4-10	
17	6의 10-7의 1	
18	7의 1-9	
19	7의 9-8의 9	
20	8의 9-9의 7	
21	9의 7-14	
22	9의 14-10의 6	

23	10의 6-12	
24	10의 12-11의 3	
25	11의 4-9	
26	11의 9-15	
27	11의 15-12의 7	
28	12의 7-13	
29	12의 13-13의 4	
30	13의 4-13의 10, 15의 2	『老檔』14는 빈 쪽
31	15의 3-10	
32	15의 10-16의 1	
33	16의 1-7	
34	16의 8-13	
35	16의 13-17의 6	
36	17의 6-12	
37	17의 12-18의 3	
38	18의 3-10	
39	18의 10-19의 2	
40	19의 2-7	
41	19의 7-13	
42	19의 13-20의 5	
43	20의 5-11	
44	20의 11-21의 2	
45	21의 2-9	
46	21의 9-15	

(1) "ejehe danse (記錄된 檔子)"라고 쓰여 있다.

47	21의 15-22의 7
48	22의 7-13
49	22의 13-23의 4
50	23의 4-11
51	23의 11-24의 2
52	24의 2-9
53	24의 9-25의 1
54	25의 1-7 (2)
55	25의 7-14
56	25의 14-26의 2, 27의 2-5
57	27의 5-12
58	27의 12-28의 5
59	28의 5-12
60	28의 12-29의 3
61	29의 3-9
62	29의 9-14
63	29의 14-30의 5
64	30의 5-10
65	30의 10-31의 1
66	31의 1-7

(2) 『老檔』의 편역자에 따르면 『老檔』 25의 7 "beye ci"와 "sacime dosifi" 사이에 탈락된 내용이 있다고 한다(『老檔』1227). 그 부분을 이 대조표 방식으로 정리하면 다음과 같다.

2177	1107의 15-1108의 5
2178	1107의 9-14
2179	1107의 2-9

내용상으로는 『舊檔』 2179, 2178, 2177 순서로 연결된다.

67	31의 8-15	
68	31의 15-32의 7	
68	31의 15-32의 7	
69	32의 7-13	
70	32의 13-33의 4	
71	33의 4-10	
72	33의 10-15	
73	33의 15-34의 5	
74	34의 6-8	
75	34의 8-14	
76	34의 14-5	
77	35의 5-11	
78	35의 11-3	
79	36의 3-8	
80	36의 8-14	
81	36의 14-37의 4	
82	37의 4-12	
83	37의 12-38의 5	
84	38의 5-11	
85	38의 11-39의 3	
86	39의 4-12	
87	39의 12-40의 5	
88	40의 7-15	
89 (3)	41의 2-6	
90		빈 쪽

91	41의 6-12	
92	41의 12-42의 4	
93	42의 4-11	
94	42의 11-43의 4	
95	43의 5-44의 7	
96	44의 7-12	
97	44의 13-45의 15	
98 (4)		빈 쪽
99	46의 1-47의 2	
100 (5)		빈 쪽
101	47의 2-48의 1	
102		빈 쪽
103	48의 1-7	
104		빈 쪽
105	43의 5-44의 2	중 복
106		빈 쪽
107	44의 2-12	중 복
108		빈 쪽
109	48의 8-15	
110	48의 15-49의 9	
111	49의 9-15	
112	49의 15-50의 13	

(3) 윗쪽에 "ere bade gibalaha hoošan i dangse arambi (여기에 褙接 종이(를 붙인) 檔子를 만들다)"라고 가로로 쓰여 있다.

(4) 『舊檔』 98은 빈 쪽이지만, 『原檔』에는 없다. 『舊檔』의 빈 쪽을 『原檔』에

113	50의 14-51의 5
114	51의 5-11
115	51의 11-52의 2
116	52의 2-8
117	52의 8-13
118	52의 13-14
119	52의 14-53의 5
120	53의 5-13
121	53의 13-54의 2
122	54의 2-5
123	54의 5-9
124	54의 9-13
125	54의 13-55의 3
126	55의 3-10
127	55의 10-56의 1
128	56의 1-56의 7
129	56의 7-15
130	56의 15-57의 8
131	57의 8-14
132	57의 14-58의 6
133	58의 6-12
134	58의 12-59의 2

서는 대체적으로 영인하지 않은 것으로 보인다. 『滿文原檔』1-10, 臺北: 國立故宮博物院, 2006. 이하에서 『原檔』으로 약칭함.

(5) 『舊檔』 100에서 108까지의 빈 쪽은, 『原檔』에는 없다.

135	59의 2-9	
136	59의 9-14	
137	59의 14-60의 5	
138	60의 5-11	
139	60의 11-61의 2	
140	61의 2-8	
141	61의 8-14	
142	61의 14-62의 5	
143	72의 11-73의 4	
144 (6)		빈 쪽
145	73의 4-13	
146		빈 쪽
147	73의 13-74의 7	
148		빈 쪽
149	74의 8-75의 1	
150		빈 쪽
151	75의 1-9	
152		빈 쪽
153	75의 9-76의 6	
154		빈 쪽
155	76의 6-12, 77의 9-10	
156		빈 쪽
157	62의 11-63의 2	
158	62의 6-11	
159	77-10, 76의 12-77의 5	

160		빈 쪽
161	77의 5-8, 77의 11-12, 78의 3-4, 77의 12-78의 1	
162		빈 쪽
163	78의 1-2, 78의 5-79의 4	
164		빈 쪽
165	79의 4-7, 81의 2-13	『老檔』 80은 빈 쪽
166		빈 쪽
167	81의 13-82의 7	
168		빈 쪽
169	82의 7-15	
170		빈 쪽
171	83의 1-11	
172		빈 쪽
173	83의 11-84의 5	
174		빈 쪽
175	84의 5-14	
176		빈 쪽
177	84의 14-85의 9	
178		빈 쪽
179	85의 9-86의 2	
180		빈 쪽
181	86의 2-14	
182		빈 쪽

(6) 『舊檔』 144에서 298까지의 빈 쪽은, 『原檔』에는 없다.

183	86의 14-87의 9	
184		빈 쪽
185	87의 9-88의 3	
186		빈 쪽
187	88의 3-12	
188		빈 쪽
189	88의 12-89의 7	
190		빈 쪽
191	89의 7-15	
192		빈 쪽
193	90의 1-10	
194		빈 쪽
195	90의 10-13, 92의 5-8	
196		빈 쪽
197	92의 8-15	
198		빈 쪽
199	92의 15-93의 7	
200		빈 쪽
201	93의 7-94의 1	
202		빈 쪽
203	94의 2-9	
204		빈 쪽
205	94의 9-95의 1	
206		빈 쪽
207	95의 1-9	

208		빈 쪽
209	95의 9-15	
210		빈 쪽
211	96의 1-5, 98의 7-9	
212		빈 쪽
213	98의 10-99의 3	
214		빈 쪽
215	99의 3-11	
216		빈 쪽
217	99의 11-100의 2	
218		빈 쪽
219	100의 2-9	
220		빈 쪽
221	100의 9-12	
222		빈 쪽
223	100의 12-101의 3	
224		빈 쪽
225	101의 3-6, 103의 2-4	『老檔』 102는 빈 쪽
226		빈 쪽
227	103의 4-7	
228		빈 쪽
229	103의 7-12	
230		빈 쪽
231	103의 12-104의 4	
232		빈 쪽

233	104의 4-11	
234		빈 쪽
235	104의 12-105의 5	
236		빈 쪽
237	105의 5-13	
238		빈 쪽
239	105의 13-106의 7	
240		빈 쪽
241	106의 7-107의 2	
242		빈 쪽
243	107의 2-12	
244		빈 쪽
245	107의 12-108의 5	
246		빈 쪽
247	108의 5-12	
248		빈 쪽
249	108의 13-109의 6	
250		빈 쪽
251	109의 6-14	
252		빈 쪽
253	72의 2-11	
254		빈 쪽
255	111의 13-112의 7	
256		빈 쪽
257	112의 8-113의 3	

258		빈 쪽
259	113의 3-14	
260		빈 쪽
261	113의 14-115의 2	
262		빈 쪽
263	115의 2-3, 117의 1-11	『老檔』 116은 빈쪽
264		빈 쪽
265	117의 11-118의 6	
266		빈 쪽
267	118의 6-119의 2	
268		빈 쪽
269	119의 2-10	
270		빈 쪽
271	119의 11-120의 4	
272		빈 쪽
273	120의 4-14	
274		빈 쪽
275	120의 14-121의 8	
276		빈 쪽
277	121의 8-122의 3	
278		빈 쪽
279	122의 3-12	
280		빈 쪽
281	122의 12-123의 6	

282		빈 쪽
283	123의 6-124의 1	
284		빈 쪽
285	124의 1-10	
286		빈 쪽
287	124의 10-125의 2	
288		빈 쪽
289	125의 2-10	
290		빈 쪽
291	125의 10-126의 2	
292		빈 쪽
293	126의 3-10	
294 (7)		빈 쪽
295 (8)		
296		빈 쪽
297	47의 2-13	중 복
298		빈 쪽
299	47의 14-48의 9	중 복
300	48의 10-49의 4	중 복
301	49의 5-50의 1	중 복
302	50의 1-14	중 복
303	50의 14-51-11	중 복
304	51의 11-52의 7	중 복

(7) 『原檔』에서는 昃字檔 표지 다음 쪽인 『原檔』1의 109쪽에 "天命巳未"라고 쓰여 있지만, 이 쪽이 『舊檔』 294인지는 확인할 수 없다. 天命4年(己

305	52의 7-13	중 복
306	52의 14-53의 7	중 복
307	53의 7-54의 2	중 복
308	54의 2-8	중 복
309	54의 8-55의 2	중 복
310	55의 2-11	중 복
311	55의 11-56의 8	중 복
312	56의 8-57의 6	중 복
313	57의 7-58의 2	중 복
314	58의 2-12	중 복
315	58의 12-59의 4	중 복
316	59의 4-14	중 복
317	59의 14-60의 10	중 복
318	60의 10-61의 5	중 복
319	61의 5-14	중 복
320	61의 14-62의 10	중 복
321	62의 10-63의 4	중 복
322	63의 4-15	
323	63의 15-64의 10	
324	64의 10-65의 5	
325	65의 5-66의 2	
326	66의 2-13	
327	66의 13-67의 8	

未, 1619)의 記事들이 앞뒤로 이어지기 때문에 "己未"의 誤記로 보인다.

(8) "baicaha (調査했다)"라고 쓰여 있다.

328	67의 8-15	
329	67의 15-68의 10	
330	68의 10-69의 12	
331	69의 12-70의 12	
332	70의 13-71의 9	
333	71의 9-72의 5	중 복
334	72의 5-73의 1	중 복
335	73의 1-10	중 복
336	73의 11-74의 6	중 복
337	74의 6-75의 1	중 복
338	75의 1-10	중 복
339	75의 11-76의 8	중 복
340	76의 8-77의 1	중 복
341	77의 1-14	중 복
342	77의 15-79의 1	중 복
343	79의 1-81의 6	중 복
344	81의 6-82의 1	중 복
345	82의 1-11	중 복
346	82의 11-83의 7	중 복
347	83의 8-84의 4	중 복
348	84의 4-15	중 복
349	84의 15-85의 10	중 복
350	85의 10-86의 5	중 복
351	86의 5-87의 2	중 복
352	87의 2-13	중 복

353	87의 13-83의 3	중 복
354	83의 8-89의 4	중 복
355	89의 4-15	중 복
356	89의 15-90의 11	중 복
357	90의 11-91의 7	중 복
358	91의 7-92의 5	중 복
359	92의 5-12	중 복
360	92의 13-93의 6	중 복
361	93의 6-94의 3	중 복
362	94의 3-13	중 복
363	94의 13-95의 9	중 복
364	95의 9-96의 3	중 복
365	96의 3-13	중 복
366	96의 13-97의 8	중 복
367	97의 8-98의 3	중 복
368	98의 3-6	중 복
369	98의 7-99의 1	중 복
370	99의 1-12	중 복
371	99의 12-100의 9	중 복
372	100의 9-13	중 복
373	100의 13-101의 6	중복,『老檔』102는 빈 쪽
374	103의 2-7	중 복
375	103의 7-12	중 복
376	103의 12-104의 6	중 복
377	104의 6-15	중 복

378	104의 15-105의 10	중 복
379	105의 10-106의 7	중 복
380	106의 7-107의 4	중 복
381	107의 4-108의 1	중 복
382	108의 1-12	중 복
383	108의 12-109의 8	중 복
384	109의 8-110의 5	중 복
385	110의 5-14	
386	110의 15-111의 11	
387	111의 11-112의 9	중 복
388	112의 9-113의 5	중 복
389	113의 5-114의 2	중 복
390	114의 2-15	중 복
391	114의 15-115의 3, 117의 2-10	중복,『老檔』116은 빈쪽
392	117의 10-118의 7	중 복
393	118의 7-119의 5	중 복
394	119의 5-120의 1	중 복
395	120의 1-13	중 복
396	120의 13-121의 10	중 복
397	121의 11-122의 8	중 복
398	122의 8-123의 4	중 복
399	123의 4-124의 1	중 복
400	124의 2-13	중 복
401	124의 13-125의 10	중 복
402	125의 10-126의 6	중 복

403	126의 6-127의 3	중 복
404	127의 3-14	
405	127의 15-128의 10	
406	128의 10-129의 14	
407	129의 14-130의 10	
408	130의 10-131의 8	
409	131의 8-132의 5	
410	132의 5-133의 2	
411	133의 2-13	
412	133의 13-134의 9	
413	134의 9-135의 3	
414	135의 3-15	
415	135의 15-136의 11	
416	136의 11-137의 12	
417	137의 12-138의 7	
418	138의 7-139의 3	
419	139의 3-15	
420	139의 15-140의 12	
421	140의 12-141의 10	
422	141의 10-142의 8	
423	142의 8-143의 4	
424	143의 4-14	
425	143의 14-144의 10	
426	144의 10-145의 5	
427	145의 5-145의 15	

428	145의 15-146의 11
429	146의 11-147의 7
430	147의 7-148의 2
431	148의 2-13
432	149의 2-13
433	149의 13-150의 10
434	150의 10-151의 5
435	151의 5-152의 1
436	152의 1-12
437	152의 12-153의 7
438	153의 7-154의 2
439	154의 2-9
440	154의 9-155의 4
441	155의 4-14
442	155의 14-156의 10
443	156의 10-157의 5
444	157의 5-158의 1
445	158의 1-11
446	158의 11-159의 9
447	159의 9-160의 5
448	160의 5-14
449	161의 2-12
450	161의 12-162의 10
451	162의 10-163의 5
452	163의 5-164의 3

453	164의 3-14	
454	164의 14-165의 11	
455	165의 11-166의 7	
456 (9)		빈 쪽
457	168의 13-169의 14	
458	169의 14-170의 12	
459	170의 12-171의 7	
460	171의 8-172의 5	
462	172의 5-173의 2	
462 (10)		빈 쪽
463	175의 9-14	
464	175의 14-176의 10	
465	176의 10-177의 5	
466	177의 5-15	
467	177의 15-178의 10	
468	178의 10-179의 5	
469	179의 5-15	
470	179의 15-180의 11	
471	180의 11-181의 7	
472	181의 7-182의 3	
473	182의 3-13	
474	182의 13-183의 9	
475	183의 9-184의 3	

(9) 『舊檔』 156은 빈 쪽이지만, 『原檔』에는 없다.
(10) 『舊檔』 162는 빈 쪽이지만, 『原檔』에는 없다.

476	184의 3-184의 15
477	185의 1-12
478	185의 12-186의 9
479	186의 9-187의 5
480	187의 5-188의 1
481	188의 1-189의 6
482	189의 6-190의 6
483	190의 6-191의 1
484	191의 2-14
485	191의 14-192의 11
486	192의 11-193의 9
487	193의 9-194의 6
488	194의 6-195의 1
489	195의 1-14
490	195의 14-196의 11
491	196의 12-197의 9
492	197의 9-198의 6
493	198의 7-199의 4
494	199의 4-15
495	199의 15-200의 12
496	200의 12-201의 9
497	201의 9-202의 5
498	202의 6-203의 2
499	203의 2-14
500	203의 14-204의 2

501[11]	
502	
503	204의 2- 205의 3
504	205의 3-206의 1
505	206의 1-14
506	206의 14-207의 12
507	207의 14-208의 9
508	208의 9-209의 6
509	209의 6-210의 3
510	210의 3-15
511	211의 1-13
512	211의 14-212의 11
513	212의 11-213의 7
514	213의 8-214의 4
515	214의 4-8
516	214의 9-11
517	214의 12-215의 9
518	215의 9-216의 4
519	216의 4-217의 1
520	217의 1-12
521	217의 12-218의 8
522	218의 8-219의 3
523	219의 3-220의 2
524	220의 2-221의 1

(11) 『舊檔』 501의 1에서 502의 7까지는 『老檔』에서 확인할 수 없다.

525	221의 2-9	
526	221의 9-222의 1	
527	222의 2-10	
528	222의 10-223의 6	『老檔』 224는 빈 쪽
529	225의 2-14	
530 (12)		빈 쪽
531	225의 14-226의 12	
532	226의 12-227의 10	
533	227의 10-228의 8	
534	228의 8-229의 7	
535	229의 8-230의 5	
536	230의 5-231의 3	
537	231의 3-15	
538	231의 15-232의 14	
539	232의 14-233의 10	
540	233의 10-234의 8	
541	234의 9-235의 7	
542	235의 7-236의 5	
543	236의 6-237의 1	
544	237의 1-15	
545	237의 15-238의 11	
546	238의 11-239의 10	
547	239의 10-240의 6	
548	240의 6-241의 2	

549	241의 3-4	
550	241의 5-6, 243의 1-10	『老檔』 242는 빈 쪽
551	243의 10-244의 7	
552	244의 7-245의 5	
553	245의 5-246의 6	
554	246의 7-247의 6	
555	247의 6-248의 4	
556	248의 4-249의 3	
557	249의 3-249의 14	
558 (13)		빈 쪽
559	250의 9-251의 1	
560 (14)		
561	251의 2-252의 1	
562	252의 1-253의 2	
563	253의 2-254의 1	
564	254의 1-255의 2	
565	255의 2-256의 3	
566	256의 3-257의 3	
567	257의 3-4	
568 (15)		
569	166의 7-167의 5	
570	173의 2-9, 175의 2-9	『老檔』 174는 빈 쪽
571	167의 5-168의 2	

(12) 『舊檔』 530은 빈 쪽이지만, 『原檔』에는 없다.
(13) 『舊檔』 558은 빈 쪽이지만, 『原檔』에는 없다.

572	168의 2-13	
573	259의 6-14	중 복
574	259의 14-260의 8	
575	260의 8-261의 1	
576	261의 1-8	
577	261의 9-262의 3	
578	262의 3-11	
579	262의 11-263의 5	
580	263의 5-13	
581	263의 13-264의 6	
582	264의 6-13	
583	264의 14-265의 7	
584	265의 7-266의 2	
585	266의 3-12	
586	266의 13-267의 8	
587	267의 8268의 1	
588	268의 1-12	
589	268의 13-269의 8	
590	269의 8-271의 9	『老檔』 270은 빈 쪽
591	271의 9-272의 3	
592	272의 4-11	
593	272의 11-273의 4	
594	273의 4-13	

(14) 『舊檔』 560의 1에서 3까지는 『老檔』에서 확인할 수 없다.
(15) 『舊檔』 568의 1에서 9까지는 『老檔』에서 확인할 수 없다.

595	273의 13-274의 6
596	274의 6-14
597	274의 14-275의 9
598	275의 9-276의 5
599	276의 5-15
600	276의 15-277의 10
601	277의 10-278의 5
602	278의 5-14
603	278의 15-279의 7
604 (16)	279의 8-280의 1
605	280의 1-8
606	280의 8-281의 3
607	281의 3-14
608	281의 14-283의 9
609	283의 9-15
610	284의 1-8
611	284의 8-285의 2
612	285의 2-11
613	285의 11-286의 3
614	286의 3-10
615	286의 11-287의 5
616	287의 5-288의 1
617	288의 1-10

(16) 『舊檔』 604의 1 앞에 "jangkio baksi aibari baksi ejehe dangse (장키오 박시와 아이바리 박시가 記錄한 檔子)"라고 쓰여 있다.

618	288의 10-289의 4
619	289의 4-13
620	289의 13-290의 7
621	290의 7-15
622	290의 15-291의 10
623	291의 10-292의 4
624	292의 4-14
625	292의 14-293의 10
626	292의 10-294의 1
627	294의 1-295의 7
628	295의 7-296의 2
629	296의 2-13
630	296의 13-297의 8
631	297의 8-298의 1
632	298의 2-6
633	298의 6-299의 2
634	299의 2-12
635	299의 12-300의 1
636 (17)	300의 2-12
637	300의 12-301의 7
638	301의 7-302의 1
639	302의 1-12
640	302의 12-303의 8
641	303의 8-304의 3

(17) 『舊檔』 636의 1 앞에 "hife janju ejehe dangse (히퍼 잔주가 記錄한 檔

642	304의 3-305의 1	
643	305의 2-11	
644	305의 12-306의 9	
645	306의 9-307의 7	
646	307의 8-309의 11	『老檔』 308은 빈 쪽
647	309의 11-310의 8	
648	310의 8-311의 1	
649	311의 2-10	
650	311의 10-312의 6	
652	312의 15-313의 10	
651	312의 7-15	
653	313의 10-314의 5	
654	314의 5-15	
655	314의 15-315의 11	
656	315의 12-316의 6	
657	316의 6-15	
658	316의 15-317의 10	
659	317의 10-13	
660 (18)	317의 14-318의 9	
661	318의 9-319의 6	
662	319의 6-320의 2	
663	320의 2-14	

子)"라고 쓰여 있다.

(18) 『舊檔』 660의 1 앞에 "korcin baksi nikan baksi ejehe dangse (코르친 박시와 漢人 박시가 記錄한 檔子)"라고 쓰여 있다.

664	320의 14-321의 12	
665	321의 12-322의 6	
666	322의 7-325의 2	『老檔』324은 빈 쪽
667	325의 2-325의 11	
668	325의 11-326의 8	
669	326의 8-327의 3	
670	327의 3-12	
671	327의 12-328의 8	
672	328의 9-329의 2	
673	329의 3-12	
674	329의 12-330의 6	
675	330의 6-13	
676	330의 14-331의 6	
677	331의 6-12	
678	331의 12-332의 5	
679	332의 5-15	
680	333의1-8	
681	333의 8-334의 2	
682	334의 2-10	
683	334의 10-335의 2	
684	335의 2-9	
685	335의 9-336의 3	
686	336의 3-10	
687	336의 10-12	
688	337의 2-8	

689	337의 9-338의 1	
690	338의 2-9	
691	338의 9-339의 6	
692	339의 6-15	
693	339의 15-340의 7	
694	340의 7-341의 1	
695	341의 1-9	
696	341의 9-15	
697	341의 15-342의 6	
698	342의 7-15	
699	342의 15-343의 10	
700	343의 10-344의 2	
701	344의 2-11	
702	344의 11-345의 3	
703	345의 3-11	
704	345의 11-346의 3	
705	346의 4-12	
706	346의 12-347의 7	
707	347의 7-11	
708 (19)	349의 2-8	중복,『老檔』348은 빈 쪽
709	349의 8-12	중 복
710 (20)	349의 13-350의 4	중 복
711	350의 4-11	중 복

(19)『舊檔』708의 1 앞에 "erebe ara (이것을 記錄하라)"라고 쓰여 있다.
(20)『舊檔』710의 1 앞에 "ume arara (記錄하지 마라)"라고 쓰여 있다.

712 (21)	350의 11-351의 4	중 복
713	351의 4-10	중 복
714	351의 10-352의 1	중 복
715	352의 1-7	중 복
716	352의 7-13	중 복
717 (22)	352의 14-353의 5	중 복
718	353의 5-10	중 복
719	353의 11-354의 1	중 복
720	354의 1-354의 10	중 복
721 (23)		
722	354의 11-14	
723 (24)	345의 12-355의 8	
724	355의 8-15	
725	355의 15-356의 8	중 복
726	356의 8-357의 1	중 복
727	357의 1-8	
728	357의 9-358의 2	
729	358의 2-11	
730 (25)	358의 15-359의 5	
731	359의 6-359의 15	

---

(21) 『舊檔』 712의 2 앞에 "erebe ara (이것을 記錄하라)"라고 쓰여 있다.

(22) 『舊檔』 717의 1 앞에 "erebe ara (이것을 記錄하라)"라고 쓰여 있다.

(23) 『舊檔』 721의 1 앞에 "erebe arambi (이것을 記錄한다)"는 지워져 있고, "ume arara (記錄하지 마라)"라고 쓰여 있다. 『舊檔』 721의 1에서 722의 5까지는 『老檔』에서 확인할 수 없다.

(24) 『舊檔』 723의 5 앞에 "ume arara (記錄하지 마라)"라고, 723의 8 앞에 "erebe arambi (이것을 記錄한다)"라고 쓰여 있다.

732 (26)	359의 15-360의 9	
733 (27)	360의 9-361의 3	
734	361의 3-11	
735	361의 11-362의 6	
736	362의 7-15	
737	362의 15-363의 8	
738 (28)	363의 8-14	
739	363의 15-364의 4	
740	365의 2-8	중 복
741 (29)	365의 9-14, 1221의 1-3	중 복
742	1221의 3-11	중 복
743 (30)	1221의 11-15	중 복
744	1222의 1-1222의 4, 366의 1-4	중 복
745	366의 4-11	중 복
746	366의 11-367의 5	중 복
747	367의 5-14	중 복
748	367의 14-368의 8	중 복
749	368의 8-369의 1	중 복
750	369의 1-10	중 복
751	369의 10-370의 4	중 복

(25) 『舊檔』 730의 6 앞에 "ume arara (記錄하지 마라)"라고 쓰여 있다.
(26) 『舊檔』 732의 2 앞에 "erebe ara (이것을 記錄하라)"라고 쓰여 있다.
(27) 『舊檔』 733의 4 앞에 "ume arara (記錄하지 마라)"라고, 733의 7 앞에 "erebe arambi (이것을 記錄한다)"라고 쓰여 있다.
(28) 『舊檔』 738의 9에서 739의 3까지는 『老檔』에서 확인할 수 없다.
(29) 『舊檔』 741의 1 앞에 "ume arara (記錄하지 마라)"라고 쓰여 있다.
(30) 『舊檔』 743의 4에서 744의 1까지는 지워져 있다.

752	370의 4-14	중 복
753	370의 14-371의 8	중 복
754	371의 8-372의 1	중 복
755	372의 1-8, 1223의 1-1223의 3	중 복
756	1223의 3-9, 370의 10-12	중 복
757	372의 12-373의 5	중 복
758	373의 5-9	중 복
759 (31)	375의 2-11	중 복, 『老檔』 374 은 빈 쪽
760	375의 12-376의 6	중 복
761	376의 7-15	중 복
762 (32)	377의 1-12	중 복
763	377의 12-378의 7	중 복
764 (33)	378의 7-379의 5	중 복
765	379의 5-13	중 복
766 (34)	379의 14-380의 10	중 복
767	380의 10-381의 8	중 복
768 (35)	381의 8-382의 6	중 복
769 (36)	382의 6-383의 3	중 복
770 (37)	383의 3-384의 1	중 복

(31) 『舊檔』 759의 1 앞에 "korcin baksi ejehe dangse (코르친 박시가 記錄한 檔子)", "erebe arambi (이것을 記錄한다)"라고 쓰여 있다.

(32) 『舊檔』 762의 1 앞에 "erebe arambi (이것을 記錄한다)"라고 쓰여 있다.

(33) 『舊檔』 764의 2 앞에 "erebe ume arara (이것을 記錄하지 마라)"라고, 764의 4 앞에 "erebe arambi (이것을 記錄한다)"라고 쓰여 있다.

(34) 『舊檔』 766의 1 앞에 "erebe ume arara (이것을 記錄하지 마라)"라고 쓰여 있다.

(35) 『舊檔』 768의 5 앞에 "erebe ume (이것을 하지 마라)"라고, 768의 6 앞에 "erebe arambi (이것을 記錄한다)"라고 쓰여 있다.

(36) 『舊檔』 769의 6 앞에 "erebe ume arara (이것을 記錄하지 마라)"라고 쓰여 있다.

771	384의 1-14	중 복
772	384의 14-385의 8	중 복
773	385의 8-386의 4	중 복
774	386의 4-387의 1	중 복
775	387의 1-389의 4	중 복, 『老檔』 388은 빈 쪽
776	389의 4-389의 12	중 복
777	390의 6-14	중 복
778	389의 13-390의 5	중 복
779	390의 14-391의 6	중 복
780	391의 7-15	중 복
781	391의 15-392의 7	중 복
782	392의 8-393의 6	중 복
783	393의 7-394의 3	중 복
784	394의 3-14	중 복
785	394의 14-395의 11	중 복
786	395의 11-396의 6	중 복
787	396의 6-10	중 복
788 (38)	396의 5-14	중 복
789	396의 15-397의 7	중 복
790 (39)	397의 8-398의 3	중 복
791	398의 3-14	중 복

(37) 『舊檔』 770의 5 앞에 "erebe arambi (이것을 記錄한다)"라고 쓰여 있다.

(38) 『舊檔』 788의 1 앞에 "juwan biyade dahai duse ejeme gaiha dangse (十月에 다하이 두서가 記錄해서 얻은 檔子)", "erebe ume arara (이것을 記錄하지 마라)"라고 쓰여 있다.

(39) 『舊檔』 790의 2 앞에 "erebe arambi (이것을 記錄한다)"라고 쓰여 있다.

792	398의 14-399의 7	중 복
793	399의 7-9	중 복
794 (40)	401의 2-10	중복, 『老檔』 400은 빈 쪽
795	401의 10-402의 4	중 복
796	402의 4-403의 1	중 복
797	403의 1-9	중 복
798 (41)	403의 9-404의 1	중 복
799	404의 1-10	중 복
800 (42)	404의 11-405의 6	중 복
801	405의 6-10	중 복
802	405의 11-406의 2	중 복
803	406의 3-11	중 복
804	406의 11-407의 3	중 복
805	407의 3-11	중 복
806	407의 11-408의 4	중 복
807	408의 4-11	중 복
808	408의 11-409의 3	중 복
809	409의 4-11	중 복
810	409의 11-410의 2	중 복
811	410의 2-12	중 복
812 (43)	410의 13-411의 5	중 복

(40) 『舊檔』 794의 1 앞에 "erebe arambi (이것을 記錄한다)"라고 쓰여 있다.
(41) 『舊檔』 798의 9 앞에 "erebe ume arara (이것을 記錄하지 마라)"라고 쓰여 있다.
(42) 『舊檔』 800의 1 앞에 "erebe arambi (이것을 記錄한다)"라고 쓰여 있다.
(43) 『舊檔』 812의 1 앞에 "erebe ume arara (이것을 記錄하지 마라)"라고, 812의 3 앞에 "erebe arambi (이것을 記錄한다)"라고 쓰여 있다.

813	411의 6-12	중 복
814	411의 12-412의 7	중 복
815	412의 7-15	중 복
816	412의 15-413의 7	중 복
817	413의 7-15	중 복
818	413의 15-414의 10	중 복
819	414의 11-415의 6	중 복
820	415의 6-13	중 복
821	415의 13-416의 5	중 복
822	416의 5-13	중 복
823	416의 13-419의 7	중복,『老檔』418은 빈 쪽
824	419의 7-14	중 복
825	419의 14-420의 8	중 복
826	420의 8-15	중 복
827 (44)	420의 15-421의 8	중 복
828 (45)	421의 8-422의 1	중 복
829	420의 2-7	중 복
830	422의 8-15	중 복
831	422의 15-423의 6	
832	423의 6-11	
833	423의 12-424의 2	
834	424의 2-9	
835	424의 9-425의 1	
836	425의 2-9	

---

(44) 『舊檔』 827의 9 앞에 "erebe ume arara (이것을 記錄하지 마라)"라고 쓰여 있다.

837 (46)	425의 10-426의 2
838	426의 2-9
839	426의 9-427의 2
840	427의 2-11
841	427의 11-428의 3
842	428의 3-9
843	428의 9-15
844	428의 15-429의 7
845	429의 8-15
846	429의 15-430의 6
847	430의 6-12
848	430의 12-431의 3
849	431의 3-11
850	431의 11-432의 5
851	432의 5-12
852 (47)	432의 12-433의 4
853	433의 4-10
854 (48)	433의 10-434의 4
855	434의 4-8
856 (49)	435의 2-8
857	435의 8-15

(45) 『舊檔』 828의 10 앞에 "erebe arambi (이것을 記錄한다)"라고 쓰여 있다.
(46) 『舊檔』 837의 1 앞에 "erebe arambi (이것을 記錄한다)"라고 쓰여 있다.
(47) 『舊檔』 852의 3 앞에 "erebe ara (이것을 記錄하라)"라고 쓰여 있다.
(48) 『舊檔』 854의 2 앞에 "erebe ume arara (이것을 記錄하지 마라)"라고 쓰여 있다.
(49) 『舊檔』 856의 1 앞에 "erebe ara (이것을 記錄하라)"라고 쓰여 있다.

858	435의 15-436의 8	
859 (50)	436의 8-15	
860	436의 15-437의 7	
861	437의 7-14	
862 (51)	437의 14-438의 8	
863	438의 8-439의 3	
864	439의 3-13	
865	439의 13-440의 7	
866	440의 7-441의 1	
867	441의 1-10	
868	441의 11-442의 2	
869 (52)	442의 2-11	
870	442의 11-443의 3	
871	443의 4-11	
872	443의 11-444의 5	
873	444의 5-14	
874	444의 14-445의 7	
875	445의 8-446의 2	
876	446의 3-11	
877 (53)	446의 11-449의 2	『老檔』 448은 빈 쪽

(50) 『舊檔』 859의 3 앞에 "erebe ara (이것을 記錄하라)"라고 쓰여 있다.
(51) 『舊檔』 862의 2 앞에 "erebe ume arara (이것을 記錄하지 마라)"라고 쓰여 있다.
(52) 『舊檔』 869의 9 앞에 "erebe ume arara (이것을 記錄하지 마라)"라고 쓰여 있다.
(53) 『舊檔』 877의 9 앞에 "erebe ume arara (이것을 記錄하지 마라)"라고 쓰여 있다.

878	449의 2-9
879	449의 9-450의 1
880	450의 2-8
881	450의 9-451의 1
882	451의 1-6
883 (54)	451의 6-11
884	451의 11-452의 1
885 (55)	452의 2-10
886	452의 11-453의 3
887	453의 3-9
888 (56)	453의 10-454의 1
889 (57)	454의 1-9
890	454의 10-455의 4
891 (58)	455의 4-11
892 (59)	455의 12-456의 5
893	456의 5-11
894	456의 11-457의 2
895	457의 3-9
896 (60)	457의 9-458의 2

---

(54) 『舊檔』 883의 4 앞에 "erebe ara (이것을 記錄하라)"라고 쓰여 있다.
(55) 『舊檔』 885의 7 앞에 "erebe ara (이것을 記錄하라)"가 지워져 있다.
(56) 『舊檔』 888의 9 앞에 "erebe ume arara (이것을 記錄하지 마라)"라고 쓰여 있다.
(57) 『舊檔』 889의 2 앞에 "erebe ara (이것을 記錄하라)"라고 쓰여 있다.
(58) 『舊檔』 891의 5 앞에 "erebe ume arara (이것을 記錄하지 마라)"라고 쓰여 있다.
(59) 『舊檔』 892의 1 앞에 "erebe ara (이것을 記錄하라)"라고 쓰여 있다.
(60) 『舊檔』 883의 7 앞에 "erebe ara (이것을 記錄하라)"라고 쓰여 있다.

897	458의 3-9
898	458의 9-459의 1
899 (61)	459의 2-10
900 (62)	459의 10-460의 2
901 (63)	460의 2-10
902	460의 10-461의 3
903	461의 3-9
904	461의 10-462의 1
905	462의 1-8
906	462의 8-14
907	462의 14-463의 2
908	465의 2-9
909	465의 9-466의 2
910	466의 3-9
911	466의 9-467의 2
912 (64)	467의 2-8
913	467의 8-468의 1
914 (65)	468의 1-10
915	468의 10-469의 3
916	469의 3-8
917 (66)	469의 8-470의 1

---

(61) 『舊檔』 899의 1 앞에 "erebe ara (이것을 記錄하라)"라고, 899의 7 앞에 "erebe ume arara (이것을 記錄하지 마라)"라고 쓰여 있다.

(62) 『舊檔』 900의 1 앞에 "erebe ara (이것을 記錄하라)"라고 쓰여 있다.

(63) 『舊檔』 901의 2 앞에 "erebe ume arara (이것을 記錄하지 마라)"라고 쓰여 있다.

(64) 『舊檔』 912의 8 앞에 "erebe ara (이것을 記錄하라)"라고 쓰여 있다.

918	470의 1-10
919 (67)	470의 10-471의 5
920	471의 5-15
921	471의 15-472의 7
922	472의 7-14
923 (68)	472의 14-473의 8
924	473의 8-474의 1
925 (69)	474의 1-10
926	474의 10-475의 3
927	475의 3-11
928 (70)	475의 11-476의 5
929 (71)	476의 6-14
930 (72)	476의 14-477의 6
931	477의 6-13
932 (73)	477의 13-478의 8
933	478의 8-479의 4
934	479의 4-12

(65) 『舊檔』 914의 3 앞에 "erebe ume arara (이것을 記錄하지 마라)"라고 쓰여 있다.

(66) 『舊檔』 917의 1 앞에 "erebe ara (이것을 記錄하라)"라고 쓰여 있다.

(67) 『舊檔』 919의 6 앞에 "erebe ume arara (이것을 記錄하지 마라)"라고, 919의 7 앞에 "erebe ara (이것을 記錄하라)"라고 쓰여 있다.

(68) 『舊檔』 923의 3 앞에 "erebe ume arara (이것을 記錄하지 마라)"라고 쓰여 있다.

(69) 『舊檔』 925의 8 앞에 "erebe ara (이것을 記錄하라)"가 지워져 있다.

(70) 『舊檔』 928의 4 앞에 "erebe ara (이것을 記錄하라)"라고 쓰여 있다.

(71) 『舊檔』 929의 1 앞에 "erebe ume arara (이것을 記錄하지 마라)"라고 쓰여 있다.

(72) 『舊檔』 930의 2 앞에 "erebe ara (이것을 記錄하라)"라고 쓰여 있다.

935	481의 2-10	『老檔』480은 빈 쪽
936	481의 10-482의 4	
937	482의 4-11	
938	482의 11-483의 2	
939 (74)	483의 3-10	
940	483의 10-484의 4	
941	484의 4-11	
942	484의 11-485의 4	
943	485의 4-13	
944 (75)	485의 14-486의 6	
945 (76)	486의 6-13	
946	486의 13-487의 5	
947	487의 5-15	
948 (77)	487의 15-488의 8	
949	488의 8-489의 2	
950	489의 2-10	
951	489의 10-490의 5	
952	490의 5-15	
953	490의 15-491의 11	

(73) 『舊檔』 932의 3 앞에 "erebe ume arara (이것을 記錄하지 마라)"라고 쓰여 있다.

(74) 『舊檔』 939의 1 앞에 "erebe ara (이것을 記錄하라)"라고 쓰여 있다.

(75) 『舊檔』 944의 1 앞에 "erebe ume arara (이것을 記錄하지 마라)"라고 쓰여 있다.

(76) 『舊檔』 945의 1 앞에 "ere be ume arara (이것을 記錄하지 마라)"라고 쓰여 있다.

(77) 『舊檔』 948의 8 앞에 "erebe ara (이것을 記錄하라)"라고 쓰여 있다.

954 (78)	491의 11-492의 5
955	492의 5-12
956	492의 12-494의 11(79)
957	492의 12-495의 5
958 (80)	495의 5-13
959	495의 13-496의 7
960	496의 7-497의 8
961	497의 8-13
962	497의 13-498의 5
963	498의 6-12
964	498의 12-499의 6
965	499의 6-14
966	499의 14-500의 8
967	500의 8-501의 2
968	501의 3-13
969	501의 13-502의 9
970	502의 9-503의 4
971	503의 4-13
972	503의 14-504의 8
973 (81)	504의 9-505의 2
974	505의 3-505의 11

(78) 『舊檔』 954의 2 앞에 "erebe ara (이것을 記錄하라)"라고 쓰여 있다.
(79) 『老檔』 493의 8에서 494의 7에 해당하는 부분은 『舊檔』 2100의 1에서 11까지이다.
(80) 『舊檔』 958의 5 앞에 "ere be ume arara (이것을 記錄하지 마라)"라고 쓰여 있다.

975 (82)	505의 12-506의 6	
976 (83)		
977	506의 6-507의 2	
978	507의 2-12	
979	507의 12-508의 9	
980	508의 9-509의 5	
981	509의 5-15	
982 (84)	509의 15, 548의 13-549의 3, 511의 2-5	『老檔』 510은 빈 쪽
983	511의 5-15	
984	511의 15-512의 10	
985	512의 11-513의 6	
986	513의 6-15	
987	513의 15-514의 7	
988	514의 8-15	
989	514의 15-515의 9	
990	515의 9-516의 3	
991	516의 3-13	
992	516의 14-517의 10	
993	517의 10-518의 3	
994	518의 3-11	

(81) 『舊檔』 973의 1 앞에 "erebe ume arara (이것을 記錄하지 마라)"라고 쓰여 있다.

(82) 『舊檔』 975의 1 앞에 "juwe biyade jontai baksi ejehe (二月에 존타이 박시가 記錄했다)", "ere be ume arara (이것을 記錄하지 마라)"라고 쓰여 있다.

(83) 『舊檔』 976의 1에서 2까지는 『老檔』에서 확인할 수 없다.

(84) 『舊檔』 982의 2 앞에 "erebe amala orin ninggun i inenggi bade ara (이것을 뒤쪽 26일 곳에 記錄하라)", "ninggun i inenggi bade ara (6일의 곳

995 (85)	518의 12-519의 6
996 (86)	519의 6-13
997	519의 13-520의 4
998 (87)	520의 5-13
999	520의 13-521의 7
1000	521의 7-15
1001	522의 1-9
1002 (88)	522의 9-523의 1
1003	523의 1-9
1004 (89)	523의 9-524의 3
1005 (90)	524의 3-525의 9
1006	525의 9-526의 4
1007 (91)	526의 4-13
1008	526의 13-527의 6
1009 (92)	527의 6-15
1010 (93)	527의 15-528의 9
1011	528의 9-529의 3
1012	529의 3-12

에 記錄하라)"라고 쓰여 있다.

(85) 『舊檔』 995의 1 앞에 "erebe ume arara (이것을 記錄하지 마라)"라고 쓰여 있다.

(86) 『舊檔』 996의 7 앞에 "erebe ume arara (이것을 記錄하지 마라)"라고 쓰여 있다.

(87) 『舊檔』 998의 3 앞에 "erebe ume arara (이것을 記錄하지 마라)"라고 쓰여 있다.

(88) 『舊檔』 1002의 9 앞에 "ere be ume arara (이것을 記錄하지 마라)"라고 쓰여 있다.

(89) 『舊檔』 1004의 2 앞에 "erebe ume arara (이것을 記錄하지 마라)"가 지

1013	529의 13-530의 9
1014	530의 10-531의 4
1015	531의 4-12
1016	531의 13-532의 6
1017 (94)	532의 7-533의 1
1018 (95)	533의 1-11
1019	533의 11-534의 5
1020 (96)	534의 6-14
1021	534의 15-535의 8
1022 (97)	535의 8-536의 4
1023 (98)	536의 5-537의 9
1024 (99)	537의 10-538의 4
1025	538의 4-14
1026	538의 14-539의 10
1027	539의 10-540의 3
1028 (100)	540의 4-12
1029	540의 13-541의 6

워져 있다.

(90) 『舊檔』 1005의 2 앞에 “erebe ume arara (이것을 記錄하지 마라)”라고 쓰여 있다.

(91) 『舊檔』 1007의 5 앞에 “erebe ume arara (이것을 記錄하지 마라)”라고 쓰여 있다.

(92) 『舊檔』 1009의 5 앞에 “erebe ume arara (이것을 記錄하지 마라)”라고 쓰여 있다.

(93) 『舊檔』 1010의 3 앞에 “erebe ara (이것을 記錄하라)”라고 쓰여 있다.

(94) 『舊檔』 1017의 2 앞에 “erebe ara (이것을 記錄하라)”라고 쓰여 있다.

(95) 『舊檔』 1018의 1 앞에 “erebe ume arara (이것을 記錄하지 마라)”라고 쓰여 있다.

1030 (101)	541의 6-15
1031	542의 1-10
1032 (102)	542의 10-543의 5
1033	543의 5-15
1034 (103)	543의 15-544의 10
1035	544의 10-545의 4
1036	545의 4-13
1037	545의 13-546의 8
1038	546의 8-547의 4
1039	547의 4-13
1040	547의 13-548의 7
1041	548의 7-549의 9
1042 (104)	549의 9-550의 2
1043	550의 3-14

(96) 『舊檔』 1020의 1 앞에 "erebe ara (이것을 記錄하라)"라고, 1020의 9 앞에 "erebe ara (이것을 記錄하라)"라고 쓰여 있다.

(97) 『舊檔』 1022의 7 앞에 "erebe ume arara (이것을 記錄하지 마라)"라고 쓰여 있다.

(98) 『舊檔』 1023의 7 앞에 "erebe ara (이것을 記錄하라)"라고 쓰여 있다.

(99) 『舊檔』 1024의 2 앞에 "erebe ume arara (이것을 記錄하지 마라)"라고, 1024의 9 앞에 "erebe ara (이것을 記錄하라)"라고 쓰여 있다.

(100) 『舊檔』 1028의 7 앞에 "ere be ume arara (이것을 記錄하지 마라)"라고 쓰여 있다.

(101) 『舊檔』 1030의 6 앞에 "erebe ume arara (이것을 記錄하지 마라)"라고, 1030의 10 앞에 "erebe ara (이것을 記錄하라)"라고 쓰여 있다.

(102) 『舊檔』 1032의 9 앞에 "erebe ume arara (이것을 記錄하지 마라)"라고 쓰여 있다.

(103) 『舊檔』 1034의 8 앞에 "erebe ume arara (이것을 記錄하지 마라)"라고 쓰여 있다.

(104) 『舊檔』 1042의 2 앞에 "erebe ara (이것을 記錄하라)"라고 쓰여 있다.

1044 (105)	550의 14-551의 10	
1045	551의 10-14	
1046 (106)	553의 2-10	중복, 『老檔』 552은 빈 쪽
1047	553의 10-554의 4	중 복
1048	554의 4-12	중 복
1049	554의 12-555의3	중 복
1050	555의 3-10	중 복
1051	555의 10-15	중 복
1052	555의 15-556의 6	중 복
1053 (107)	556의 6-7	중 복
	558의 13-559의 3	
1054	59의 3-8	중 복
1055	559의 8-560의 1	
1056 (108)	560의 1-10	
1057	560의 10-561의 4	
1058 (109)	561의 4-13	
1059	561의 14-562의 8	
1060	562의 8-14	
1061	562의 14-563의 6	

(105) 『舊檔』 1044의 1 앞에 "ere be ume arara (이것을 記錄하지 마라)"라고 쓰여 있다.

(106) 『舊檔』 1044의 4 앞에 "erebe ara (이것을 記錄하라)"라고 쓰여 있다.

(107) 『舊檔』 1053의 2 앞에 "beisei gisurehe gisunbe arambi (버일러들이 말한 말을 記錄한다)"라고 쓰여 있다. 원문에서는 "gisumbe"라고 쓰여 있지만 "gisunbe"의 誤記로 보인다.

(108) 『舊檔』 1056의 2 앞에 "erebe ume arara (이것을 記錄하지 마라)"라고, 1056의 5 앞에 "erebe arambi (이것을 記錄한다)"라고 쓰여 있다.

(109) 『舊檔』 1058의 1 앞에 "arambi (記錄한다)"라고 쓰여 있다.

1062 (110)	563의 6-14
1063	563의 14-564의 7
1064 (111)	564의 8-565의 1
1065	565의 1-11
1066	565의 12-566의 5
1067	566의 5-567의 7
1068	567의 8-568의 4
1069	568의 4-15
1070 (112)	569의 1-6
1071	569의 6-570의 2
1072	570의 2-11
1073 (113)	570의 11-571의 7
1074 (114)	571의 7-572의 2
1075 (115)	572의 2-12
1076	572의 12-573의 5
1077 (116)	573의 6-15
1078 (117)	574의 1-10

(110) 『舊檔』 1062의 윗쪽에 "ubade ili (여기에 세워라)"라고 가로로 쓰여 있다.
(111) 『舊檔』 1064의 1 앞에 "arambi (記錄한다)"라고 쓰여 있다.
(112) 『舊檔』 1070 1에서 5까지는 『老檔』에서 확인할 수 없다.
(113) 『舊檔』 1073의 3 앞에 "ere be ume arara (이것을 記錄하지 마라)"라고, 1073의 9 앞에 "erebe ara (이것을 記錄하라)"라고 쓰여 있다.
(114) 『舊檔』 1074의 8 앞에 "erebe ume arara (이것을 記錄하지 마라)"가 지워져 있다.
(115) 『舊檔』 1075의 5 앞에 "ere be ume (이것을 하지 마라)"라고 쓰여 있다.
(116) 『舊檔』 1077의 9 앞에 "ere be ara (이것을 記錄하라)"라고 쓰여 있다.
(117) 『舊檔』 1078의 1 앞에 "ere be ume arara (이것을 記錄하지 마라)"라고 쓰여 있다.

1079	574의 10-575의 5
1080 (118)	575의 5-12
1081 (119)	575의 12-576의 8
1082	576의 8-577의 3
1083 (120)	577의 3-13
1084	577의 14-578의 7
1085 (121)	578의 8-579의 2
1086 (122)	579의 2-10
1087	579의 10-580의 3
1088	580의 3-11
1089 (123)	580의 11-581의 8
1090	581의 9-582의 1
1091 (124)	582의 1-11
1092	582의 11-583의 4
1093 (125)	583의 4-14
1094	583의 14-584의 6

---

(118) 『舊檔』 1080의 4 앞에 "ere be ara (이것을 記錄하라)"라고 쓰여 있다.
(119) 『舊檔』 1081의 9 앞에 "ere be ume arara (이것을 記錄하지 마라)"라고 쓰여 있다.
(120) 『舊檔』 1083의 7 앞에 "ere be ara (이것을 記錄하라)"라고, 1083의 11 앞에 "ere be ume (이것을 하지 마라)"라고 쓰여 있다.
(121) 『舊檔』 1085의 1 앞에 "erebe ume arara (이것을 記錄하지 마라)"라고 쓰여 있다.
(122) 『舊檔』 1086의 6 앞에 "erebe ara (이것을 記錄하라)"라고 쓰여 있다.
(123) 『舊檔』 1089의 3 앞에 "erebe ume arara (이것을 記錄하지 마라)"라고 쓰여 있다.
(124) 『舊檔』 1091의 6 앞에 "ere be ara (이것을 記錄하라)"라고 쓰여 있다.
(125) 『舊檔』 1093의 5 앞에 "ere be ume (이것을 하지 마라)"라고, 1093의 10 앞에 "erebe ara (이것을 記錄하지 마라)"가 지워져 있다.

1095 (126)	584의 6-15
1096	584의 15-585의 8
1097	585의 8-586의 1
1098	586의 1-7, 1224의 1-2
1099	1224의 2-9, 586의 7
1100	586의 7-15
1101 (127)	587의 1-9
1102	587의 9-588의 2
1103 (128)	588의 2-11
1104	588의 11-589의 3
1105	589의 3-12
1106	589의 12-590의 5
1107	590의 5-11
1108	590의 12-591의 3
1109	591의 3-10
1110 (129)	591의 11-592의 3
1111	592의 3-10
1112	592의 10-593의 3
1113 (130)	593의 4-15

---

(126) 『舊檔』 1095의 10 앞에 "erebe ume arara (이것을 記錄하지 마라)"라고 쓰여 있다.

(127) 『舊檔』 1101의 1 앞에 "erebe ara (이것을 記錄하라)"라고, 1101의 5 앞에 "erebe ume arara (이것을 記錄하지 마라)"라고 쓰여 있다.

(128) 『舊檔』 1103의 1 앞에 "erebe ara (이것을 記錄하라)"가 지워져 있고, 1103의 4 앞에 "erebe ara (이것을 記錄하라)"라고 쓰여 있다.

(129) 『舊檔』 1110의 1 앞에 "erebe ume arara (이것을 記錄하지 마라)"라고, 1110의 4 앞에 "ere be ara (이것을 記錄하라)"라고 쓰여 있다.

(130) 『舊檔』 1113의 1 앞에 "erebe ume arara (이것을 記錄하지 마라)"라고,

1114 (131)	593의 15-595의 8
1115	595의 8-15
1116	595의 15-596의 9
1117	596의 9-15
1118 (132)	596의 15-597의 8
1119	597의 8-15
1120	597의 15-598의 7
1121 (133)	598의 8-599의 1
1122 (134)	599의 2-9
1123	599의 9-600의 2
1124	600의 2-10
1125	600의 10-601의 4
1126	601의 4-11
1127 (135)	601의 11-602의 5
1128	602의 6-602의 14
1129	602의 15-603의 9
1130	603의 9-604의 6
1131	604의 7-605의 1
1132	빈 쪽

1113의 9 앞에 "ere be ara (이것을 記錄하라)"라고 쓰여 있다.

(131) 『舊檔』 1114의 2 앞에 "ere be ume arara (이것을 記錄하지 마라)"라고 쓰여 있다.

(132) 『舊檔』 1118의 8 앞에 "ere be ume arara (이것을 記錄하지 마라)"라고 쓰여 있다.

(133) 『舊檔』 1121의 4 앞에 "erebe ara (이것을 記錄하라)"가 지워져 있고, 1121의 9 앞에 "erebe ume arara (이것을 記錄하지 마라)"라고 쓰여 있다.

(134) 『舊檔』 1122의 7 앞에 "erebe ara (이것을 記錄하라)"가 지워져 있다.

1133[136]		
1134[137]		빈 쪽
1135[138]		
1136[139]		빈 쪽
1137	349의 2-9	중 복
1138	349의 9-12	중 복
1139	349의 13-350의 6	중 복
1140	350의 7-351의 3	중 복
1141	351의 3-12	중 복
1142	351의 12-352의 5	중 복
1143	352의 6-353의 1	중 복
1144	353의 2-10	중 복
1145	353의 11-354의 5	중 복
1146	354의 5-10, 356의2-10	중 복
1147[140]	356의 1	중 복
1148		

(135) 『舊檔』 1127에서 1132까지가 『原檔』에는 없다.

(136) 『舊檔』 1133의 1 앞에 "ereci ara (이것에서부터 記錄하라)", "baicaha ede bi (調査했다 여기에 있다)"라고 쓰여 있다. 『舊檔』 1133의 1에서 3까지는 蒙文으로 쓰여 있고, 『老檔』에서 확인할 수 없다. 蒙文 내용은 栗林均·海蘭編, 『"滿文原檔" 所收モンゴル語文書の研究』 (東北アジア研究センター報告17, 仙台: 東北大學東北アジア研究センター, 2015), 62-63쪽 참고. 이하에서 『モンゴル語文書』로 약칭함. 『原檔』에서는 來字檔 표지 다음 쪽, 『舊檔』1133의 앞 쪽인 『原檔』3의 1쪽에 "偹査"라고 쓰여 있지만 『舊檔』에는 이 쪽이 없다.

(137) 『舊檔』 1134는 빈 쪽이지만, 『原檔』에는 없다.

(138) "仰孟州衛併問報"라고 쓰여 있다.

(139) 『舊檔』 11336은 빈 쪽이지만, 『原檔』에는 없다.

(140) 『舊檔』 1147의 1에서 1149의 3까지는 『老檔』에서 확인할 수 없다. 『舊檔』 726에도 이 記事는 없다.

1149		
1150	365의 2-10	중 복
1151	365의 11-14, 1221의 1-8	중 복
1152	1221의 8-1222의 1	중 복
1153	1222의 1-4, 366의 1-6	중 복
1154	366의 6-367의 2	중 복
1155	367의 2-11	중 복
1156	367의 12-368의 7	중 복
1157	368의 7-369의 1	중 복
1158	369의 1-13	중 복
1159 (141)	369의 14-370의 5	중 복
1160	370의 5-15	중 복
1161	370의 15-371의 11	중 복
1162	371의 11-372의 7	중 복
1163	372의 7-8, 1223의 1-9	중 복
1164	1223의 9, 372의 10-373의 5	중 복
1165	373의 6-375의 6	중 복, 『老檔』374는 빈 쪽
1166	375의 6-14	중 복
1167	375의 14-376의 9	중 복
1168	376의 10-377의 6	중 복
1169	377의 6-378의 2	중 복
1170	378의 2-10	중 복
1171	378의 11-379의 4	중 복
1172	379의 4-14	중 복

(141) 『舊檔』 1159의 1은 『老檔』에서 확인할 수 없다. 『舊檔』 751에도 이

1173	379의 15-380의 9	중 복
1174	380의 9-381의 2	중 복
1175	381의 2-10	중 복
1176 (142)	381의 10-382의 6	중 복
1177	382의 6-383의 1	중 복
1178	383의 2-15	중 복
1179	383의 15-384의 9	중 복
1180	384의 10-385의 6	중 복
1181	385의 6-386의 1	중 복
1182	386의 2-13	중 복
1183	386의 13-389의 5	중 복
1184	389의 5-12	중 복
1185	389의 13-390의 8	중 복
1186	390의 9-391의 2	중 복
1187	391의 3-12	중 복
1188	391의 12-392의 6	중 복
1189	392의 6-393의 3	중 복
1190	393의 3-394의 1	중 복
1191	394의 2-12	중 복
1192	394의 12-395의 5	중 복
1193	395의 6-396의 1	중 복
1194	396의 2-10	중 복

記事는 없다.

(142) 『舊檔』 1176의 1의 "dobori emhun (duka) dosika niyalma (밤에 혼자 (문을) 들어가는 사람)"는 지워져 있고, 1176의 2에 "dobori emhun duka dosika tere niyalma (밤에 혼자 문을 들어가는 그 사람)"로 고쳐

1195	396의 5-396의 14	중 복
1196	396의 15-397의 8	중 복
1197 (143)	397의 8-14	중 복
1198	397의 15-398의 8	중 복
1199	398의 9-399의 2	중 복
1200	399의 2-9	중 복
1201	399의 9	중 복
1202		빈 쪽
1203	401의 2-8	중 복, 『老檔』 400은 빈 쪽
1204	401의 8-15	중 복
1205	402의 1-12	중 복
1206	402의 12-403의 8	중 복
1207	403의 8-404의 3	중 복
1208	404의 4-15	중 복
1209	404의 15-405의 8	중 복
1210 (144)	405의 8-11	중 복
1211	405의 11-406의 7	중 복
1212	406의 8-407의 3	중 복
1213	407의 3-11	중 복
1214	407의 11-408의 3	중 복
1215	408의 3-13	중 복
1216	408의 14-409의 7	중 복
1217	409의 7-410의 1	중 복

져 있다.

(143) 『舊檔』 1197의 6에서 9까지는 『老檔』에서 확인할 수 없다. 『舊檔』

1218	410의 1-8	중 복
1219	410의 8-411의 2	중 복
1220	411의 3-11	중 복
1221	411의 12-412의 9	중 복
1222	412의 9-413의 6	중 복
1223	413의 6-414의 1	중 복
1224	414의 1-12	중 복
1225	414의 12-415의 7	중 복
1226	415의 7-15	중 복
1227	415의 15-416의 11	중 복
1228	416의 11-419의 6	중 복, 『老檔』 418은 빈 쪽
1229	419의 6-420의 6	중 복
1230	420의 7-421의 1	중 복
1231	421의 1-11	중 복
1232	421의 11-422의 6	중 복
1233	422의 6-12	중 복
1234 (145)		빈 쪽
1235 (146)		빈 쪽
1236 (147)		
1237	619의 1-5	
1238 (148)		
1239		

751에도 이 記事는 없다.

(144) 『老檔』 405의 10에 "原檔殘缺"로 표기되어 있고, 『舊檔』 801이 毁損되어 내용을 확인할 수 없지만, 『舊檔』 1210에서 그 내용을 확인할 수 있다.

(145) 『舊檔』 1234는 빈 쪽이지만, 『原檔』에는 없다.

1240	610의 11-15	
1241	605의 2-6	
1242	609의 2-9	
1243	609의 9-610의 1	
1244	610의 1-8	
1245	610의 8-10, 605의 7-10	
1246	605의 10-15	
1247	607의 2-9	『老檔』 606은 빈 쪽
1248	607의 9-608의 1	
1249	608의 1-4	
1250	608의 4-10	
1251	608의 10-14	
1252	608의 15-609의 1	
1253	611의 1-2	
1254	554의 1-7	중 복
1255	554의 7-15	중 복
1256	554의 15-555의 6	중 복
1257	555의 7-13	중 복
1258	555의 13-556의 4	중 복
1259	556의 4-10	중 복
1260	556의 10-557의 2	중 복
1261	557의 2-9	

(146) 『舊檔』 1235는 빈 쪽이지만, 『原檔』에는 없다.
(147) "天聰三年"이라고 쓰여 있다.
(148) 『舊檔』 1238의 1에서 1239의 4까지는 『老檔』에서 확인할 수 없다.

1262	557의 9-558의 4	
1263	558의 4-10	
1264	558의 10-12	
1265	553의 6-12	중 복
1266	559의 2-7	중 복
1267	611의 3-11	
1268	611의 11-15	
1269	611의 15-612의 3	
1270	612의 4-8	
1271	612의 9-11	
1272	612의 12-15	
1273	615의 2-10	
1274	613의 1-7	
1275	613의 7-12	
1276	613의 12-614의 1	
1277	614의 2-6	
1278	614의 7-13	
1279	614의 14-615의 1	
1280	615의 11-14	
1281	615의 15-616의 1	
1282	616의 2-9	
1283	616의 9-13	
1284	616의 14-617의 2	
1285	617의 3-4	
1286	617의 5-12	

1287	617의 13-14	
1288	617의 15-618의 6	
1289	618의 7-8	
1290	618의 9-10	
1291	618의 11-13	
1292	618의 14-15	
1293	621의 2-12	
1294	621의 12-622의 9	
1295 (149)	622의 9-623의 3	중 복
1296 (150)	623의 4-14	중 복
1297 (151)	623의 14-264의 12	중 복
1298	624의 12-625의 11	중 복
1299	625의 12-626의 14	중 복
1300	626의 14-627의 5	중 복
1301 (152)	627의 6-628의 2	
1302	628의 3-4	
1303 (153)	628의 5-7	
1304	628의 8-629의 1	
1305 (154)		
1306 (155)	629의 2-3	중 복

(149) 『舊檔』 1295의 8 앞에 "ere be ara (이것을 記錄하라)"라고 쓰여 있다.
(150) 『舊檔』 1296의 4 앞에 "ere ume (이것 하지마라)"라고 쓰여 있다.
(151) 『舊檔』 1297의 7 앞에 "ere be ara (이것을 記錄하라)"라고 쓰여 있다.
(152) 『舊檔』 1301의 1 앞에 "ere be ara (이것을 記錄하라)"라고 쓰여 있다.
(153) 『舊檔』 1303의 3에서 10까지는 『老檔』에서 확인할 수 없다.
(154) 『舊檔』 1305의 1에서 10까지는 『老檔』에서 확인할 수 없다.
(155) 『舊檔』 1306의 1 앞에 "ere be ara ede bungnangge be erei sirame ara (이것

1307 (156)		
1308		
1309 (157)	629의 4-14	중 복
1310		
1311		
1312 (158)	629의 15-630의 11	중 복
1313	630의 11-631의 9	중 복
1314 (159)	631의 9-632의 6	중 복
1315	632의 6-633의 1	중 복
1316	633의 1-13	중 복
1317	633의 14-634의 9	중 복
1318 (160)	634의 9-12	중 복
1319 (161)	634의 13-635의 8	중 복
1320 (162)	635의 8-637의 9	중복, 『老檔』 636은 빈 쪽
1321 (163)	637의 9-638의 6	중 복
1322	638의 6-639의 3	

을 記錄하라 그래서 만든 것을 여기에 계속해서 記錄하라)"라고 쓰여 있다.

(156) 『舊檔』 1307의 1 앞에 "ere be ume (이것을 하지마라)"라고 쓰여 있다. 『舊檔』 1307의 1에서 1308의 10까지는 『老檔』에서 확인할 수 없다. 『舊檔』 1521에도 이 記事는 없다.

(157) 『舊檔』 1309의 10에서 1311의 9까지는 『老檔』에서 확인할 수 없다. 『舊檔』 1522에도 이 記事는 없다.

(158) 『舊檔』 1312의 1 앞에 "ere be ara (이것을 記錄하라)"라고 쓰여 있다.

(159) 『舊檔』 1314의 5 앞에 "ere be ume (이것을 하지마라)"라고 쓰여 있다.

(160) 『舊檔』 1318의 4에서 1319의 1까지는 『老檔』에서 확인할 수 없다. 『舊檔』 1532에서 1533까지도 이 記事는 없다.

(161) 『舊檔』 1319의 2 앞에 "ere be ume (이것을 하지마라)"라고 쓰여 있다.

(162) 『舊檔』 1320의 5 앞에 "ere be ara (이것을 記錄하라)"라고 쓰여 있다.

(163) 『舊檔』 1321의 2 앞에 "ere be ume (이것을 하지마라)"라고 쓰여 있다.

1323	639의 3-13	
1324	639의 13-640의 7	
1325	640의 7-641의 1	
1326	641의 1-10	
1327	641의 10-642의 3	
1328	642의 3-11	
1329	642의 11-643의 3	
1330 (164)	643의 4-644의 1	
1331 (165)	644의 1-10	중 복
1332	644의 10-645의 8	중 복
1333 (166)	645의 9-646의 4	
1334	646의 4-11	
1335	646의 11	
1336	647의 5-15	
1337 (167)	648의 1-10	중 복
1338	648의 10-649의 4	중 복
1339 (168)	649의 4-13	중 복
1340	649의 14-650의 5	
1341	650의 5-651의 4	
1342	651의 4-13	

---

(164) 『舊檔』 1330의 1 앞에 "ere be ara (이것을 記錄하라)"라고, 1330의 4 앞에 "ere be ume (이것을 하지마라)"라고 쓰여 있다.
(165) 『舊檔』 1331의 3 앞에 "ere be ara (이것을 記錄하라)"라고 쓰여 있다.
(166) 『舊檔』 1333의 1 앞에 "ere be ume (이것을 하지마라)"라고 쓰여 있다.
(167) 『舊檔』 1337의 8 앞에 "ere be ara (이것을 記錄하라)"라고 쓰여 있다.
(168) 『舊檔』 1339의 3 앞에 "ere ume (이것 하지마라)"라고 쓰여 있다.

1343 (169)	651의 13-652의 7	중 복
1344	652의 7-15	중 복
1345	652의 15-653의 9	중 복
1346	653의 9-654의 1	중 복
1347	654의 1-9	중 복
1348 (170)	654의 9-655의 4	중 복
1349	655의 4-12	
1350	655의 12-656의 6	
1351 (171)	656의 6-14	중 복
1352 (172)	656의 15-657의 8	
1353	657의 8-14	
1354	657의 14-658의 8	
1355	658의 8-659의 3	
1356	659의 3-9	
1357	659의 10-660의 3	
1358 (173)	660의 3-13	중 복
1359	660의 13-661의 7	
1360 (174)	661의 7-662의 1	중 복
1361	662의 2-10	중 복

(169) 『舊檔』 1343의 6 앞에 "ere be ara (이것을 記錄하라)"라고 쓰여 있다.
(170) 『舊檔』 1348의 6 앞에 "ere be ume (이것을 하지마라)"라고 쓰여 있다.
(171) 『舊檔』 1351의 5 앞에 "ere be ara (이것을 記錄하라)"라고 쓰여 있다.
(172) 『舊檔』 1352의 1 앞에 "ere ume (이것 하지마라)"라고 쓰여 있다.
(173) 『舊檔』 1358의 1 앞에 "erebe ara (이것을 記錄하라)"라고, 1358의 3 앞에 "erebe ume (이것을 하지마라)"라고 쓰여 있다.
(174) 『舊檔』 1360의 9 앞에 "erebe ara (이것을 記錄하라)"라고 쓰여 있다.

1362 (175)	662의 10-663의 5	중 복
1363	663의 5-14	
1364	663의 14-664의 8	
1365	664의 8-665의 2	
1366	665의 2-12	
1367	665의 12-666의 6	
1368	666의 6-667의 7	
1369	667의 7-15	
1370	667의 15-668의 8	
1371	668의 8-669의 2	
1372	669의 2-12	
1373	669의 12-670의 6	
1374	670의 6-14	
1375	670의 15-671의 9	
1376	671의 9-672의 3	
1377	672의 4-12	
1378	672의 12-673의 5	
1379	673의 5-12	
1380	673의 12-674의 5	
1381	674의 5-12	
1382	674의 12-675의 6	
1383	675의 7-12	
1384	675의 13-676의 7	

(175) 『舊檔』 1362의 3 앞에 "erebe ume (이것을 하지마라)"라고 쓰여 있다.

1385	676의 7-677의 2	
1386	677의 2-10	
1387	677의 11-678의 5	
1388	678의 6-7	
1389	678의 8-679의 2	
1390	679의 2-9	
1391	679의 10-680의 4	
1392	680의 4-15	
1393	681의 1-15	
1394	682의 1-15	
1395	682의 15-685의 11	『老檔』 684는 빈 쪽
1396	685의 11-686의 7	
1397	686의 7-687의 3	중 복
1398	687의 4-15	
1399	687의 15-688의 11	
1400 (176)	688의 12-689의 8	중 복
1401	689의 8-690의 3	
1402	690의 4-12	
1403	690의 13-691의 11	
1404	691의 11-692의 5	
1405 (177)	692의 5-14	중 복
1406	692의 14-693의 7	중 복

(176) 『舊檔』 1400의 5 앞에 "erebe ara (이것을 記錄하라)"라고, 1400의 7 앞에 "erebe ume (이것을 하지마라)"라고 쓰여 있다.

(177) 『舊檔』 1405의 3 앞에 "tofohon de erebe ara (15일에 이것을 記錄하

1407	693의 7-694의 1	중 복
1408 [178]	694의 1-12	중 복
1409	694의 12-695의 9	
1410	695의 9-696의 4	
1411	696의 4-15	
1412	696의 15-697의 10	
1413	697의 10-698의 6	
1414	698의 7-699의 2	
1415	699의 3-15	
1416	699의 15-701의 14	『老檔』 700은 빈 쪽
1417	701의 14-702의 10	
1418	702의 11-703의 5	
1419	703의 5-14	
1420	703의 14-704의 9	
1421	704의 9-705의 4	
1422	705의 4-13	
1423	705의 14-706의 7	
1424	706의 8-707의 2	
1425	707의 2-6	
1426	707의 7-13	
1427	707의 14-708의 10	
1428	708의 10-11	
1429	708의 12-709의 10	

라)"라고 쓰여 있다.

(178) 『舊檔』 1408의 4 앞에 "erebe ume (이것을 하지마라)"라고 쓰여 있다.

1430	709의 10-710의 10	
1431 (179)	710의 10-711의 6	중 복
1432 (180)	711의 7-712의 5	중 복
1433	712의 6-13	
1434	712의 13-713의 11	
1435	713의 11-714의 7	
1436 (181)	714의 7-715의 3	중 복
1437 (182)	715의 3-14	중 복
1438 (183)	715의 14-717의 6	중 복
1439	717의 7-15	
1440	718의 1-12	
1441	718의 12-719의 7	
1442 (184)	719의 8-720의 2	
1443 (185)	720의 2-14	
1444	720의 14-721의 13	
1445 (186)	721의 13-722의 9	
1446	722의 9-723의 5	
1447	723의 5-13	

(179) 『舊檔』 1431의 6 앞에 "duin biya erebe ara (四月에 이것을 記錄하라)"라고 쓰여 있다.

(180) 『舊檔』 1432의 2 앞에 "erebe ume (이것을 하지마라)"라고 쓰여 있다.

(181) 『舊檔』 1436의 7 앞에 "erebe ara (이것을 記錄하라)"라고 쓰여 있다.

(182) 『舊檔』 1437의 4 앞에 "erebe ume (이것을 하지마라)"라고, 1437의 9 앞에 "erebe ara (이것을 記錄하라)"라고 쓰여 있다.

(183) 『舊檔』 1438의 6 앞에 "erebe ume (이것을 하지마라)"라고 쓰여 있다.

(184) 『舊檔』 1442의 3 앞에 "erebe ara (이것을 記錄하라)"라고 쓰여 있다.

(185) 『舊檔』 1443의 5 앞에 "erebe ume (이것을 하지마라)"라고 쓰여 있다.

(186) 『舊檔』 1445의 9 앞에 "erebe saikan dacila (이것을 잘 알아보아라)"는

1448	723의 13-724의 10	
1449	724의 11-725의 6	
1450	725의 6-15	
1451	725의 15-726의 11	
1452	726의 11-727의 5	
1453	727의 5-15	
1454	727의 15-728의 12	
1455	728의 13-729의 9	
1456	729의 9-730의 2	
1457	730의 2-10	
1458	730의 11-731의 6	
1459	731의 6-733의 5	『老檔』 732는 빈 쪽
1460	733의 5-14	
1461	733의 14-734의 7	
1462 (187)	734의 8-735의 1	
1463	735의 1-9	
1464 (188)	735의 9-14	
1465	735의 15-736의 8	
1466	736의 8-737의 2	
1467	737의 2-13	
1468	737의 14-738의 8	

지워져 있다.

(187) 『舊檔』 1462의 1 앞에 "ere be saikan acabume ara (이것을 잘 合해서 記錄하라)"라고 쓰여 있다.

(188) 『舊檔』 1464의 6에서 1465의 2까지는 『老檔』에서 확인할 수 없다. 『舊檔』 1464의 6 앞에 "erebe ume (이것을 하지마라)"라고 쓰여 있다.

1469	738의 8-739의 2	
1470	739의 2-14	
1471	739의 14-740의 12	
1472	740의 12-741의 5	
1473	741의 5-10	
1474	741의 11-742의 6	중 복
1475	742의 7-743의 4	
1476	743의 5-744의 5	중 복
1477	744의 6-745의 9	
1478 (189)		
1479	745의 10-746의 12	중 복
1480	746의 12-748의 1	중 복
1481	748의 1-750의 1	중 복
1482	750의 1-15	중 복
1483	750의 15-751의 13	중 복
1484 (190)	751의 13-753의 4	중 복
1485 (191)	753의 4-754의 8	중 복
1486 (192)	754의 8-755의 12	중 복

---

(189) 흘림체 漢文이 쓰여 있고, 이어서 "erebe arafi saikan gingguleme dacila (이것을 記錄하여 잘 正書해서 알아보아라)"라고 쓰여 있다. 漢文은 影印과정에서 잘린 부분이 있어 내용을 파악하기는 어렵다. 解讀가능한 부분은 다음과 같다. "明泱汔王仲良發鳳凰城堡孤 新安堡果林薒臺 張文擧湯站堡 徒守哨浦放孫繼祖准贖李愷首出 貯庫併發庫布靴之令濱陽捕盜官 報餘依擬實收領狀收".

(190) 『舊檔』 1484의 1 앞에 "ere be ume (이것을 하지마라)"라고 쓰여 있다.

(191) 『舊檔』 1485의 4 앞에 "erebe ara (이것을 記錄하라)"라고, 1485의 5 앞에 "erebe ume (이것을 하지마라)"라고 쓰여 있다.

(192) 『舊檔』 1486의 11 앞에 "erebe ara (이것을 記錄하라)"라고 쓰여 있다.

1487	755의 12-756의 11	중 복
1488	756의 11-757의 9	
1489	757의 9-758의 11	중 복
1490 (193)	758의 11-759의 4	중 복
1491		
1492		
1493		
1494 (194)	763의 2-8	중 복
1495	763의 8-764의 1	중 복
1496	764의 1-13	중 복
1497 (195)	764의 14-765의 12	중 복
1498	765의 12-766의 13	
1499 (196)	766의 13-767의 12	중 복
1500 (197)	767의 14-768의 13	중 복
1501	768의 13-769의 5	
1502	769의 6-770의 1	
1503 (198)	770의 6-771의 4	중 복
1504	771의 4-772의 2	중 복
1505 (199)	772의 3-773의 2	

(193) 『舊檔』 1490의 4 앞에 "ere be ume (이것을 하지마라)"라고 쓰여 있다. 『舊檔』 1490의 6에서 1494의 4까지는 『老檔』에서 확인할 수 없다. 『舊檔』 1578에도 이 記事는 없다.
(194) 『舊檔』 1494의 4 앞에 "erebe ara (이것을 記錄하라)"라고 쓰여 있다.
(195) 『舊檔』 1497의 9 앞에 "erebe ume (이것을 하지마라)"라고 쓰여 있다.
(196) 『舊檔』 1499의 4 앞에 "erebe ara (이것을 記錄하라)"라고 쓰여 있다.
(197) 『舊檔』 1500의 8 앞에 "erebe ume (이것을 하지마라)"라고 쓰여 있다.
(198) 『舊檔』 1503의 1 앞에 지워진 내용은 확인할 수 없다.

1506	773의 3-774의 4	
1507	774의 4-15	
1508 (200)	775의 2-12	
1509	775의 13-776의 11	
1510	776의 11-777의 9	
1511	777의 10-778의 10	
1512 (201)		
1513 (202)		
1514 (203)		빈 쪽
1515	623의 2-6, 624의 9	중 복
1516	624의 9-15	중 복
1517	624의 15-625의 6	중 복
1518	625의 6-626의 1	중 복
1519	626의 1-12	중 복
1520	626의 12-627의 5	중 복
1521	629의 2-8	중 복
1522	629의 9-15	중 복
1523	629의 15-630의 6	중 복
1524	630의 7-15	중 복

---

(199) 『舊檔』 1505의 1 앞에 "erebe ume (이것을 하지마라)"라고 쓰여 있다.

(200) 『舊檔』 1508의 6 앞에 "erebe ara (이것을 記錄하라)"라고 쓰여 있다.

(201) 『舊檔』 1512에는 "ede dasara be bi (여기에 고칠 것이 있다)", "sahahūn ulgiyan aniya ujui biya, juwe biya, ilan biya, duin biya, sunja biya bi (癸亥年 一月, 二月, 三月, 四月, 五月이 있다)", "juwan ilaci (열세번째)", 흘림체로 "酉"라고 쓰여 있다. 앞쪽에 만주어로 쓴 낱말 하나는 확인할 수 없다.

(202) 『舊檔』 1513에는 "sahahūn ulgiyan aniya ujui biya, ede aniya biya, juwe biya, ilan biya, duin biya, sunja biya bi (癸亥年 一月, 여기에 正月, 二

1525	631의 1-7	중 복
1526	631의 7-632의 6	중 복
1527	632의 7-13	중 복
1528	632의 13-633의 5	중 복
1529	633의 5-11	중 복
1530	633의 12-634의 4	중 복
1531	634의 4-634의 11	중 복
1532	634의 11-12, 637의 2-8	중 복
1533	637의 8-10, 634의 13-635의 3	중 복
1534	635의 3-9	중 복
1535	635의 9-11, 644의 4-6, 645의 5-6	중 복
1536	645의 6-8, 648의 8-12	중 복
1537	648의 13-649의 4	중 복
1538	649의 4-5, 652의 3-9	중 복
1539	652의 9-15	중 복
1540	652의 15-653의 7	중 복
1541	653의 7-13	중 복
1542	653의 13-654의 5	중 복
1543	654의 5-12	중 복
1544	654의 12-14, 656의 11-14, 660의 4-5, 662의 1	중 복

月, 三月, 四月, 五月이 있다)"라고 쓰여 있다.

(203) 『舊檔』 1514은 빈 쪽이다. 『原檔』 1514의 앞면은 빈 쪽이지만, 뒷면에 "ere dabtame šanggaha (이것을 여러번 말해서 完成하였다)"라고 쓰여 있는 것으로 추정된다.

1545	662의 1-8	중 복
1546	662의 8-12, 686의 9-10, 689의 2-3	중 복
1547	689의 3-4, 692의 8-14	중 복
1548	692의 14-693의 5	중 복
1549	693의 5-13	중 복
1550	693의 13-694의 4	중 복
1551	711의 2-8, 714의 14-15	중 복
1552	714의 15-715의 12	중 복
1553	715의 12-716의 4	중 복
1554 (204)		빈 쪽
1555	719의 8-720의 1	중 복
1556 (205)	720의 1-6	중 복
1557		
1558		
1559		
1560	741의 15-742의 4, 743의 5-8	중 복
1561	745의 10-746의 2	중 복
1562	746의 2-9	중 복
1563	746의 9-747의 1	중 복
1564	747의 1-9	중 복
1565	747의 9-748의 1	중 복
1566	748의 1-2, 749의 2-8	중 복
1567	749의 8-15	중 복
1568	749의 15-750의 7	중 복
1569	750의 7-15	중 복

1570	750의 15-751의 7	중 복
1571 (206)	751의 7-13	중 복
1572		
1573		
1574	753의 10-11, 755의 9-13	중 복
1575 (207)	755의 13-756의 4	중 복
1576 (208)		빈 쪽
1577 (209)	758의 9-759의 1	중 복
1578	759의 2-4, 763의 2-6	중 복
1579	763의 6-14	중 복
1580	763의 14-764의 7	중 복
1581	764의 7-14	중 복
1582	764의 15-765의 6	중 복
1583	767의 2-9	중 복
1584	767의 9-768의 2	중 복
1585	768의 2-5, 771의 2-5	중 복
1586	771의 4-10	중 복
1587	771의 10-772의 2	중 복
1588	755의 8-14	중 복
1589	755의 14-776의 6	중 복
1590	776의 7-14	중 복

(204) 『舊檔』 1554는 빈 쪽이지만, 『原檔』에는 없다.

(205) 『舊檔』 1556의 7에서 1560의 1까지는 『老檔』에서 확인할 수 없다. 『舊檔』 1445와 1446에도 이 記事는 없다.

(206) 『舊檔』 1571의 8에서 1574의 1 앞에 첨가된 行까지는 『老檔』에서 확인할 수 없다.

1591	776의 14-777의 6	중 복
1592	777의 6-13	중 복
1593	777의 13-778의 5	중 복
1594 (210)	778의 5-10	중 복
1595		
1596		
1597	778의 11-779의 7	
1598	779의 8-780의 5	
1599 (211)	780의 6-781의 2	
1600	781의 2-11	
1601 (212)	781의 112-782의 7	
1602 (213)	782의 8-9	
1603 (214)	782의 10-783의 4	
1604	783의 5-14	
1605 (215)	783의 14-784의 11	
1606	784의 11-785의 10	
1607	785의 11-786의 2	
1608 (216)	786의 3-12	

---

(207) 『舊檔』 1575의 2에서 1575의 8까지는 지워지고 내용이 고쳐져 있다.

(208) 『舊檔』 1576은 빈 쪽이지만, 『原檔』에는 없다.

(209) 『舊檔』 1577의 1은 지워져 있다.

(210) 『舊檔』 1594의 6에서 1596의 7까지는 『老檔』에서 확인할 수 없다. 이 부분은 『老檔』 778의 "原檔殘缺"에 해당되는 내용이다. 『舊檔』 1511에도 이 記事는 없다.

(211) 『舊檔』 1599의 1 앞에 "ere be ara (이것을 記錄하라)"라고, 1599의 3 앞에 "erebe ume (이것을 하지마라)"라고 쓰여 있다.

(212) 『舊檔』 1601의 1 앞에 "erebe ara (이것을 記錄하라)"라고, 1601의 5 앞에 "erebe ume (이것을 하지마라)"라고 쓰여 있다.

1609 (217)	786의 12-15	
1610 (218)	793의 1-4	
1611	793의 4-10	
1612 (219)	793의 11-794의 7	
1613	794의 7-795의 3	
1614	795의 4-15	
1615	795의 15-796의 6	
1616 (220)	796의 7-797의 4	
1617 (221)	797의 5-15	
1618	798의 1-8	
1619 (222)	798의 9-799의 5	
1620 (223)	799의 5-800의 1	
1621	800의 2-12	
1622	800의 12-801의 5	
1623 (224)	801의 6-803의 5	『老檔』 802는 빈 쪽
1624	803의 5-804의 3	
1625	804의 4-10	
1626	804의 11-805의 4	

(213) 『舊檔』 1602의 3은 毁損되어 내용을 확인할 수 없다.
(214) 『舊檔』 1603의 1 앞에 "erebe ara (이것을 記錄하라)"라고 쓰여 있다.
(215) 『舊檔』 1605의 7 앞에 "erebe ume (이것을 하지마라)"라고 쓰여 있다.
(216) 『舊檔』 1608의 1 앞에 "erebe ara (이것을 記錄하라)"라고 쓰여 있다.
(217) 『舊檔』 1609의 5 아래에 "gemu narhūn ara (모두 詳細하게 記錄하라)" 라고 쓰여 있다.
(218) 『舊檔』 1610의 1에서 8까지는 지워져 있다.
(219) 『舊檔』 1612의 1 앞에 "erebe ume (이것을 하지마라)"라고 쓰여 있다.
(220) 『舊檔』 1616의 1 앞에 "ere be ara (이것을 記錄하라)"라고 쓰여 있다.
(221) 『舊檔』 1617의 1 앞에 "erebe ara (이것을 記錄하라)"라고 쓰여 있다.

1627	805의 5-13
1628	805의 14-806의 8
1629	806의 8-807의 2
1630	807의 2-12
1631	807의 12-808의 9
1632	808의 9-14
1633 (225)	808의 15-809의 14
1634	809의 14-810의 6
1635	810의 7-14
1636	810의 14-811의 9
1637	811의 9-812의 6
1638	812의 6-813의 1
1639	813의 2-15
1640	814의 1-11
1641	814의 12-815의 1
1642	815의 2-10
1643	815의 10-15
1644	816의 1-817의 2
1645	817의 3-12
1646 (226)	817의 13-818의 8
1647	818의 9-819의 6
1648	819의 6-820의 5

(222) 『舊檔』 1619의 1 앞에 "erebe ume (이것을 하지마라)"라고 쓰여 있다.
(223) 『舊檔』 1620의 3 앞에 "erebe ume (이것을 하지마라)"라고 쓰여 있다.
(224) 『舊檔』 1623의 1 앞에 "ere be ara (이것을 記錄하라)"라고 쓰여 있다.
(225) 『舊檔』 1633의 1 앞에 "erebe ume (이것을 하지마라)"라고 쓰여 있다.

1649	820의 5-821의 4	
1650	821의 4-822의 4	
1651	822의 4-823의 4	
1652	823의 4-824의 3	
1653 (227)	824의 3-9	
1654 (228)	824의 10-825의 5	
1655	825의 5-12	
1656	825의 13-826의 8	
1657	826의 9-827의 4	
1658	827의 4-828의 1	
1659	828의 1-829의 1	
1660	829의 1-15	
1661	830의 1-831의 5	
1662 (229)	831의 5-833의 14	『老檔』 832는 빈 쪽
1663	833의 15-834의 15	
1664 (230)	835의 1-7	
1665 (231)	835의 8-14	

---

(226) 『舊檔』 1646의 1 앞에 "erebe ume (이것을 하지마라)"라고 쓰여 있다.

(227) 『舊檔』 1653의 5 뒤에 "ere be ere weilei wajiha bade arambi wajiha ba erei amala bi (이것을 이 일이 끝난 곳에 記錄하라. 끝난 곳이 이 뒤에 있다)"라고 쓰여 있다.

(228) 『舊檔』 1654의 2 앞에 "erebe ume (이것을 하지마라)"라고 쓰여 있다.

(229) 『舊檔』 1662의 3 앞에 "ere be ara (이것을 記錄하라)"라고, 1662의 4 앞에 "erebe ume (이것을 하지마라)"라고 쓰여 있다.

(230) 『舊檔』 1644의 1 앞에 "ere be ume (이것을 하지마라)"라고 쓰여 있다. 『舊檔』 1664의 1에서 7까지는 蒙文으로 쓰여 있고, 『老檔』 835의 1에서 7까지 滿文으로 번역하였다. 今西春秋, 「滿文老檔乾隆付注譯解」, 『東方學紀要』1, 1959, 159쪽. 이하에서 「乾隆付注」로 약칭함. 附註의 滿文 원문은 『內閣藏本滿文老檔』5, 瀋陽: 遼寧民族出版社, 2009, 2571쪽. 이하에서 『內閣老檔』으

1666	835의 15-836의 5	
1667 (232)	836의 5-10	
1668 (233)	837의 10-838의 9	
1669 (234)	838의 9-839의 9	
1670	839의 10-840의 9	
1671 (235)	840의 10-841의 8	
1672	841의 8-842의 7	
1673	842의 8-843의 6	
1674	843의 7-844의 6	
1675	844의 7-13	
1676	844의 14-845의 11	
1677	845의 12-846의 6	
1678	846의 6-15	
1679	846의 15-847의 10	
1680	847의 10-849의 11	『老檔』848은 빈 쪽
1681	849의 12-850의 1	
1682 (236)	850의 2-13	
1683	850의 13-851의 9	
1684	851의 10-852의 5	
1685	852의 5-853의 1	

로 약칭함. 蒙文 내용은 『モンゴル語文書』, 64-65쪽 참고.

(231) 『舊檔』 1665의 1에서 8까지도 蒙文으로 쓰여 있고, 『老檔』 835의 8에서 14까지 滿文으로 번역하였다. 今西春秋, 「乾隆付注」, 159쪽. 附註의 滿文 원문은 『內閣老檔』5, 2572쪽. 蒙文 내용은 『モンゴル語文書』, 66-67쪽 참고.

(232) 『舊檔』 1667의 2 앞에 "erebe ume (이것을 하지마라)"라고, 1667의 6 앞에 "ere be ara (이것을 記錄하라)"라고 쓰여 있다.

(233) 『舊檔』 1668의 5 앞에 "erebe ume (이것을 하지마라)"라고 쓰여 있다.

1686	853의 1-14	
1687	853의 14-854의 12	
1688 (237)	854의 12-855의 7	
1689 (238)	855의 7-856의 5	
1690	856의 5-15	
1691	856의 15-857의 12	
1692 (239)	857의 12-858의 8	
1693	858의 8-859의 2	
1694 (240)	859의 3-860의 3	
1695 (241)	915의 2-10	『老檔』 914는 빈 쪽
1696	915의 10-916의 1	
1697	916의 1-10	
1698	916의 10-917의 2	
1699	917의 2-9	
1700 (242)		
1701	917의 10-918의 1	
1702	918의 1-8	
1703	918의 8-13	

(234) 『舊檔』 1669의 5 앞에 "erebe ara (이것을 記錄하라)"라고 쓰여 있다.
(235) 『舊檔』 1671의 8 앞에 "erebe ume (이것을 하지마라)"라고 쓰여 있다.
(236) 『舊檔』 1682의 1 앞에 "ere be ara (이것을 記錄하라)"라고, 1682의 3 앞에 "erebe ume (이것을 하지마라)"라고 쓰여 있다.
(237) 『舊檔』 1688의 9 앞에 "erebe ara (이것을 記錄하라)"라고 쓰여 있다.
(238) 『舊檔』 1689의 2 앞에 "erebe ume (이것을 하지마라)"라고 쓰여 있다.
(239) 『舊檔』 1692의 1 앞에 "erebe ume (이것을 하지마라)"라고 쓰여 있다.
(240) 『舊檔』 1694의 3 앞에 "erebe ara (이것을 記錄하라)"라고 쓰여 있다.
(241) 『舊檔』 1695에서 1750까지는 皇帝의 勅諭로 漢文과 滿文이 併記되어 있다. 1695의 1 앞에 "皇帝勅諭　厄一都"라고 쓰여 있다. 漢文 원문과 滿

1704 (243)	
1705	918의 14-919의 6
1706	919의 6-12
1707	919의 13-920의 6
1708	920의 6-13
1709	920의 13-14
1710	920의 15-921의 9
1711	921의 9-922의 1
1712	922의 1-3
1713	922의 4-11
1714	922의 11-923의 2
1715	923의 3-6
1716 (244)	
1717	923의 7-13
1718	923의 13-924의 2
1719	924의 3-7
1720	924의 7-10
1721	924의 11-925의 2
1722	925의 2-7
1723	925의 8-13
1724	925의 14-926의 6
1725	926의 6-12

文 원문은 松村潤, 「寒字檔漢譯勅書」(『明淸史論考』, 山川出版社, 2008. 原載『內陸アジア史硏究』2, 1985. 이하에서 「漢譯勅書」로 약칭함) 참고.

(242) "皇帝勅諭 扯二格 代事 參將 備禦占丁夫十名"이라고 쓰여 있다. 『舊檔』 1701의 처르거이(Cergei)와 관련된 내용이다. 松村潤, 「漢譯勅書」, 278쪽 참고.

1726	926의 12-15	
1727	927의 1-5	
1728 (245)		
1729	927의 6-11	
1730	927의 11-12	
1731	927의 13-928의 4	
1732	928의 4-10	
1733	928의 10-13	
1734 (246)		빈 쪽
1735	928의 14-929의 5	
1736	929의 5-11	
1737	929의 12-930의 2	
1738 (247)		빈 쪽
1739	930의 2-6	
1740 (248)		빈 쪽
1741	930의 7-11	
1742 (249)		빈 쪽
1743	930의 12-931의 4	
1744	931의 4-5	
1745	931의 6-12	

(243) 『舊檔』 1704은 빈 쪽이지만, 『原檔』에는 없다.

(244) "皇帝勅諭 阿不代在札苦塔陣上中二箭又在兀刺陣上刺一槍又中一箭備禦占丁夫六名"이라고 쓰여 있다. 『舊檔』 1717의 아부타이(Abutai)와 관련된 내용이다. 松村潤, 「漢譯勅書」, 288쪽 참고.

(245) "皇帝勅諭 亦兒勝三品遊擊占丁夫十名"이라고 쓰여 있다. 『舊檔』 1729의 이러선(Irešen)과 관련된 내용이다. 松村潤, 「漢譯勅書」, 297쪽 참고.

(246) 『舊檔』 1734은 빈 쪽이지만, 『原檔』에는 없다.

1746	931의 12-932의 2	
1747	932의 3-9	
1748	932의 9-13	
1749	932의 14-933의 3	
1750	933의 3-6	
1751	935의 2-13	『老檔』 934는 빈 쪽
1752	935의 13-936의 10	
1753	936의 10-937의 5	
1754	937의 5-938의 1	
1755	938의 1-12	
1756	938의 12-939의 9	
1757	939의 9-940의 5	
1758	940의 5-14	
1759	940의 14-941의 10	
1760	941의 11-942의 6	
1761	942의 6-13	
1762	942의 14-943의 11	
1763	943의 11-944의 6	
1764	944의 7-13	
1765	944의 14-15	
1766	945의 1-12	
1767	945의 12-946의 6	

(247) 『舊檔』 1738은 빈 쪽이지만, 『原檔』에는 없다.
(248) 『舊檔』 1740은 빈 쪽이지만, 『原檔』에는 없다.
(249) 『舊檔』 1742은 빈 쪽이지만, 『原檔』에는 없다.

1768	946의 6-947의 1
1769	947의 2-13
1770	947의 13-948의 4
1771	948의 5-9
1772	948의 10-949의 3
1773	949의 4-12
1774	949의 13-950의 6
1775	950의 7-951의 4
1776	951의 5-13
1777 (250)	
1778 (251)	
1779	881의 2-9
1780	881의 9-882의 3
1781	882의 4-8
1782 (252)	882의 9-883의 3
1783	883의 4-11
1784	883의 12
1785	883의 12-13
1786 (253)	886의 2-5
1787	886의 6-11
1788	886의 12-887의 5
1789	887의 5-6
1790	887의 7-14

(250) "niowanggiyan singgeri aniya aniya biyabe juwe suwayan hosei ejeme araha dangse ere inu (甲子年 正月을 두 개의 黃色函에 記錄해서 만

1791	887의 14-888의 7
1792	888의 7-8
1793 (254)	888의 9-889의 3
1794	889의 3-11
1795 (255)	889의 12-890의 2
1796	890의 3-12
1797	890의 13-891의 6
1798	891의 6-892의 2
1799	892의 3-5
1800	892의 6-9
1801	892의 10-893의 1
1802 (256)	
1803 (257)	894의 1-895의 2
1804	893의 2-10
1805 (258)	893의 11-15, 897의 12-898의 5
1806	898의 6-14
1807	897의 2-11
1808	898의 15-899의 8
1809 (259)	899의 9-15
1810	900의 1-7

든 檔子가 이것이다.)"라고 쓰여 있다.

(251) "juwe suwayan hosei niowanggiyan singgeri aniya aniya biya be ejeme dangse (두 개의 黃色函에 甲子年 正月을 記錄한 檔子)"라고 쓰여 있다.

(252) 『舊檔』 1782의 1 앞에 "erebe ara (이것을 記錄하라)"라고 쓰여 있다.

(253) 『舊檔』 1786의 3 앞에 "erebe ume (이것을 하지마라)"라고 쓰여 있다.

(254) 『舊檔』 1793의 1 앞에 "erebe ara (이것을 記錄하라)"라고 쓰여 있다.

(255) 『舊檔』 1795의 1 앞에 "erebe ume (이것을 하지마라)"라고 쓰여 있다.

1811	900의 8-15
1812	900의 15-901의 4
1813 (260)	
1814 (261)	
1815	901의 5-14
1816	901의 15-902의 7
1817	902의 7-903의 5
1818	903의 5-12
1819 (262)	903의 13-14
1820	904의 14-905의 1
1821 (263)	906의 4-10
1822	906의 10-907의 2
1823	907의 2-9
1824	907의 10-908의 3
1825	908의 4-13
1826 (264)	903의 15-904의 8
1827	904의 9-905의 7
1828	905의 7-906의 3
1829	908의 14-909의 4
1830	909의 4-10
1831	909의 11-910의 4

(256) "niowanggiyan singgeri aniya aniya biyade juwe suwayan hosei ejere dangse (甲子年 正月에 두 개의 黃色函에 記錄한 檔子)"라고 쓰여 있다.
(257) 『舊檔』 1803의 1 앞에 "erebe ara (이것을 記錄하라)"라고 쓰여 있다.
(258) 『舊檔』 1805의 1 앞에 "erebe ume (이것을 하지마라)"라고 쓰여 있다.
(259) 『舊檔』 1809의 1 앞에 "erebe dasara unde (이것을 아직 고치지 않았다)"라고 쓰여 있다.

1832	910의 4-12	
1833	910의 13-15	
1834	911의 1-2	
1835	911의 3-4	
1836 (265)	911의 5-11	
1837	911의 11-15	
1838 (266)		빈 쪽
1838-a (267)	912의 1-6	
1838-b (268)		
1839 (269)		
1840 (270)		빈 쪽
1841 (271)		
1842 (272)		빈 쪽
1843	953의 2-7	
1844	953의 7-14	

---

(260) "erebe arambi minde fonji (이것을 기록해서 나에게 물어라)"라고 쓰여 있다.

(261) 『舊檔』 1814의 1에서 11까지는 甲子年(1624) 正月 十四日 記事인데 지워져 있고, 『老檔』에서 확인할 수 없다.

(262) 『舊檔』 1819의 1 앞에 "erebe ume (이것을 하지마라)"라고 쓰여 있다.

(263) 『舊檔』 1821의 1 앞에 "erebe ara (이것을 記錄하라)"라고 쓰여 있다.

(264) 『舊檔』 1826의 1 앞에 "erebe ume (이것을 하지마라)"라고 쓰여 있다.

(265) 『舊檔』 1836의 1 앞에 "erebe ara (이것을 記錄하라)"라고 쓰여 있다.

(266) 『舊檔』 1838은 빈 쪽이지만, 『原檔』에는 없다.

(267) 『舊檔』 1838-a의 1 앞에 "erebe ume (이것을 하지마라)"라고 쓰여 있다. 『原檔』에는 쪽수가 表記되어 있지 않다.

(268) 『舊檔』 1838-b에는 "甲子年正月記"라고 쓰여 있다. 『原檔』에는 쪽수가 表記되어 있지 않다.

(269) "juwan ningguci (열여섯번째)", "niohon ihan aniyai dangse. (乙丑年 檔子)", "fulgiyan tasha aniya, aniya biya, juwe biyai daangse ede bi. (丙寅年 正月 二月 檔子가 여기에 있다)"라고 쓰여 있다.

1845	953의 14-954의 4	
1846	954의 5-11	
1847	954의 12-955의 3	
1848	955의 3-10	
1849	955의 10-14	
1850	955의 15-956의 3	중 복
1851	956의 3-9	중 복
1852	956의 9-15	중 복
1853	956의 15-957의 5	중 복
1854	957의 5-11	중 복
1855	957의 11-958의 1	중 복
1856	958의 1-6	중 복
1857	958의 7-959의 2	
1858	959의 2-8	
1859	959의 8-15	
1860	959의 15-960의 6	
1861	960의 7-13	
1862	960의 13-961의 8	
1863	961의 8-961의 14	중 복
1864	961의 14-962의 5	중 복
1865	962의 5-10	중 복

(270) 『舊檔』 1840은 빈 쪽이지만, 『原檔』에는 없다.

(271) "juwan ningguci (열여섯번째)", "niohon ihan aniyai dangse. (乙丑年 檔子)", "fulgiyan tasha aniya. aniya biya. juwe biyai daangse ede bi. (丙寅年 正月 二月 檔子가 여기에 있다)"라고 쓰여 있다.

(272) 『舊檔』 1842은 빈 쪽이지만, 『原檔』에는 없다.

1866	962의 10-963의 1	중 복
1867	963의 1-6	중 복
1868	963의 6-12	중 복
1869	963의 12-14, 964의 12-15	중 복
1870	965의 1-3	
1871	965의 3-10	
1872	965의 10-15	
1873	966의 1-967의 3	
1874	967의 3-8	
1875	967의 8-10	
1876	967의 10-14	
1877	967의 14-968의 2	
1878	968의 3-6	
1879	968의 7-13	
1880	968의 13-969의 5	
1881	969의 5-12	
1882	969의 12-970의 2	
1883	970의 3-10	
1884	970의 10-971의 2	
1885	971의 3-7	
1886	971의 7-972의 1	
1887	972의 2-8	
1888	972의 8-973의 2	
1889	973의 2-9	
1890	973의 10-14	

1891	973의 15-974의 4	
1892	974의 4-10	
1893		빈 쪽
1894	974의 11-975의 2	
1895	975의 2-10	
1896	975의 10-976의 4	
1897	976의 5-13	
1898	976의 13-977의 6	
1899	977의 6-977의 13	
1900	977의 13-978의 4	
1901	978의 4-11	
1902	978의 11-979의 1	
1903	979의 2-9	
1904 (273)		빈 쪽
1905	979의 9-11	
1906 (274)		빈 쪽
1907	979의 12-14	
1908	979의 15-980의 3	
1909	980의 4-9	
1910 (275)		빈 쪽
1911	980의 9-981의 1	
1912	981의 1-6	
1913	981의 6-12	
1914	981의 13-982의 2	
1915	982의 2-8	

1916	982의 8-13	
1917	982의 13-983의 3	
1918 (276)		빈 쪽
1919	983의 4-9	
1920	983의 10-984의 2	
1921	984의 3-984의 9	
1922	984의 9-985의 5	
1923	985의 5-12	
1924	985의 12-986의 4	
1925	986의 4-7, 987의 1-4	
1926 (277)		빈 쪽
1927	987의 4-10	
1928	987의 10-988의 1	
1929	988의 1-7	
1930	988의 7-14	
1931	988의 14-989의 5	
1932	989의 6-14	
1933	989의 14-990의 6	
1934	990의 6-14	
1935	990의 14-991의 7	
1936	991의 7-992의 1	
1937	992의 1-8	

(273) 『舊檔』 1904은 빈 쪽이지만, 『原檔』에는 없다.
(274) 『舊檔』 1906은 빈 쪽이지만, 『原檔』에는 없다.
(275) 『舊檔』 1910은 빈 쪽이지만, 『原檔』에는 없다.
(276) 『舊檔』 1918은 빈 쪽이지만, 『原檔』에는 없다.

1938	992의 9-993의 2
1939	993의 2-9
1940	993의 9-994의 2
1941	994의 2-8
1942	994의 8-995의 1
1943	995의 1-8
1944	995의 8-13
1945	995의 13-996의 4
1946	996의 4-12
1947	996의 12-997의 1
1948	997의 1-6
1949	997의 6-14
1950	997의 15-998의 6
1951	998의 6-11
1952	998의 12-15
1953 (278)	
1954 (279)	
1955 (280)	
1956	999의 2-8
1957	999의 9-1000의 3
1958	1000의 3-1000의 10
1959	1000의 11-13

---

(277) 『舊檔』 1926은 빈 쪽이지만, 『原檔』에는 없다.

(278) "ejehe i dangse (記錄한 檔子)", "abkai fulingga niohon ihan aniya jakūn biyai orin sunja de ejehe buhe dangse (天命 乙丑年 八月 二十五日에 記錄해서 준 檔子)"라고 쓰여 있다.

1960	1000의 14-1001의 1	
1961	1001의 2-1002의 2	
1962	1002의 2-13	
1963	1002의 14-1003의 6	
1964	1003의 7-1004의 5	
1965	1004의 6-1005의 5	
1966	1005의 6-1006의 11	
1967	1006의 12-1007의 9	
1968 (281)		
1969		
1970		
1971	1007의 10-1008의 1	
1972	1008의 2-1009의 7	
1973	1009의 8-1010의 13	
1974	1010의 14-1011의 7	
1975	1011의 8-1012의 2	
1976	1012의 3-1013의 1	
1977	1013의 2-1014의 2	
1978	1014의 2-13	
1979	1014의 14-1015의 5	
1980	1017의 2	『老檔』 1016은 빈 쪽
1981	1018의 10-1019의 14	

(279) 『舊檔』 1954은 빈 쪽이지만, 『原檔』에는 없다.

(280) "abkai fulingga niohon ihan aniya jakūn biyai orin sunja de ejehe buhe dangse (天命 乙丑年 八月 二十五日에 記錄해서 준 檔子)"라고 쓰여 있다.

(281) 『舊檔』 1968의 1에서 1971의 8까지는 『老檔』에서 확인할 수 없다.

1982	1019의 15-1020의 9	
1983	1017의 3-10	
1984	1017의 10-1018의 10	
1985	1020의 10-1021의 5	
1986	1021의 6-1022의 7	
1987 (282)	1022의 8-1023의 8	
1988	1023의 9	
1989	1023의 10-1024의 5	
1990	1024의 6-1025의 2	
1991	1025의 3-1026의 4	
1992	1026의 5-1027의 1	
1993	1027의 2-1028의 2	
1994	1028의 3-1029의 3	
1995	1029의 4-1030의 6	
1996	1030의 7-1031의 7	
1997	1033의 2-1034의 13	『老檔』 1032는 빈 쪽
1998	1034의 13-1036의 4	
1999	1036의 4-15	
2000	1037의 1-1038의 1	
2001	1038의 1-1039의 2	
2002	1039의 3-4	
2003	1039의 5-1040의 11	
2004	1040의 11-1041의 12	
2005	1041의 13-1043의 2	
2006	1043의 3-14	

2007		빈 쪽
2008	1043의 15-1044의 4	
2009	1044의 5-13	
2010	1044의 14-1045의 6	
2011	1045의 7-1046의 7	
2012	1046의 8-1047의 9	
2013	1047의 10-1048의 14	
2014	1048의 15-1049의 12	
2015	1049의 13-1050의 2	
2016	1050의 3-12	
2017	1051의 2-8	
2018	1051의 9-1052의 5	
2019	1052의 6-1053의 11	
2020	1053의 12-1054의 7	
2021	1054의 8-1055의 7	
2022	1055의 7-1056의 8	
2023	1056의 8-1057의 4	
2024	1057의 5-1058의 6	
2025	1058의 6-1059의 4	
2026	1059의 5-1060의 4	
2027	1060의 4-1061의 2	
2028 (283)		빈 쪽
2029	1061의 3-1062의 1	

(282) 『舊檔』 1987의 1 첫머리에, 『老檔』 1022의 6 중간에 있는 "guwebumbi (容恕하다)"가 쓰여 있다.

2030	1062의 1-2	
2031	1062의 3-1063의 1	
2032	1063의 1-2	
2033	1063의 3-1064의 2	
2034	1064의 2-15	
2035	1065의 1-5	
2036 (284)		빈 쪽
2037 (285)		
2038	771의 2-12	중 복
2039	771의 13-772의 2	중 복
2040 (286)	759의 5-760의 1	
2041	760의 2-15	
2042	760의 15-761의 9	
2043	770의 2-5	
2044	761의 10-11, 1225의 1-9	
2045	1225의 9-11, 761의 11-762의 2	
2046	762의 2-10	
2047	762의 11-14	
2048 (287)	787의 2-13	
2049	787의 13-788의 8	
2050	788의 8-789의 5	

(283) 『舊檔』 2028은 빈 쪽이지만, 『原檔』에는 없다.
(284) 『舊檔』 2036은 빈 쪽이지만, 『原檔』에는 없다.
(285) "nenehe dangse (옛 檔子)", "narhūn gisun i bithe (機密 말의 冊)"라고 쓰여 있다.
(286) 『舊檔』 2040의 1 앞에 "ninggung biyai ice juwan de araha (六月 초 열

2051	789의 5-790의 3	
2052	790의 3-15	
2053	791의 1-792의 9	
2054	792의 10-15	
2055	860의 4-861의 1	
2056	861의 2-12	
2057	861의 12-862의 5	
2058	862의 5-10	
2059	883의 14-884의 9	
2060	884의 10-885의 6	
2061	885의 6-886의 1	
2062	912의 7-15	
2063 (288)	913의 1-7	
2064	955의 15-956의 13	중 복
2065	956의 13-957의 9	중 복
2066	957의 9-958의 3	중 복
2067	961의 2-5	
2068	961의 14-962의 12	중 복
2069	962의 12-963의 13	중 복
2070	963의 13-964의 11	중 복
2071	986의 8-986의 15	
2072 (289)	1067의 2-1068의 3	
2073	1068의 3-1069의 3	

흘에 記錄했다)"라고 쓰여 있다.

(287) 『舊檔』 2048의 1 앞에 "erebe ara (이것을 記錄하라)"라고 쓰여 있다.

2074	1069의 3-1070의 5
2075	1070의 5-1070의 11
2076	1070의 12-1071의 12
2077	1071의 12-1073의 1
2078	1073의 1-1074의 4
2079	1074의 4-7
2080 (290)	1074의 8-1075의 7
2081 (291)	1075의 8-1076의 10
2082	1976의 10-15, 1077의 1-1079의 6 『老檔』 1078은 빈 쪽
2083	1079의 6-1080의 5
2084	1080의 5-1081의 4
2085	1081의 4-13
2086	1081의 14-1082의 13
2087	1082의 14-1083의 5
2088	1083의 6-1084의 5
2089 (292)	
2090	1084의 6-15
2091 (293)	1085의 1-6
2092	1085의 7-1086의 2

(288) 『舊檔』 2063의 5 뒤에 "erebe araha (이것을 記錄했다)"라고 쓰여 있다.

(289) 『舊檔』 2072의 1 앞에 "erebe ara (이것을 記錄하라)"라고 쓰여 있다.

(290) 『舊檔』 2080의 1 앞에 "erebe ara (이것을 記錄하라)"라고 쓰여 있다.

(291) 『舊檔』 2081의 2에서 2082의 5까지는 蒙文으로 쓰여 있고, 『老檔』 1075의 8에서 1076의 15까지 滿文으로 번역하였다. 今西春秋, 「乾隆付注」, 168쪽. 附註의 滿文 원문은 『內閣老檔』6, 3308쪽. 蒙文 내용은 『モンゴル語文書』, 68-73쪽 참고.

(292) "erebe arame wajiha (이것을 記錄해서 끝냈다)"라고 쓰여 있다.

2093	1086의 2-13	
2094	1086의 14-1087의 5	
2095 (294)	1087의 6-11	
2096	1087의 12-1088의 7	
2097	1088의 7-1089의 6	
2098	1098의 6-1090의 7	
2099	1090의 7-12	
2100	493의 8-494의 7	
2101 (295)	863의 5-15	
2102	863의 2-4	중 복
2103	863의 2-4	중 복
2104	863의 15	
2105 (296)	864의 4-7	
2106	864의 1-3	
2107	864의 8-14	
2108	866의 11-867의 2	
2109	865의 7-866의 3	
2110	866의 4-10	
2111	864의 15-865의 6	
2112	867의 3-4	
2113 (297)	867의 5-868의 1	
2114 (298)	868의 3-13 (299)	

(293) 『舊檔』 2091의 1 앞에 "erebe ume (이것을 하지마라)"라고 쓰여 있다.
(294) 『舊檔』 2095의 7 이하는 잘려서 확인할 수 없다.
(295) 『舊檔』 2101의 7 앞에 "erebe ara (이것을 記錄하라)"라고 쓰여 있다.

2115	868의 13-869의 10
2116	869의 11-870의 4
2117	870의 5-9
2118 (300)	870의 10-871의 6
2119	867의 6-8
2120 (301)	871의 9-10
2121	871의 11-872의 4
2122	872의 5-873의 7
2123	873의 8-874의 5
2124 (302)	874의 5-875의 5
2125	875의 5-876의 7
2126 (303)	876의 7-877의 6
2127	877의 7-878의 3
2128	878의 4-879의 5
2129	879의 5-880의 1
2130 (304)	
2131 (305)	
2132	

---

(296) 『舊檔』 2106의 1 앞에 "erebe ume (이것을 하지마라)"라고 쓰여 있다.
(297) 『舊檔』 2113의 1 앞에 "erebe ara (이것을 記錄하라)"라고 쓰여 있다.
(298) 『舊檔』 2114의 4 앞에 "erebe ume (이것을 하지마라)"라고 쓰여 있다.
(299) 『老檔』 868의 1에서 3까지는 『舊檔』에서 확인할 수 없다.
(300) 『舊檔』 2118의 1 앞에 "erebe ara (이것을 記錄하라)"라고 쓰여 있다.
(301) 『舊檔』 2120의 1 앞에 "erebe ume (이것을 하지마라)"라고 쓰여 있다.
(302) 『舊檔』 2124의 6 앞에 "erebe ara (이것을 記錄하라)"라고 쓰여 있다.
(303) 『舊檔』 2126의 3 앞에 "erebe ara (이것을 記錄하라)"라고, 2126의 8 앞에 "erebe ume (이것을 하지마라)"라고 쓰여 있다.
(304) 『舊檔』 2130의 1은 『老檔』에서 확인할 수 없다. 내용은 "songkoi

2133

2134

2135

2136

2137

2138

2139

2140

2141

2142

2143

2144

2145

2146

2147

2148

2149

2150

2151

2152

2153 (306)

---

cimari yamji baica (~하는대로 낮 밤으로 찾아라)"이다.

(305) 『舊檔』 2131에서 2162까지는 『老檔』에서 확인할 수 없다. 1935년 발견된 檔案으로 編號가 없었는데(無編號檔) 故宮博物院에서 '滿附一'이라고 表記했다. 陳捷先, 「"舊滿洲檔"述略」, 『舊滿洲檔』1 (臺北: 國立故宮博物院, 1969) 참고.

2154 (307)		빈 쪽
2155		
2156		
2157		
2158		
2159		
2160		
2161 (308)		
2162		
2163	1103의 1-3	
2164 (309)	1103의 4-1104의 1	
2165 (310)		
2166 (311)	1104의 7-13	
2167 (312)		
2168 (313)	1104의 14-1105의 6, 1104의 2-6	
2169	1131의 7-11	중복,『老檔』 1130은 빈 쪽
2170 (314)		

---

(306) 『舊檔』 2153의 3에서 10까지는 蒙文으로 쓰여 있고, 『老檔』에서 확인할 수 없다. 蒙文 내용은 『モンゴル語文書』, 74-75쪽 참고.

(307) 『舊檔』 1254는 빈 쪽이지만, 『原檔』에는 없다.

(308) 『舊檔』 2161의 3에서 2162의 2까지는 蒙文으로 쓰여 있고, 『老檔』에서 확인할 수 없다. 蒙文 내용은 『モンゴル語文書』, 76-77쪽 참고.

(309) 『老檔』의 편역자는 이 記事가 『老檔』 778의 11으로 연결된다고 판단하였다.

(310) 『舊檔』 2165의 1에서 10까지는 『老檔』에서 확인할 수 없다.

(311) 『舊檔』 2166의 1 앞에 "erebe ara (이것을 記錄하라)"라고 쓰여 있다.

(312) 『舊檔』 2167의 1에서 10까지는 癸亥年 正月 초하루 記事인데, 『老檔』에서 확인할 수 없다. 『老檔』 621부터 癸亥年 正月 초하루 記事가 시작된다.

(313) 『老檔』의 편역자는 『老檔』 1104의 2에서 6까지의 記事가 『老檔』 778의 11으로 연결된다고 판단하였다.

2171	1105의115-1106의9	
2172	1105의 7-15	
2173 (315)	1106의 10-1107의 1	
2174 (316)		
2175 (317)	『老檔』5, 633의 8-634의 1	
2176	『老檔』5, 634의 2	
2177 (318)	1107의 15-1108의 5	
2178	1107의 9-14	
2179	1107의 2-9	
2180	1108의 6-10	
2181 (319)		
2182	『老檔』5, 883의 2-3, 『老檔』4, 349의 7-10	
2183 (320)	『老檔』5, 883의 4-10	
2184	『老檔』5, 883의 11-884의 2	
2185	259의 2-4(321)	중복, 『老檔』258은 빈쪽
2186 (322)	『老檔』5, 884의 3-9	

(314) 『舊檔』 2170의 1은 『老檔』에서 확인할 수 없다.

(315) 『老檔』의 편역자는 이 부분이 다음과 같은 순서로 연결된다고 판단했다. 『老檔』 25의 5-7, 1107의 2-9, 1106의 10-1107의 1, 1107의 9 이하.

(316) "sure han i ilaci aniya, sohon meihe aniya juwan biya i ice juwe de nikan gurun be dailaha be ejehe dangse (수러 한 세 번째 해, 己巳年 시월 초이틀에 漢人 나라(明朝)를 征伐한 것을 記錄한 檔子)", "arame wajiha (記錄해서 끝냈다)"라고 쓰여 있다.

(317) 『舊檔』 2175은 木版本이다. 『舊檔』 2175의 1에서 2176의 1까지는 太宗朝의 記事이다. 아래에서 太宗朝의 記事는 『老檔』의 卷數를 明記한다.

(318) 『老檔』의 편역자는 이 부분이 다음과 같은 순서로 연결된다고 판단했다. 『老檔』 1의 2-7, 1107의 9-15, 1108의 1-5, 1의 7 이하.

(319) 『舊檔』 2181의 1에서 7까지는 『老檔』에서 확인할 수 없다.

(320) 『舊檔』 2183의 4 앞에 "ere be ara (이것을 記錄하라)"라고 쓰여 있다.

2187 (323)		
2188		
2189 (324)		
2190 (325)		
2191		
2192	259의 2-12	중 복
2193	『老檔』5, 884의 10-15	
2194	46의 7-47의 2	
2195	44의 15-45의 10	
2196	249의 14-250의 9	
2197	45의 10-46의 6	
2198 (326)		
2199	1205의 2-9	
2200	1205의 9-1206의 1	
2201	1206의 1-4	
2202	1206의 5-8	
2203	1206의 8-1207의 5	
2204	1207의 5-7	
2205	1207의 8-13	

(321) 『舊檔』 2185의 1에서 6까지는 『老檔』에서 확인할 수 없다.

(322) 『舊檔』 2186의 1 앞에 " [ere] be ume ([이것] 을 하지마라)"라고 쓰여 있다. [ ] 부분은 毁損되어 있다.

(323) 『舊檔』 2187의 1에서 2191의 8까지는 『老檔』에서 확인할 수 없다. 『舊檔』 2185과 2186은 접혀져 있는 兩面으로, 『原檔』에서는 한 面에 影印되어 있다.

(324) 『舊檔』 2189와 2192는 접혀져 있는 兩面으로 추정된다.

(325) 『舊檔』 2190과 2191은 접혀져 있는 兩面으로, 『原檔』에서는 한 面에 影印되어 있다.

2206	1207의 14-1208의 5
2207	1208의 5-10
2208	1208의 11-1209의 2
2209	1209의 2-9
2210	1209의 9-13
2211	1209의 14-1210의 4
2212	1210의 4-12
2213	1210의 12-1211의 1
2214	1211의 2-11
2215	1211의 11-1212의 4
2216	1212의 5-10
2217	1212의 10-1213의 1
2218	1213의 1-7
2219	1213의 8-1214의 6
2220	1214의 6-12
2221	1214의 13-1215의 3
2222 (327)	1215의 7-1216의 2
2223	1216의 3-12
2224	1216의 12-1217의 7
2225	1217의 8-1218의 3
2226	1218의 3-12
2227	1218의 13-1219의 6
2228	1219의 6-1220의 1
2229	1173의 2-8

(326) 『舊檔』 2198의 1에서 5까지는 『老檔』에서 확인할 수 없다.

2230	1173의 8-15
2231	1173의 15-1174의 5
2232	1174의 6-12
2233	1174의 12-1175의 4
2234	1175의 4-8
2235	1175의 9-1176의 2
2236	1176의 2-11
2237	1176의 12-1177의 4
2238	1177의 4-11
2239	1177의 12-13
2240	1177의 14-1178의 7
2241	1178의 7-14
2242	1178의 14-1179의 3
2243	1179의 4-12
2244	1179의 12-1180의 1
2245	1180의 1-7
2246	1180의 8-15
2247	1180의 15-1181의 8
2248	1181의 8-11
2249	1181의 12-1182의 4
2250	1182의 4-10
2251	1182의 10-15
2252	1183의 1-6
2253	1183의 7-13

(327) 『老檔』 1215의 3에서 7까지는 『舊檔』에서 확인할 수 없다.

2254	1183의 13-1184의 4	
2255	1184의 5-11	
2256	1184의 11-1185의 3	
2257	1185의 3-8	
2258	1185의 9-1186의 1	
2259	1186의 1-7	
2260	1186의 7-11	
2261	1186의 12-1187의 3	
2262	1187의 3-9	
2263	1187의 10-14	
2264	1189의 2-15	『老檔』 1188은 빈 쪽
2265	1189의 15-1190의 12	
2266	1190의 12-1191의 6	
2267	1191의 7-1192의 4	
2268	1191의 4-9	
2269	1192의 10-1193의 9	
2270	1193의 9-1194의 5	
2271	1194의 6-1195의 1	
2272	1195의 2-1196의 3	
2273	1196의 3-1197의 5	
2274	1197의 5-1198의 9	
2275	1198의 10-1199의 11	
2276	1199의 12-1200의 4	
2277	1200의 15-1202의 1	
2278	1202의 2-1203의 3	

2279	1203의 4-1204의 6	
2280		빈 쪽
2281		빈 쪽
2282 [328]		
2283 [329]		
2284		빈 쪽
2285	『老檔』4, 195의 2-8	『老檔』4, 194은 빈 쪽
2286	『老檔』4, 195의 9	
2287	『老檔』4, 195의 10-15	
2288 [330]		빈 쪽
2289	『老檔』4, 196의 1-5	
2290	『老檔』4, 196의 6-10	
2291	『老檔』4, 196의 11-197의 2	
2292	『老檔』4, 197의 3-8	
2293	『老檔』4, 197의 9-11	
2294	『老檔』4, 197의 12-15	
2295	『老檔』4, 198의 1-4	
2296	『老檔』4, 198의 4-8	
2297	『老檔』4, 198의 8-11	
2298	『老檔』4, 198의 11-199의 1	
2299	『老檔』4, 199의 1-3	
2300	『老檔』4, 199의 4-6	
2301	『老檔』4, 199의 7-9	

---

(328) "天聰二年"이라고 쓰여 있다.
(329) "nikan hafasede ejehe buhe dangse ere inu (漢人 官人들에게 記錄해서 주었

2302	『老檔』4, 199의 10-200의 2
2303	『老檔』4, 200의 3-6
2304	『老檔』4, 200의 7-11
2305	『老檔』4, 200의 12-15
2306	『老檔』4, 201의 1-4
2307	『老檔』4, 201의 5-7
2308	『老檔』4, 201의 8-11
2309	『老檔』4, 201의 12-15
2310	『老檔』4, 202의 1-4
2311	『老檔』4, 202의 5-8
2312	『老檔』4, 202의 9-12
2313	『老檔』4, 202의 13-203의 2
2314	『老檔』4, 203의 2-3
2315	
2316	『老檔』4, 203의 4-7
2317	『老檔』4, 203의 8-13
2318	『老檔』4, 203의 13-204의 3
2319	『老檔』4, 204의 4-11
2320	『老檔』4, 204의 12-205의 3
2321	『老檔』4, 205의 4-10

던 檔子가 이것이다)", "sahaliyan ulgiyan aniyai dangse (壬亥年 檔子)", "erebe halame sure han i jai aniya suwayan muduri aniya sunja biyai ice suja de ice ejehe buhe, ere dangse waliyabuha (이것을 바꾸어 수러 한의 두 번째 해 戊辰年 오월 초닷새에 새로 記錄해 주었다. 이 檔子 잃어버렸다)"라고 쓰여 있다. "sahaliyan ulgiyan aniyai (壬亥年)"는 "sahahūn ulgiyan aniyai (癸亥年)"의 誤字이다. 陳捷先, 「"舊滿洲檔"述略」, 24쪽 참고.

(330) 『舊檔』 2288은 빈 쪽이지만, 『原檔』에는 없다.

2322	『老檔』4, 205의 10-14
2323	『老檔』4, 205의 15-206의 4
2324	『老檔』4, 206의 4-10
2325	『老檔』4, 206의 11-14
2326	『老檔』4, 206의 15-207의 6
2327	『老檔』4, 207의 7-12
2328	『老檔』4, 207의 12-208의 3
2329	『老檔』4, 208의 4-8
2330	
2331	『老檔』4, 208의 9-15
2332	『老檔』4, 208의 15-209의 8
2333	『老檔』4, 209의 9-12
2334	『老檔』4, 209의 13-210의 6
2335	『老檔』4, 210의 7-211의 1
2336[331]	
2337[332]	
2338	빈 쪽
2339	1109의 2-7
2340	1109의 8-13
2341	1109의 13-1110의 4
2342	1110의 4-9
2343	1110의 10-15
2344	1110의 15-1111의 4
2345	1111의 5-8
2346	1111의 9-12

2347	1111의 12-1112의 1
2348	1112의 2-6
2349	1112의 7-10
2350	1112의 11-14
2351	1112의 15-1113의 4
2352	빈 쪽
2353	1113의 5-11
2354	1113의 11-15
2355	1114의 1-3
2356	1114의 4-6
2357	1114의 7-12
2358	1114의 13-1115의 3
2359	1115의 4-11
2360	1115의 12-1116의 2
2361	1116의 3-8
2362	1116의 9-15
2363	1117의 1-7
2364	1117의 8-14
2365	1117의 14-1118의 5
2366	1118의 6-12
2367	1118의 12-1119의 2
2368	1119의 3-9
2369	1119의 10-1120의 1

(331) "nikan hafasai dangse (漢人 官人 檔子)"라고 쓰여 있다.
(332) "jakūn gūsai dangse (八旗 檔子)", "八古山"이라고 쓰여 있다.

2370	1120의 2-6
2371	1120의 7-13
2372	1120의 14-1121의 8
2373	1121의 8-15
2374	1122의 1-2
2375	1122의 3-6
2376	1122의 7-11
2377	1122의 12-1123의 2
2378	1123의 3-9
2379	1123의 10-12
2380	1123의 13-1124의 3
2381	1124의 4-9
2382	1124의 10-12
2383	1124의 13-1125의 3
2384	1125의 4-9
2385	1125의 10-1126의 1
2386	1126의 2-7
2387	1126의 8-13
2388	1126의 14-1127의 4
2389	1127의 5-10
2390	1127의 11-13
2391	1127의 14-1128의 5
2392	1128의 6-13
2393	1128의 14-1129의 5
2394	1129의 6-11

2395	1129의 12-14	
2396 (333)		빈 쪽
2397 (334)	1131의 2-1131의 7	
2398	1131의 7-11	
2399 (335)	1131의 12-1132의 2	
2400	1132의 2-6	
2401 (336)	1132의 7-11	
2402	1132의 11-1133의 1	
2403	1133의 2-6	
2404	1133의 6-11	
2405	1133의 12-1134의 1	
2406	1134의 1-6	
2407	1134의 7-11	
2408	1134의 11-1135의 1	
2409	1135의 2-6	
2410	1135의 6-11	
2411	1135의 12-1136의 1	
2412	1136의 1-6	
2413	1136의 7-11	
2414	1136의 11-1137의 1	

(333) 『原檔』에는 번호를 매기지 않은 쪽들이 2面 더 있다.

(334) 『舊檔』 2397에서 2480까지는 木版本이다. 陳捷先, 「"舊滿洲檔"述略」, 24쪽 참고. 『舊檔』 2397의 1에서 4까지는 筆書했다. 『舊檔』 2397의 5에서 2398의 6까지의 木版은 『舊檔』 2399에서 2400까지와 같은 것으로 보인다.

(335) 『舊檔』 2399의 1에서 4까지는 筆書했다.

(336) 『舊檔』 2401쪽과 2402쪽의 木版을 『舊檔』 2403에서 2440까지 反復해서 사용하여 인쇄한 것으로 보인다. 각각의 勅書와 관련된 인물의 이

2415	1137의 2-6
2416	1137의 6-11
2417	1137의 12-1138의 1
2418	1138의 1-6
2419	1138의 7-11
2420	1138의 11-1139의 1
2421	1139의 2-6
2422	1139의 6-11
2423	1139의 12-1140의 1
2424	1140의 1-6
2425	1140의 7-11
2426	1140의 11-1141의 1
2427	1141의 2-6
2428	1141의 6-11
2429	1141의 12-1142의 2
2430	1142의 1-6
2431	1142의 7-11
2432	1142의 11-1143의 1
2433	1143의 2-6
2434	1143의 7-11
2435	1143의 12-1144의 1
2436	1144의 1-6
2437	1144의 7-11
2438	1144의 11-1145의 1

름만을 筆書해서 첨가하였다.

2439	1145의 2-6	
2440	1145의 6-11	
2441 (337)	1147의 2-6	『老檔』1146은 빈쪽
2442	1147의 6-11	
2443	1147의 12-1148의 1	
2444	1148의 1-6	
2445	1148의 7-11	
2446	1148의 12-1149의 1	
2447	1149의 2-6	
2448	1149의 6-11	
2449	1149의 12-1150의 1	
2450	1150의 2-6	
2451	1150의 7-11	
2452	1150의 12-1151의 1	
2453	1151의 2-6	
2454	1151의 6-11	
2455	1151의 12-1152의 1	
2456	1152의 2-6	
2457	1152의 7-11	
2458	1152의 11-1153의 1	
2459	1153의 2-6	
2460	1153의 7-11	

(337) 『舊檔』 2441과 2442의 木版을 『舊檔』 2443에서 2480까지 反復해서 사용하여 인쇄한 것으로 보인다. 각각의 勅書와 관련된 인물의 이름만을 筆書해서 첨가하였다.

2461	1153의 12-1154의 1
2462	1154의 1-6
2463	1154의 7-11
2464	1154의 12-1155의 1
2465	1155의 2-6
2466	1155의 6-1155의 11
2467	1155의 12-1156의 1
2468	1156의 1-6
2469	1156의 7-11
2470	1156의 11-1157의 1
2471	1157의 2-6
2472	1157의 6-11
2473	1157의 12-1158의 1
2474	1158의 1-6
2475	1158의 7-11
2476	1158의 11-1159의 1
2477	1159의 2-6
2478	1159의 6-11
2479	1159의 12-1160의 1
2480	1160의 1-6
2481	1097의 2-12
2482	1097의 12-1098의 6
2483	1098의 6-1099의 2
2484	1099의 2-11
2485	1099의 11-1100의 4

2486 1100의 4-13

2487 1100의 13-1101의 8

2488 1101의 8-1102의 2

2489 1102의 2-11

2490 1102의 11-15

2485 1099의 11-1100의 4

2486 1100의 4-13

2487 1100의 13-1101의 8

2488 1101의 8-1102의 2

2489 1102의 2-11

2490 1102의 11-15

2491 1162의 2-5

2492 1161의 6-15

2493 1162의 1-6

2494 1162의 6-10

2495 1162의 11-1163의 1

2496 1163의 2-9

2497 1163의 9-1164의 2

2498 1164의 2-3

2499 1164의 4-9

2500 1164의 9-10

2501 1164의 11-1165의 1

2502 1165의 1-2

2503 1165의 3-8

2504 1165의 8-9

2505	1165의 10-1166의 1	
2506	1166의 2-4	
2507	1166의 4	중복 (338)
2508	1166의 5-12	
2509	1166의 9-12	중복 (339)
2510	1166의 13-1167의 2	
2511	1167의 2-7	
2512	1167의 8-15	
2513	1168의 1-8	
2514	1168의 9-1168의 14	
2515	1168의 14-1169의 1	
2516	1169의 2-5	
2517	1169의 5-11	
2518	1169의 11-1170의 1	
2519	1170의 2-7	
2520	1170의 8-14	
2521	1170의 14-1171의 4	
2522	1171의 5-12	
2523	1171의 13-1172의 4	
2524	1172의 5-11	
2525	1172의 11-14	
2526 (340)		빈 쪽
2527		

(338) 같은 내용이 반복되고 있기 때문에 이 부분의 중복이라고 特定할 수는 없지만 面數의 연결을 고려했다.

2528

2529

2530

2531

2532

2533

2534

2535

2536

2537

2538

2539

2540

2541

2542

2543

2544

2545

2546

2547

---

(339) 같은 내용이 반복되고 있기 때문에 이 부분의 중복이라고 特定할 수는 없지만 面數의 연결을 고려했다.

(340) 『舊檔』 2526에서 2558까지는 乾隆年間에 編號를 매기지않은 '無編號殘檔'이다. 상태가 온전하지 않은 太祖朝와 관련된 기타의 檔案을 하나로 묶은 것으로 보인다. 毁損된 다른 내용의 두 쪽이 한 面에 있는 경우도 있다.

2548

2549 (341)

2550

2551

2552

2553

2554 (342) 44의 14-45의 4

2555

2556

2557

2558

(341) "šanggiyan morin aniya juwe biya be juwe lamun i ejehe dangse (庚午年 二月을 2개의 藍布에 記錄한 檔子)", "ilan biya be ejehe dangse inu ede bi (三月을 記錄한 檔子 역시 여기에 있다)"고 쓰여 있다.

(342) 많은 부분이 毁損되어 있다.

中文介绍

由满文老档研究会整理的≪满文老档≫出版之后，在日本学界上利用它来深入进行了对入关前清史的研究，学术方面上获得了很大的成果。以≪满文老档≫做成基本资料的≪旧满洲档≫影印发行之后，因为阐明这些资料性格的研究，受到学者的注重，强调了资料的重要性。≪旧满洲档≫出刊之后，有的说入关前清史的研究是从≪满文老档≫移到≪旧满洲档≫。最近再次摄影了≪旧满洲档≫的原本档案，出刊了更鲜明地判读容易的≪满文原档≫。不管这些，利用≪满文原档≫或≪旧满洲档≫的学术研究成绩不上。

这种原因就在运用≪旧满洲档≫研究方面上有很多难处。首先，在记载上，用从旧满文到新满文的过度文字来写成了大部分的≪旧满洲档≫，因此生词、记载没有一统，难解读。而且，按年月日记事上存在着乱七八糟的排列，内容上也有不少重夏的地方。但这样的情况证明了≪旧满洲档≫是一本表现当时的珍贵史料，不阅读它，就无法对清朝开国时期的历史进行深入的研究，不能做出科学的论述。

假如把≪旧满洲档≫的原文转写罗马文字，对它先行了译注工作，那么学者们就能容易利用它来进行研究。对≪旧满洲档≫的译注作业中断真是可惜。总之，在这种情况下，为了活用≪旧满洲档≫来做成分析资料，我提出利用跟≪满文老档≫的对照表。≪旧满洲档≫跟≪满文老档≫的对照表是在太宗朝时期上有为日本学者松村润所整理的作业。从1620(天命5年)到1630(天聪4年)时期上也有魏弥贤(Michael Weirs)的分析作业。我以为利用这些对照表来的话，能容易解读≪旧满洲档≫的记载。

这次修订本当问世，为了确认和活用≪旧满洲档≫的史料价值，把≪旧满洲档≫的各页和≪满文老档≫的记事一一覆检出处，明白揭出，庶便读者，因次新作了对照表。可资≪旧满洲档≫和≪满文塬档≫活用的帮助。